ЕМОЦІЙНИЙ ІНТЕЛЕКТ У ДИТИНИ

JOHN M. GOTTMAN   JOAN DECLAIRE

RAISING AN EMOTIONALLY INTELLIGENT CHILD: THE HEART OF PARENTING

ДЖОН ҐОТТМАН

ДЖОАН ДЕКЛЕР

ЕМОЦІЙНИЙ
ІНТЕЛЕКТ
У ДИТИНИ

Харків

Vivat
ВИДАВНИЦТВО

2024

УДК 159.922.7
Г60

Серія «Саморозвиток»

Перекладено за виданням:
Gottman J. M., Ph.D., DeClaire J. Raising An Emotionally Intelligent Child :
The Heart of Parenting / John M. Gottman, Ph.D., Joan DeClaire. —
New York : Simon & Schuster Paperbacks, 1997. — 240 p.

Переклад з англійської *Христини Шиналь*

Дизайнер обкладинки *Валерія Прядко*

Ґоттман Дж.

Г60   Емоційний інтелект у дитини / Джон Ґоттман, Джоан Деклер; пер.
з англ. Х. Шиналь. — Х. : Віват, 2024. — 272 с. — (Серія «Саморозвиток»,
ISBN 978-966-942-827-1).
ISBN 978-966-982-340-3 (укр.)
ISBN 978-0-684-80130-8 (англ.)

Багато популярних нині порадників з виховання ігнорують світ емоцій. Вони спираються на теорії, де більше уваги приділено поведінці дітей, а не емоційній складовій. На основі 20-річних досліджень Джон Ґоттман дійшов феноменального висновку: діти, яких батьки виховували за допомогою обговорення емоцій, стають тими, кого Деніел Ґоулман називає «емоційно розвиненими людьми». Хочете, щоб ваша дитина менше хворіла та виявляла більш високу концентрацію? Будувала добрі стосунки з іншими дітьми навіть у складних ситуаціях у підлітковому віці (наприклад, коли її дражнять)? Ліпше розуміла людей, мала більше друзів, краще вчилася в школі та зростала емоційно розвиненою особистістю?

Ця книжка розповість вам про
лект вашої дитини. Тут є універ
майбутньому дитини.

ISBN 978-966-942-827-1 (серія)
ISBN 978-966-982-340-3 (укр.)
ISBN 978-0-684-80130-8 (англ.)

LONDON BOROUGH OF ENFIELD	
91200000732908	84721
BOOKS ASIA	14/05/2024
UKR 649.155	£22.88
ENORDN	

СЛОВА ПОДЯКИ

Ідея цього дослідження «метаемоцій» виникла в 1984 році, коли Джон Ґоттман у відпустці зайшов у лабораторію Роберта Левенсона і Пола Екмана в Сан-Франциско. Без підтримки Роберта Левенсона, який допоміг Ґоттманові організувати психофізіологічну лабораторію, вона так і залишилася б на папері. Це дослідження було першим із тих, що ми провели в новій лабораторії. Ми дістали велику підтримку від доктора Майкла Ґуралніка, директора Центру з вивчення вроджених вад розвитку людини (CHDD), — він дозволив нам скористатися всім, що має CHDD, зокрема лабораторією інструментального розвитку Вашингтонського університету. Крім того, дослідницька група здобула гранти на наукові дослідження від Національного інституту психічного здоров'я (НІПЗ) за темою «Конфлікти між подружжям, виховання дітей і їхній емоційний розвиток» і за темою «Формування дружніх взаємин між дітьми», заохочувальне стимулювання від НІПЗ, що дозволило продовжити дослідження, і премію за наукові дослідження, присуджену Джонові Ґоттману. Ґоттман висловлює вдячність за велику любов, допомогу й інтелектуальну співпрацю своїй дружині Джулії Шварц-Ґоттман, разом з якою вони ведуть заняття в батьківських групах в Інституті шлюбу і сім'ї в Сієтлі та в злагоді виховують доньку Морію. Він також висловлює глибоку вдячність за велику любов, терпіння і педагогічну майстерність своїй дочці Морії. Він дякує за зауваження Маркові Мелоуну, який не тільки уважний читач, а й відданий батько, і письменниці Сондрі Корнблатт за змістовний відгук на цей рукопис.

Присвячую роботі й пам'яті доктора Хаїма Ґінотта

ПЕРЕДМОВА ДЕНІЕЛА ҐОУЛМАНА

Нині діти переживають важкі часи, і їхні батьки, відповідно, теж. За останні одне-два десятиліття в житті дітей відбулися величезні зміни, через які їм важче опанувати навички людських почуттів, через що висуваються додаткові вимоги до батьків. Батьки повинні дізнаватися про ефективніші способи навчання дітей засад емоційного й соціального життя. І це практичне керівництво покликане допомогти їм.

Мабуть, емоційне виховання ніколи ще не було настільки необхідним. Подивімося на статистику. За останні кілька десятиліть кількість убивств серед підлітків збільшилася в чотири рази, кількість самогубств — у три, і подвоїлася кількість зґвалтувань. За цими цифрами — загальна емоційна хвороба суспільства. Вивчення загальнонаціональної випадкової вибірки з понад двох тисяч американських дітей, за оцінкою їхніх батьків і вчителів, спочатку в середині 1970-х, а потім наприкінці 1980-х продемонструвало довгострокову тенденцію до зниження основних емоційних і соціальних навичок. За цей час показники знизилися більш ніж за сорока пунктами. У середньому діти стали більш нервовими й дратівливими, більш похмурими й примхливими, більш пригніченими й самотніми, більш імпульсивними й неслухняними.

Це зниження є результатом значних змін, що відбулися в нашому суспільстві. Нові економічні реалії змушують батьків працювати більше, ніж попередні покоління, а отже, у них залишається менше вільного часу, який можна провести з дітьми. Дедалі більше сімей мешкає далеко від родичів, часто в районах, де батьки бояться дозволити маленьким дітям бавитися на вулиці, не кажучи вже про те, щоб зайти до сусідів. Замість грати з однолітками, діти дедалі більше сидять перед екраном телевізора чи комп'ютера.

Протягом усієї довгої історії розвитку людства діти діставали основні емоційні й соціальні навички від батьків, родичів, сусідів чи граючись з іншими дітьми.

Відсутність можливості навчитися засад емоційного розвитку призводить до поганих наслідків. Факти свідчать про те, що нездатність дівчаток розрізняти відчуття тривоги й голоду в майбутньому призводить до безладного харчування, а ті, хто в ранні роки не навчився контролювати свої бажання, мають великі шанси завагітніти в підлітковому віці. Для хлопчиків імпульсивність у ранні роки може означати підвищений ризик потрапити на стежку злочинності й насильства. Для всіх дітей незалежно від статі нездатність упоратися з тривогою і депресією збільшує імовірність зловживання наркотиками або алкоголем.

З огляду на нові умови батьки повинні максимально використовувати дорогоцінні моменти, які вони можуть присвятити своїм дітям, і докласти всіх зусиль, щоб прищепити їм ключові навички міжособистісного спілкування, такі як можливість зрозуміти й впоратися з відчуттями, що їх турбують, контроль над імпульсами й емпатія. У своїй книжці Джон Ґоттман пропонує науково обґрунтований і надзвичайно практичний спосіб, що дозволяє батькам дати дітям необхідний набір інструментів для подальшого життя.

Деніел Ґоулман, автор книжки
«Емоційний інтелект»

ВСТУП

Перед тим як стати батьком, я майже двадцять років був фахівцем із вікової психології та вивчав емоційне життя дітей. Але лише в 1990 році, коли народилася наша дочка Морія, я почав по-справжньому розуміти стосунки між батьками та дітьми.

Як і багато батьків, я не міг уявити собі тієї сили почуттів, які матиму до своєї дитини. Я поняття не мав, який буду схвильований, коли вона вперше всміхнеться, навчиться говорити й читати книжку. Не уявляв собі, скільки терпіння й уваги вона вимагатиме в мене щохвилини й наскільки сильно я хотітиму задовольняти її потребу в увазі. Однак мене здивували ті відчуття жалю, розчарування і вразливості, які я дістав із народженням дочки. Я засмучувався, коли не міг із нею спілкуватися. Відчував розчарування, коли вона погано поводилася. Почувався вразливим, коли усвідомлював, яким небезпечним може бути світ. Для мене втрата дочки означала б утрату всього.

Усвідомлення власних емоцій допомогло мені зробити низку відкриттів у своїй професійній діяльності. Як єврей, чиї батьки зуміли втекти з Австрії, щоб не стати жертвами Голокосту, я був близький до теоретиків, які відкидали авторитаризм як спосіб виховання морально здорових дітей. Я вважав, що сім'я повинна бути демократичною, а діти та батьки — розумними й рівними партнерами. Роки моїх досліджень динаміки сімейного життя показали, що найбільше на добробут дітей у довгостроковій перспективі впливають *емоційні взаємодії* між батьками й дітьми.

Дивно, але більшість сьогоднішніх популярних порад батькам ігнорують світ емоцій. Ці поради ґрунтуються на теорії виховання, коли більшу увагу приділяють поведінці дітей, але почуття ігнорують. Проте саме вони є основою поведінки. Кінцева мета виховання полягає не в тому, щоб виховати слухняну й поступливу дитину. Зазвичай батьки хочуть для своїх дітей значно більшого — виховати високоморальних, відповідальних людей, які роблять внесок у життя суспільства, мають достатньо сили, щоб робити власний вибір, застосовують свої таланти, люблять життя і ті задоволення, які воно пропонує, дружать, укладають вдалі шлюби й стають хорошими батьками.

Під час досліджень я виявив, що самої любові для цього замало. Виявляється, секрет виховання в тому, як батьки спілкуються з дітьми в емоційні моменти. На жаль, часто ставлення до емоцій (як власних, так і дитячих) люблячих і дбайливих батьків стає на заваді спілкуванню з дитиною, коли та боїться, або злиться, або сильно засмучена. Цей недолік можна усунути, опанувавши базові навички емоційного виховання.

Я детально вивчав сім'ї за допомогою ретельно спланованих лабораторних експериментів і спостерігав за подальшим розвитком дітей. Після десяти років досліджень я виявив групу батьків, діти яких розвивалися краще за інших. Виявилося, що коли ці діти відчували сильні емоції, їхні батьки робили п'ять дуже простих речей, які я й назвав емоційним вихованням.

Зростаючи, діти, з якими батьки займалися емоційним вихованням, ставали тими, кого Деніел Ґоулман називає «емоційно розвиненими» людьми. Вони вміли краще керувати своїми емоціями, швидше себе заспокоювали, коли були засмучені, їхні серцеві скорочення раніше приходили в норму. Завдяки вищій ефективності фізіологічних реакцій, що відповідають за заспокоєння, такі люди менше страждали на інфекційні захворювання. У них була яскрава здатність до кращої концентрації. У них краще складалися взаємини з іншими навіть у складних ситуаціях у підлітковому віці, коли надмірна емоційність є значною перешкодою (наприклад, коли їх дражнять). Вони краще розуміли людей, у них було більше друзів, вони краще вчилися в школі. Інакше кажучи, у них розвивався своєрідний IQ стосовно людей і світу почуттів, або емоційний інтелект.

У цій книжці я розповім вам про п'ять кроків, які допоможуть розвинути емоційний інтелект вашої дитини.

Мій акцент на емоційному зв'язку між батьками й дитиною ґрунтується на результатах тривалих досліджень. Наскільки мені відомо, це були перші дослідження, які підтвердили ідеї одного з найблискучіших дитячих клініцистів і психологів — доктора Хаїма Ґінотта. Свої ідеї він виклав у трьох книжках, написаних у 1960-х роках. Ґінотт розумів важливість спілкування з дітьми в моменти, коли вони відчувають сильні емоції, і встановив основні принципи, що дозволяють робити це найефективніше.

Емоційне виховання — це послідовність дій, яка допомагає створювати емоційні зв'язки. Коли батьки співчувають дітям і допомагають упоратися з негативними почуттями, такими як гнів, печаль і страх, вони створюють взаємну довіру й прихильність. І хоча батьки, що практикують емоційне виховання, схильні встановлювати деякі заборони, причиною є не непослух дітей. Поступливість, слухняність і відповідальність народжуються з почуття любові і зв'язку, який діти мають у сім'ї. Тобто основою прихильності цінностям сім'ї та виховання високоморальних людей є емоційні взаємодії між членами родини. Діти поводяться згідно із сімейними стандартами, бо серцем відчувають, що від них очікують хорошої поведінки й що правильні вчинки є ознакою належності до сімейного клану.

На відміну від інших теорій виховання, які пропонують суміш зі стратегій стримування поганої поведінки дітей, п'ять кроків емоційного виховання забезпечують основу для підтримання близьких стосунків зі своїми дітьми на всіх етапах їхнього розвитку.

Новим у цій книжці є науково обґрунтований висновок: емоційні взаємодії між батьками й дитиною відіграють головну роль. Тепер ми точно знаємо, що, коли батьки використовують емоційне виховання, вони роблять неоціненний внесок в успіх і щастя своїх дітей.

Пропонований мною підхід до виховання через роботу з дитячими емоціями може допомогти сучасним батькам, які стикаються з проблемами, котрі неможливо було уявити в 1960-х роках. Зі збільшенням кількості розлучень і зростанням насильства серед молоді виховання емоційно здорових дітей набуває ще більшого значення.

Метод дозволяє захистити дітей від ризиків, спричинених подружніми конфліктами й розлученнями. Крім того, я розповідаю про те, як емоційно пов'язаний батько, який перебуває в шлюбі або розлучений, впливає на благополуччя своєї дитини.

Ключ до успішного виховання дітей варто шукати не в складних теоріях, сімейних правилах або заплутаних формулах поведінки, а в глибокому почутті любові й прихильності до своєї дитини, яке проявляється через співпереживання і розуміння. Гарне виховання починається у вашому серці й триває в ті моменти, коли ваші діти переживають сильні емоції: засмучуються, зляться або відчувають страх. Воно полягає в наданні підтримки тоді, коли це дійсно важливо. Ця книга вкаже вам правильний шлях.

Джон Ґоттман

ПРИМІТКА

Ми вважаємо незрозумілою термінологію «він чи вона» або «він/вона». Традиційно автори уникають цієї неприємності, вживаючи виключно чоловічі займенники. Ми вважаємо, що така практика посилює гендерну упередженість. Натомість ми вибрали чергування займенників чоловічого і жіночого роду в усій книжці. Сподіваємося, наша книжка буде однаково корисною батькам дочок та батькам синів.

Розділ 1

ЕМОЦІЙНЕ ВИХОВАННЯ: КЛЮЧ ДО ВИХОВАННЯ ЕМОЦІЙНО РОЗВИНЕНОЇ ДИТИНИ

Діана вже спізнюється на роботу, тому що не може вмовити свого трирічного сина Джошуа надягти куртку, щоб піти в дитячий садок. Після квапливого сніданку й суперечки через черевики Джошуа напружений. Його зовсім не хвилює, що менш ніж за годину мама має бути на важливій зустрічі. Він каже, що хоче залишитися вдома й грати. Коли Діана пояснює, що це неможливо, малюк падає на підлогу. Він засмучений, сердитий, він плаче.

За п'ять хвилин до приїзду няні семирічна Емілі в сльозах звертається до батьків.

— Це несправедливо, що ви залишаєте мене з незнайомою людиною, — ридає вона.

— Але Емілі, — пояснює тато, — няня — хороша знайома твоєї мами. Крім того, ми купили квитки на цей концерт уже кілька тижнів тому.

— А я все одно не хочу, щоб ви їхали, — плаче дівчинка.

Чотирнадцятирічний Метт говорить мамі, що його вигнали зі шкільного ансамблю, тому що в автобусі хтось курив марихуану й учитель подумав, що це він.

— Клянуся Богом, це був не я, — каже Метт.

Але оцінки хлопчика погіршилися, і до того ж у нього нова компанія.

— Я тобі не вірю, Метте, — мовить мати. — Поки ти не виправиш оцінки, я не дозволяю тобі нікуди ходити.

Не кажучи ні слова, розлючений Метт вискакує за двері.

Три сім'ї. Три конфлікти. Ці діти різного віку, на різних стадіях розвитку, але їхні батьки зіткнулися з тією самою проблемою — як упоратися з дітьми, коли ті охоплені емоціями. Як і більшість батьків, вони хочуть ставитися до своїх дітей справедливо, з терпінням і повагою. Вони знають, що перед дітьми безліч завдань, і хочуть бути поруч, щоб пояснювати й підтримувати. Вони хочуть побудувати з дітьми міцні, здорові стосунки та навчити їх ефективно розв'язувати проблеми. Батьки *хочуть* ставитися до дітей правильно, але не мають для цього можливості.

Добре виховання вимагає чогось більшого, ніж інтелектуальне керівництво. Воно зачіпає особистісні риси — на відміну від більшості рекомендацій, які отримували батьки протягом багатьох років. Добре виховання має впливати на *емоції*.

Останнім часом науковці з'ясували, яку величезну роль у нашому житті відіграють емоції. Вони дізналися, що успіх і щастя в усіх сферах життя, зокрема в сімейних стосунках, визначаються усвідомленням власних емоцій і здатністю справлятися з почуттями. Цю якість називають емоційним інтелектом. З точки зору виховання вона означає, що батьки повинні розуміти почуття своїх дітей, уміти їм співчувати, заспокоювати й направляти. У дітей, які отримують більшу частину уроків про емоції від батьків, ця якість означає здатність контролювати імпульси, мотивувати себе, розуміти соціальні сигнали інших людей і справлятися зі злетами та падіннями.

«Сім'я є тим місцем, де ми вперше починаємо вивчати емоції, — пише Деніел Ґоулман, психолог і автор книги «Емоційний інтелект», у якій докладно описав наукові дослідження, що дозволили нам глибше проникнути в цю галузь. — У сім'ї ми вперше дізнаємося, які почуття маємо відчувати щодо себе, як думати про ці почуття, як на них реагувати і як розуміти й висловлювати власні надії та страхи. Ця емоційна освіта містить не тільки те, що батьки говорять і як вони поводяться з дітьми, а й способи, які допомагають їм упоратися з власними почуттями, обмін емоціями між чоловіком і дружиною. Деякі батьки є обдарованими емоційними вчителями, деякі — огидними».

Чим відрізняється поведінка цих батьків? Оскільки я психолог-дослідник, який вивчає взаємодії між батьками та дітьми, то більшу частину останніх двадцяти років я провів у пошуках відповіді на це запитання. Працюючи з дослідницькими групами з Іллінойського і Вашингтонського університетів, я здійснив два поглиблені дослідження 119 сімей, спостерігаючи, як батьки і діти реагують одне на одного в емоційно напружених ситуаціях. Ми спостерігали за дітьми із чотирьох років до підліткового віку. Окрім того, ми спостерігаємо за 130 парами молодят, оскільки вони скоро теж стануть батьками. Наші дослідження містять тривалі бесіди з батьками, обговорення їхніх шлюбів, їхні реакції на емоційні переживання своїх дітей та їхню обізнаність щодо ролі емоцій у житті. Ми оцінювали фізіологічні реакції дітей під час стресових взаємодій «батько/мати — дитина». Ми уважно спостерігали й аналізували емоційні реакції батьків на гнів і сум дітей. Потім повторно зв'язувалися із цими сім'ями, щоб дізнатися, як розвиваються їхні діти, — про їхнє здоров'я, успішність, емоційний розвиток і соціальні відносини.

Наші результати прості, але захопливі. Ми виявили, що більшість батьків належать до однієї з двох категорій: тих, хто вчить дітей керувати своїми почуттями, і тих, хто цього не робить.

Батьків, які вчать керувати емоціями, я називаю емоційними вихователями. Подібно до спортивних тренерів, вони навчають дітей уміння справлятися зі злетами й падіннями. Ці батьки дозволяють дітям висловлювати негативні емоції. Вони приймають їх як факт життя і використовують емоційні моменти, щоб навчити дітей важливих життєвих уроків і побудувати з ними ближчі стосунки.

— Коли Дженніфер сумно, я вважаю це дуже важливим часом для того, щоб створити між нами зв'язок, — розповідає Марія, мати п'ятирічної дівчинки, учасниці одного з наших досліджень. — Я кажу, що хочу з нею поговорити й дізнатися, що вона відчуває.

Як і багато інших батьків, що практикують емоційне виховання, Ден, тато Дженніфер, розцінює смуток і гнів своєї дочки як час, коли вона потребує його найбільше.

— Саме в такі моменти я найбільше почуваюся батьком, — каже Ден. — Я повинен бути поруч із нею... Повинен сказати їй, що все гаразд. Що вона переживе й цю проблему, як безліч інших.

Батьків, подібних до Марії і Дена, можна описати як «теплих» і «позитивних», але для розвитку емоційного інтелекту тільки тепла й позитивного ставлення недостатньо. Насправді більшість батьків ставляться до своїх дітей із любов'ю та увагою, але далеко не всі вміють ефективно справлятися з їхніми негативними емоціями. Серед батьків, які не можуть розвинути в дітей емоційний інтелект, я виокремив три типи:

1. **Ті, які відштовхують,** — це ті, хто не надає значення негативним емоціям дітей, ігнорує їх або вважає дрібницею.
2. **Ті, які не схвалюють,** — це ті, хто критикує дітей за прояв негативних емоцій, може насварити чи навіть покарати за них.
3. **Ті, які не втручаються,** — вони приймають емоції дітей, співчувають, але не пропонують шляхи розв'язання проблем і не встановлюють межі.

Щоб показати вам, наскільки по-різному реагують на почуття своїх дітей емоційні вихователі й представники трьох вищеописаних типів, уявімо Діану, чий син не хоче йти в дитячий садок, у кожній із цих трьох ролей.

Якби Діана була матір'ю, яка відштовхує, то могла б сказати Джошуа, що небажання іти в дитячий садок — це погано; що немає причин сумувати через те, що він іде з дому. Потім вона могла б спробувати відвернути його від сумних думок, підкупивши печивом або розповіддю про цікаві заходи, заплановані вихователем.

Якби вона належала до тих, хто не схвалює, то могла б насварити Джошуа, сказати, що втомилася від його нахабної поведінки, і пригрозити покарати.

Якби вона схилялася до невтручання, то могла б прийняти розлад і гнів Джошуа, поспівчувати йому, сказати, що для нього є природним бажання залишитися вдома, — але не знала б, що робити далі. Не маючи можливості залишити малюка вдома й не бажаючи сварити, карати або підкуповувати, можливо, урешті-решт вона пішла б на угоду: «Я пограю з тобою десять хвилин, а після цього ми вийдемо з дому без сліз». І це могло б тягнутися до наступного ранку.

А якби Діана була емоційною вихователькою? Вона почала б зі співчуття, як мати, що не втручається, давши Джошуа зрозуміти, що розуміє його сум, а потім показала, як він може впоратися з неприємними емоціями. Можливо, їхня розмова звучала б приблизно так:

Діана: Надягай куртку, Джошуа. Час іти.

Джошуа: Ні! Я не хочу йти в дитячий садок!

Діана: Не хочеш? Чому?

Джошуа: Тому що я хочу залишитися тут, з тобою.

Діана: Хочеш залишитися?

Джошуа: Так, я хочу залишитися вдома.

Діана: Боже, здається, я знаю, що ти відчуваєш. Іноді вранці мені теж хочеться, щоб ми з тобою забралися в крісло й разом подивилися книжки, а не кидалися до дверей. Але знаєш що? Я пообіцяла людям на роботі, що прийду точно о 9:00, і я не можу порушити обіцянку.

Джошуа (плачучи): Чому не можеш? Це несправедливо. Я не хочу йти.

Діана: Іди сюди, Джоше. (Садовить його на коліна.) Вибач, любий, але ми не можемо залишитися вдома. Я розумію, ти почуваєшся засмученим.

Джошуа (киває): Так.

Діана: І тобі сумно?

Джошуа: Так.

Діана: Мені теж трохи сумно. (Вона дозволяє синові поплакати.) Я знаю, що ми можемо зробити. Подумаймо про день, коли нам не треба буде йти ні на роботу, ні в дитячий садок. Ми зможемо провести разом цілий день. Можеш придумати щось особливе, що ти хотів би зробити?

Джошуа: Їсти млинці й дивитися мультики?

Діана: Так, це було б здорово. Що-небудь іще?

Джошуа: А ми зможемо взяти мою вантажівку в парк?

Діана: Думаю, так.

Джошуа: І ми зможемо взяти із собою Кайла?

Діана: Можливо. Ми повинні спитати його маму. Але зараз мені час іти на роботу, добре?

Джошуа: Добре.

На перший погляд емоційний вихователь може здатися типом батьків, який відштовхує, тому що він відволікає Джошуа від думки залишитися вдома. Але є істотна різниця. Як емоційна вихователька, Діана визнала сум сина, допомогла йому назвати свою емоцію, дозволила її відчути й перебувала поруч, поки він плакав. Вона не намагалася відвернути його увагу від його почуттів. Вона не сварила його за сум, як зробила б мати, яка не схвалює. Вона дозволила малюкові зрозуміти, що поважає його почуття і вважає, що його бажання обґрунтоване.

На відміну від матері, яка не втручається, емоційний вихователь встановлює межі капризів дитини. Діана витратила кілька додаткових хвилин, щоб упоратися з почуттями Джошуа, але дала йому зрозуміти, що не збирається спізнюватися на роботу й порушувати свою обіцянку колегам. Джошуа був розчарований, і Діана розділила з ним це відчуття. Тож вона дала Джошуа можливість дізнатися, відчути й прийняти емоцію, а потім показала, що можна вийти за межі свого суму, почекати й отримати бажане іншого дня.

Ця відповідь є частиною процесу емоційного виховання, який я і мої колеги вивели зі спостережень за успішними взаємодіями батьків із дітьми. Процес, як правило, складається з п'яти етапів. Батьки:

▶ розуміють, яку емоцію відчуває дитина;
▶ вважають емоції можливістю для зближення і навчання;
▶ співчутливо вислуховують і визнають почуття дитини;
▶ допомагають малюкові знайти слова на позначення емоції, яку він відчуває;
▶ разом із дитиною виробляють стратегії розв'язання проблеми, одночасно встановлюючи кордони.

Вплив емоційного виховання на розвиток дитини

Чим же емоційне виховання відрізняється від звичайного? Спостерігаючи й детально аналізуючи слова, дії та емоційні реакції сімей, ми виявили воістину значний контраст. Діти, чиї батьки постійно використовують емоційне виховання, мають міцніше здоров'я і стають успішнішими. У них краще складаються стосунки з друзями, менше проблем із поведінкою, вони менш схильні до насильства. Діти, які мають досвід емоційного керівництва, мають краще емоційне здоров'я, менше негативних та більше позитивних почуттів.

Є ще один результат, який я вважаю найдивовижнішим: коли батьки використовують техніку емоційного виховання, діти стають стійкішими. Діти, які сумують, сердяться або бояться, потрапляючи в скрутну ситуацію, уміють швидко себе заспокоїти, прийти в норму і продовжувати продуктивну діяльність. Інакше кажучи, ці діти мають вищий емоційний інтелект.

Наша робота показала, що емоційне виховання може захистити дітей навіть від поширеного шкідливого впливу сімейних криз — від подружніх конфліктів і розлучень. З огляду на той факт, що понад половину сучасних шлюбів закінчується розлученнями, мільйонам дітей загрожують проблеми, пов'язані з розпадом сім'ї. Це низька успішність, неприйняття іншими дітьми, депресії, хвороби та антигромадська поведінка. Аналогічні проблеми виникають у дітей, які конфліктують із батьками, навіть якщо ті не розлучилися: коли мати й батько постійно сваряться, їхні конфлікти заважають дитині мати дружні стосунки. Ми також виявили, що подружні конфлікти знижують шкільні успіхи дітей і підвищують сприйнятливість до захворювань. Ми знаємо, що головним результатом епідемії розірвання шлюбів у нашому суспільстві є збільшення девіантної та насильницької поведінки серед дітей і підлітків.

Коли подібні ситуації (конфлікти, роздільне проживання або розлучення) виникають у сім'ях, які практикують емоційне виховання, результат інший. Хоча в цілому такі діти мають вигляд сумніший за інших дітей, які брали участь у нашому дослідженні, — виявилося, що емоційне виховання захищало їх від згубних наслідків, які спостерігали в решти дітей, що пережили розлучення батьків. Вони не починали гірше вчитися, не були агресивними й не мали проблем з однолітками. Тому ми можемо вважати емоційне виховання першим науково підтвердженим буфером проти емоційної травми розлучення.

Ще одне несподіване відкриття, яке ми зробили під час досліджень, пов'язане з батьком. Практикуючи метод емоційного виховання, батьки надзвичайно позитивно впливають на розвиток емоційного інтелекту своїх дітей. Якщо батьки розуміють почуття своїх дітей і намагаються допомогти їм розв'язати проблеми, діти краще вчаться в школі й успішніше будують стосунки з іншими людьми. І навпаки, емоційно віддалені батьки, суворі, критичні, які відкидають емоції, — можуть мати глибоко негативний вплив на дітей. У середньому такі діти гірше навчаються, більше сваряться з друзями й більше хворіють. (Цей акцент на батька не означає, що мати не впливає на емоційний інтелект. Її взаємодія з дітьми відіграє важливу роль. Однак ми з'ясували, що вплив батька є набагато *сильнішим*, попри те, хороший він чи поганий.)

Значення присутності батька в житті дитини не можна не помітити, навіть коли 28 % американських дітей живуть лише з матерями. Звичайно, це не означає, що краще жити хоч із кимось із батьків, ніж зовсім без них. Емоційно присутній тато може бути величезною перевагою для розвитку дитини, натомість холодний і жорстокий — завдати великої шкоди.

Незважаючи на наші висновки про те, що емоційне виховання може допомогти дітям вирости більш здоровими й успішними, ця техніка в жодному разі не є ліками проти серйозних сімейних проблем, для розв'язання яких слід залучати професійного психотерапевта. На відміну від прихильників багатьох інших теорій виховання, я не стверджуватиму, що емоційне виховання є панацеєю від проблем сімейного життя. Його застосування не зупинить чвари, різкі слова, сум і стрес. Сімейне життя не обходиться без конфліктів. Проте щойно ви почнете використовувати цей підхід, відчуєте себе ближчими до своїх дітей. А близькість і повага до членів родини допомагають легше справлятися з проблемами.

І нарешті, емоційне виховання не означає відсутності дисципліни. Насправді, коли ви емоційно близькі зі своїми дітьми, ви більше в них вкладаєте, а отже, можете більше на них впливати. Ваше становище дозволяє вам бути суворими. Якщо ви бачите, що діти припускаються помилок або не хочуть виконувати якусь роботу, можете зробити їм зауваження. Ви не боїтеся встановлювати межі. Не боїтеся сказати, що діти вас розчарували, коли знаєте, що вони можуть чинити краще. А оскільки між вами є емоційний зв'язок, то вони дослухаються до ваших слів, їх цікавить ваша думка й вони не хочуть викликати ваше невдоволення. Отже, емоційне виховання допомагає вам мотивувати дітей і управляти ними.

Звісно, таке виховання потребує значного залучення і терпіння, по суті воно майже не відрізняється від роботи будь-якого тренера. Якщо хочете, щоб ваша дитина досягла успіху в бейсболі, ви ж не відмовляєтеся від гри, а виходите на подвір'я і тренуєте її. Точно так само, якщо хочете, щоб дитина справлялась із почуттями, стресом і розвивала здорові стосунки, ви не повинні закриватися або ігнорувати негативні емоції; ви повинні знайти з дитиною спільну мову й направляти її.

Емоційними вихователями можуть бути бабусі й дідусі, учителі та інші дорослі, але батьки — у привілейованому становищі. Зрештою, саме вони встановлюють правила, за якими гратиме дитина. І саме вони будуть із нею поруч у складних ситуаціях: коліки, привчання до горщика, війна з братами й сестрами або скасоване побачення. Дитина дивиться на вас в очікуванні сигналу. Тож надягайте тренерську бейсболку й допомагайте своєму малюкові виграти гру.

Як виховання допоможе дитині знизити ризики

Сучасні батьки стикаються з проблемами, яких не було в попередніх поколінь. Якщо в 1960-х батьки переживали через алкоголь на випускному вечорі, то сьогодні вони постійно турбуються через поширення кокаїну в середній школі. Учорашні батьки хвилювалися, що їхні дочки-підлітки можуть завагітніти; сьогодні вони розповідають п'ятикласникам про СНІД. Покоління тому боротьба за сфери впливу між молодіжними бандами спалахувала тільки в неблагополучних районах і закінчувалася бійками та рідко — ножовим ударом. Сьогодні молодіжні банди є навіть у благополучних районах, де живуть представники середнього класу. А з поширенням торгівлі наркотиками та вогнепальною зброєю їхні сутички нерідко закінчуються перестрілками зі смертельними наслідками.

Число жорстоких злочинів проти молодих людей зростає із загрозливою швидкістю. Від 1985 до 1990 року кількість убивств темношкірих хлопців 15—19 років збільшилася на 130 %, білих — на 75 %, дівчат усіх рас — на 30 %. Американські чоловіки здійснюють тяжкі злочини в більш молодому віці. Від 1965 до 1991 року число арештів неповнолітніх за насильницькі злочини зросло більш ніж утричі, причому з 1982 до 1991 року кількість неповнолітніх, заарештованих за вбивства, збільшилася на 93 %, а за напад за обтяжувальних обставин — на 72 %.

Сьогодні батьки повинні зробити щось більше, ніж забезпечити дітей харчуванням, дати гарну освіту й прищепити тверді моральні принципи. Їм доводиться дбати про виживання своїх дітей. Як ми можемо вберегти їх від епідемії насильства, яка увійшла в молодіжну культуру? Як можемо переконати їх відкласти початок статевого життя, допоки вони не стануть достатньо зрілими, щоб зробити відповідальний і безпечний вибір? Як можемо навчити дбати про власне здоров'я, щоб вони утрималися від зловживання наркотиками й алкоголем?

Протягом багатьох років соціологи доводять, що діти втягуються в антигромадську, протиправну поведінку в результаті проблем у сім'ях: подружніх конфліктів, розлучень, фізичної або емоційної відсутності батька, насильства, поганого виховання, бездоглядності, наркоманії та бідності. Потрібно, щоб молоді люди укладали міцніші шлюби, щоб батьки мали економічну й соціальну підтримку, необхідну, аби піклуватися про своїх дітей. Але поки що наше суспільство рухається у зворотному напрямку.

1950 року тільки 4 % молодих матерів не перебували в шлюбі, сьогодні їх близько 30 %. І хоча більшість сучасних матерів-одиначок усе ж таки виходять заміж, високий коефіцієнт розлучень — зараз розпадається понад половину всіх нових шлюбів — призводить до того, що їхня кількість суттєво не зменшується. Зараз подібних сімей близько 28 %, і половина з них мають дохід нижчий від межі бідності.

Багатьом дітям із розлучених сімей не вистачає фінансової та емоційної батьківської підтримки. Дані перепису населення США в 1989 році показали, що повну суму аліментів отримують трохи більше від половини матерів, чверть отримують аліменти частково, а п'ята частина — узагалі нічого. Одне з досліджень показало, що через два роки після розлучення більшість дітей протягом року не бачить своїх батьків.

Повторний шлюб, якщо він відбувається, призводить до нових проблем. Причому повторні шлюби частіше закінчуються розлученнями. І хоча вітчими забезпечують надійніший дохід, стосунки в родині часто стають причиною додаткового стресу, плутанини й суму в житті дитини. У сім'ях із дітьми від різних шлюбів частіше трапляється жорстоке поводження з дітьми.

За даними дослідження, яке провели канадські фахівці, діти дошкільного віку, які проживають у сім'ях із нерідним батьком, у сорок разів частіше страждають від фізичного та сексуального насильства, ніж ті, хто живе з біологічними батьками.

Діти з емоційним болем не залишають свої домашні проблеми перед дверима школи. У результаті американські школи повідомили про різке зростання проблемної поведінки. Державним школам доводиться надавати більшу соціальну допомогу дітям, чиї емоційні потреби не задовольняють удома. По суті, школи стають емоційними буферними зонами для дітей, які постраждали від розлучення, бідності й відсутності уваги. (І таких дітей дедалі більше.) Тому в дітей залишається менше часу й сил на базову освіту, про що свідчить зниження успішності.

Крім того, усі сім'ї відчувають тиск змін в економіці. Багато жінок працюють. Коли партнер-чоловік втрачає роль єдиного годувальника, у багатьох парах відбувається «зміна влади», що спричиняє додаткове напруження. Разом із тим роботодавці почали вимагати, щоб співробітники працювали довше. На думку гарвардської професорки економіки Джульєтти Шор, середня американська сім'я працює на тисячу годин на рік більше, ніж двадцять п'ять років тому. Порівняно з 1970-ми дозвілля американців скоротилося на третину. У результаті вони менше часу приділяють таким базовим потребам, як сон, їжа та ігри з дітьми. З 1960 до 1986 року час, який батьки могли проводити з дітьми, скоротився більш ніж на десять годин на тиждень. Сьогодні американці менше беруть участь у громадських і релігійних заходах, які підтримують структуру сім'ї. Наше суспільство стає дедалі мобільнішим: часто, змінюючи роботу, люди переїжджають в інше місто, і все більша кількість сімей втрачає підтримку родичів і близьких друзів.

У результаті соціальних змін істотно зростають ризики для здоров'я і благополуччя дітей. Інститути ж, які допомагають сім'ям захищати та підтримувати дітей, стають дедалі слабшими.

Проте ми як батьки зовсім не безпорадні. Створюючи емоційні зв'язки зі своїми дітьми, ми захищаємо їх від багатьох ризиків і допомагаємо розвинути емоційний інтелект. У нас дедалі більше доказів того, що діти, які відчувають любов і підтримку батьків, краще протистоять загрозам юнацької жорстокості, асоціальної поведінки, наркоманії, передчасної статевої активності, підліткового суїциду та інших соціальних бід. Діти, які відчувають, що їх поважають і цінують у сім'ї, краще вчаться в школі, у них більше дружніх зв'язків, більш здорове й успішне життя.

Тепер, здійснивши глибше дослідження динаміки емоційних стосунків у сім'ях, ми починаємо розуміти, чому так відбувається.

Емоційне виховання як еволюційний крок

Досліджуючи емоційне життя сімей, ми просимо батьків розповісти про їхню реакцію на негативні почуття дошкільнят. Подібно до багатьох батьків Майк розповідає, що, коли його чотирирічна донька Беккі злиться, це кумедно.

— Вона вигукує «Чорт забирай!» і стає схожою на злого карлика. Це дуже смішно! — каже він.

І дійсно, контраст між крихітною дівчинкою та її сильними емоціями багатьох змушує всміхнутися. Але тільки уявіть, що буде, коли Майк так само відреагує на гнів своєї дружини. А якщо начальник Майка так відреагує на його гнів? Найімовірніше, Майкові буде не до сміху. Проте багато дорослих легко можуть посміятися з розлюченого дошкільняти. Попри найкращі наміри, багато батьків схильні звільнятися від дитячих страхів і розладів, ніби вони нічого не означають. «Тобі нічого боятися», — говоримо ми п'ятирічній дитині, яка прокидається в сльозах через нічне жахіття. Якби дитина була дорослою, вона могла б відповісти: «Але ти ж не бачив того, що я». Натомість у таких ситуаціях діти зазвичай приймають точку зору дорослого за правильну й вчаться сумніватися у власних судженнях. А коли дорослі постійно знецінюють їхні почуття, діти втрачають упевненість у собі.

Ми успадкували традицію не зважати на дитячі почуття просто тому, що діти молодші, менш раціональні, у них мало досвіду й менше влади, ніж у дорослих навколо них. Щоб зрозуміти своїх дітей, нам потрібно проявити співчуття, уважно їх вислухати й бути готовими подивитися на речі з їхньої точки зору. Крім того, ми повинні бути безкорисливими. Поведінкові психологи помітили, що дошкільнята, як правило, вимагають, щоб вихователі реагували на їхні потреби або бажання в середньому *тричі на хвилину*. В ідеальних умовах мама або тато можуть бадьоро відповідати. Але коли батьки напружені або зосереджені на чомусь іншому, безперервні, а іноді й ірраціональні вимоги дитини можуть розлютити їх.

Батьки споконвіку любили своїх дітей, однак і минулі покоління не завжди визнавали необхідність терпіння, стриманості й доброти щодо них. Психіатр Ллойд Демоз, який написав есе «Еволюція дитинства», змальовує жахливу картину зневаги й жорстокості, з якими ставилися до дітей на Заході. Він зазначає, що тяжке становище дітей почало поліпшуватися тільки в XIX — на початку XX століття. З кожним поколінням батьки ставали дедалі кращими й більше задовольняли фізичні, психологічні та емоційні потреби дітей. Як пише

Демоз, виховання дитини «все менше ставало процесом придушення її волі і все більше — процесом тренування, скеровуванням на правильний шлях, підвищуванням пристосованості й соціалізації».

Зиґмунд Фройд на початку ХХ століття поширював теорію про те, що діти — високосексуальні й агресивні істоти, але спостереження кінця XIX століття доводять зворотне.

Соціальний психолог Лоїс Мерфі, провівши в 1930 році велике дослідження й експерименти з дітьми ясельного віку й дошкільнятами, з'ясувала, що більшість маленьких дітей — альтруїсти й співчувають одне одному, особливо коли інша дитина потрапляє в біду.

Із середини XIX століття віра в доброту наших дітей направила виховання іншим шляхом, який Демоз назвав режимом допомоги. Саме тоді багато батьків відмовилися від строгих, авторитарних моделей, на яких виховували їх самих. Сьогодні більшість батьків вважають, що їхнє завдання — допомогти дітям розвиватися відповідно до власних інтересів, потреб і бажань. Вони використовують метод, який психологиня-теоретикиня Діана Баумрінд назвала *авторитетним* стилем виховання. *Авторитарні* батьки встановлюють багато обмежень, очікують беззаперечного послуху й не дають дітям пояснень; *авторитетні* батьки встановлюють гнучкі кордони, пояснюють і підтримують теплі стосунки з дітьми. Баумрінд описує і третій стиль виховання, який вона називає *вседозволенням*, коли батьки тепло ставляться до дітей, розмовляють із ними, але не встановлюють обмежень у їхній поведінці. Вивчаючи дошкільнят у 1970-х роках, Баумрінд виявила, що діти *авторитарних* батьків, як правило, конфліктні й дратівливі, а діти батьків, що провадять *вседозволення*, — імпульсивні, агресивні, не мають певності у власних силах і мають низькі досягнення. Діти ж *авторитетних* батьків більш схильні до послідовної співпраці, самостійні, енергійні, доброзичливі та орієнтовані на досягнення успіху.

Ми стали значно краще розуміти дитячу психологію і соціальну поведінку сімей і в результаті перейшли від авторитарного до більш чуйного стилю виховання. Так, соціологи виявили, що діти з народження мають дивовижну здатність сприймати соціальні й емоційні сигнали батьків. Тепер нам відомо, що, коли батьки чуйно реагують на реакції немовлят, підтримують із ними візуальний контакт, імітують їхній лепет і дозволяють відпочити, коли ті перезбуджені, немовлята раніше вчаться керувати своїми емоціями. Ці діти не перестають відчувати збудження, коли для нього є привід, але після зникнення стимулу швидко заспокоюються.

І навпаки, якщо батьки не звертають уваги на дитячі сигнали (наприклад, коли пригнічена мама не розмовляє з дитиною або коли надто уважний тато дуже активно чи довго грає з дитиною), у дітей не розвиваються навички контролю над емоціями. Дитині нізвідки дізнатися, що її лепет привертає до себе увагу, тому вона стає тихою, пасивною і соціально відстороненою. Якщо ж її постійно займають, вона не може дізнатися, що смоктання пальця і погладжування ковдри — хороші способи заспокоїтися.

Мірою дорослішання здатність заспокоюватися і зосереджуватися стає дедалі важливішою. Набуті навички допомагають дитині сприймати соціальні сигнали батьків, вихователів та інших людей. Уміння зберігати спокій допомагає зосереджуватися на навчанні й виконанні конкретних завдань. Поки дитина росте, для неї не менш важливо навчитися ділитися іграшками й домовлятися з товаришами. Згодом навичка саморегулювання допоможе входити в нові групи, заводити друзів і легше зносити стрес, якщо однолітки відмовляються з нею грати.

Про зв'язок між чуйністю батьків та якістю дитячого емоційного інтелекту стало відомо всього кілька десятиліть тому. Було написано незліченну кількість книг, автори яких розповідали, наскільки важливо створювати для засмучених немовлят обстановку любові й комфорту. Батькам наполегливо рекомендували застосовувати позитивні форми підтримування дисципліни; більше хвалити, ніж критикувати; нагороджувати, а не карати; заохочувати, а не перешкоджати. На щастя, ми вже далеко пішли від старого «Різки пошкодуєш — дитину зіпсуєш» і знаємо, що кращими інструментами для того, щоб наші діти стали вихованими й емоційно здоровими, є доброта, тепло, оптимізм і терпіння.

Але нам іще є чого прагнути. І ми готові здійснити наступний крок в еволюції виховання. Працюючи в лабораторії сімейної психології, ми оцінили переваги здорового емоційного спілкування між дітьми й батьками. Ми з'ясували, що взаємодія батьків і маленьких дітей впливає на їхню нервову систему, а отже, і на емоційне здоров'я. Ми також дізналися, що якість шлюбу позначається на добробуті дітей і що в емоційній взаємодії батьків і дітей закладено величезний потенціал. І нарешті, ми дійшли висновку, що в основі розвитку емоційного інтелекту дитини — здатність батьків усвідомлювати власні почуття. Наша програма емоційного виховання, детально викладена в розділі 3, є нашою основою батьківського виховання.

Велика частина сучасної популярної літератури, присвяченої вихованню, не торкається теми емоційного інтелекту. Але так було не завжди. У 1960-х роках, задовго до того, як ми пов'язали слова «емоційний» та «інтелект», впливовий психолог і педагог

Хаїм Гінотт написав три книги з виховання, зокрема «Батьки — дитина: світ стосунків», перед самою своєю смертю від раку в 1973 році. Його дослідження стали проривом у розумінні емоційного життя сім'ї. Гінотт вважав, що один із найважливіших обов'язків батьків — слухати своїх дітей, причому не тільки чути слова, а й розрізняти за ними почуття. Він учив, що розмова про емоції допомагає батькам прищепити своїм дітям родинну систему цінностей. Але щоб це сталося, батьки повинні проявляти справжню повагу до дитячих почуттів. Вони повинні співчувати, тобто намагатися відчувати те саме, що відчувають діти.

Хаїм Гінотт писав, що в розмові з дитиною обидві сторони повинні зберігати гідність, а радити можна лише після того, як досягнуто взаєморозуміння. Він рекомендував батькам не говорити дітям, що ті повинні відчувати, тому що це вчить їх не довіряти власним почуттям. Дитячі емоції не зникають після слів «Ти не повинен так почуватися» або пояснень, що вони безпідставні. Будь-які почуття і бажання дитини є прийнятними, неприйнятною може бути лише форма їх вираження, тому батьки мають встановлювати обмеження на поведінку, а не на емоції або бажання.

На відміну від багатьох батьків і педагогів, Гінотт вважав, що сердитися на дітей можна й треба. На його думку, батьки повинні чесно висловлювати свій гнів за умови, що він спрямований на конкретну проблему, а не на характер дитини. За розумного використання батьківський гнів може бути частиною ефективного підтримування дисципліни.

Ідея Гінотта про емоційне спілкування з дітьми значно вплинула на багатьох педагогів. Так, його учениці Адель Фабер та Елейн Мазліш написали низку практичних посібників для батьків, зокрема «Вільні батьки — вільні діти», «Брати і сестри:

як допомогти вашим дітям жити дружно», «Як говорити, щоб діти слухали, і як слухати, щоб діти говорили» і «Як говорити з дітьми, щоб вони вчилися».

Попри величезний внесок Хаїма Ґінотта в науку, ці теорії досі не було емпірично підтверджено. Тож я можу з гордістю стверджувати, що наші наукові дослідження є першим достовірним доказом правильності його висновків. Емпатія не просто відіграє роль, вона є основою ефективного виховання.

Як ми відкрили емоційне виховання

Ми почали свою роботу в 1986 році зі спостереження за 56 подружніми парами в Шампейні, Іллінойс. У всіх пар були діти чотирьох або п'яти років. Члени нашої дослідницької групи проводили з кожною родиною по чотирнадцять годин: заповнювали анкети, брали інтерв'ю і спостерігали за поведінкою. Ми дізнавалися про шлюб, про взаємини дітей з однолітками й про ставлення до емоцій у сім'ї.

Подружжя розповідали нам, як вони переживають негативні емоції, як, на їхню думку, повинні виражати й контролювати емоції їхні діти, і про те, що вони відчувають, коли діти зляться або засмучуються. Інтерв'ю дозволили нам оцінити, наскільки батьки усвідомлюють власні емоції і можуть ними керувати, а також здатні розпізнати й спрямувати в потрібне русло негативні почуття своїх дітей. Ми з'ясовували, чи поважають батьки почуття дітей і як розмовляють із ними, коли ті засмучені. Чи намагаються вони навчити своїх дітей виражати емоції і самостійно заспокоюватися?

Щоб сформувати уявлення про соціальні навички дітей, ми записували на аудіокасети тридцятихвилинну гру кожної дитини з найкращим другом/подругою в неї вдома, а потім оцінювали загальну якість гри дитини й те, як часто під час сесії вона відчувала негативні емоції.

Ще один аудіозапис містив інтерв'ю, де кожна з пар протягом трьох годин відповідала на відкриті запитання про свій шлюб. Як вони познайомилися? Як відбувалося побачення? Як вони вирішили одружитися? Як змінились їхні стосунки протягом років? Ми заохочували подружжя говорити про філософію їхнього шлюбу й про те, що, на їхню думку, потрібно, щоб шлюб був вдалим. На підставі цих записів ми дійшли висновків про те, як чоловік і жінка ставляться одне до одного: з любов'ю чи їхніми взаєминами керують негативні почуття, близькі вони або віддалені одне від одного.

Безсумнівно, інтерв'ю та спостереження дуже важливі для розуміння внутрішнього життя сімей, проте наше дослідження унікальне ще й тому, що ми не тільки формували уявлення про психологічний клімат у кожній родині, а й фіксували фізіологічні реакції учасників на емоції. Наприклад, ми просили кожну сім'ю зібрати добову сечу дітей. У зразках визначали сліди гормонів, пов'язаних зі стресом. Крім того, у лабораторії ми оцінювали інші показники роботи вегетативної нервової системи, такі як частота серцевих скорочень, дихання, кровообіг, рухова активність і пітливість долонь. Це дозволило нам отримати більш достовірні дані.

Вивчення цих фізіологічних процесів та спостереження за сім'ями дає більш об'єктивні дані, ніж анкети, інтерв'ю та спостереження. Із цілком зрозумілих причин батьки не завжди можуть чесно відповісти на запитання на кшталт «Як часто ви жорстко критикуєте свою дитину?». Понад те, соціологам буває досить важко визначити, наскільки поведінка однієї людини зачіпає почуття іншої навіть тоді, коли вони спостерігають за об'єктами дослідження за допомогою прихованої камери або крізь двостороннє дзеркало. Відстеження вегетативних реакцій організму на стрес здатне допомогти розв'язати цю проблему. Подібні до стетоскопа електроди, підключені до грудей, можуть контролювати серцевий ритм; електроди можуть відстежувати, наскільки пітніють руки, вимірюючи електроенергію, що проходить крізь сіль у потовиділеннях.

Технологія досить проста, її вважають дуже надійною: одна група електродів підключається до грудної клітки, щоб контролювати частоту серцевих скорочень; друга — до долонь, щоб стежити за пітливістю. Саме за таким принципом працюють детектори брехні, які поліціянти регулярно використовують, щоб з'ясовувати правду. Але поліціянтам, чиї допитувані зобов'язані сидіти на місці, простіше докопатися до істини, ніж дослідникам родин. Робота з чотири- і п'ятирічними дітьми потребує неабиякої майстерності. Наприклад, під час одного з досліджень нам довелося проявити винахідливість — побудувати макет космічної капсули. Діти надягали скафандри й опинялися всередині хитромудрого пристосування, де до них були підключені електроди — так ми могли виміряти їхні фізіологічні реакції на різні фактори, що провокують прояв емоцій: сцени з фільмів або батьки, яких ми запрошували, щоб ті навчили дітей грати в нову відеогру. Учасники були настільки захоплені процесом, що нам удалося записати всі сесії на відео. Згодом ми вивчили й оцінили слова, дії та вирази обличчя кожного із членів сім'ї.

Ми вивчали також фізіологічні та поведінкові реакції батьків, коли вони обговорювали висококонфліктні теми, такі як гроші, релігія, батьки чоловіка або дружини й виховання дітей. Ми фіксували ознаки позитивних (гумор, прихильність, згода, інтерес, радість) і негативних (гнів, відраза, презирство, сум, ігнорування) емоцій.

Щоб зрозуміти, як різні стилі виховання впливають на дітей, ми зустрілися з тими самими сім'ями за три роки. Ми з'ясували долю всіх шлюбів: батьки розповіли нам, чи живуть вони разом, окремо, розлучені чи мають намір розлучитися, і заповнили індивідуальні анкети про те, наскільки вони задоволені своїм шлюбом. Їхнім дітям уже виповнилося по сім-вісім років. Ми провели повторний аудіозапис ігрових сесій кожної дитини з найкращим другом. Крім того, попросили шкільних учителів дітей заповнити анкети про рівень агресії, конфліктності та соціальної компетентності в класі. Учителі й матері заповнили наш опитувальник з успішності й поведінки. Кожна з матерів надала інформацію про здоров'я дитини, а також про те, наскільки часто протягом тижня дитина виражала негативні емоції.

Результати показали, що діти батьків, які опікувалися емоційним вихованням, краще вчилися в школі, були більш соціально компетентними, емоційно благополучними й фізично здоровими. У них відзначалися вищий IQ, кращі оцінки з математики й читання, вони краще ладнали з друзями й мали добре розвинені соціальні навички. Їхні матері повідомили, що діти відчували менше негативних, а більше позитивних емоцій, рідше хворіли на застуду та грип. Крім того, ці діти відчували менше стресів: вміст гормонів стресу в їхній сечі був низьким. Частота їхніх серцевих скорочень також була нижчою, ніж в інших дітей.

Емоційне виховання і саморегулювання

Багато позитивних результатів, виявлених в емоційно розвинених дітей у віці семи-восьми років, свідчать про їхній високий вагусний тонус. Цей термін походить від назви блукального нерва, який виходить із головного мозку й проводить імпульси, що беруть участь у функціональній регуляції таких процесів, як частота серцевих скорочень, дихання і травлення. Блукальний нерв відповідає за багато функцій парасимпатичної частини вегетативної нервової системи. Коли людина в стресі, симпатична частина прискорює частоту серцевих скорочень і дихання, а парасимпатична діє як регулятор — гальмує мимовільні реакції і не дозволяє системам вийти з-під контролю.

Терміном «вагусний тонус» описують здатність вегетативної нервової системи регулювати мимовільні фізіологічні процеси. Подібно до того, як діти з хорошим м'язовим тонусом успішні в спорті, діти з високим тонусом блукального нерва більш адекватно реагують і добре відновлюються після емоційного стресу. У відповідь на тривоги або хвилювання частота їхніх серцевих скорочень тимчасово прискорюється, але щойно екстремальна ситуація минає, вони швидко повертаються до норми. Такі діти добре вміють заспокоюватися, концентрувати увагу й відключати стресові механізми, коли в них більше немає необхідності.

Наприклад, першокласники з високим вагусним тонусом не відчувають проблем під час пожежної тривоги. Вони в змозі залишити всі свої справи й вийти зі школи. Після закінчення пожежних навчань ці діти швидко заспокоюються і перемикаються, наприклад, на урок математики. На відміну від них діти з низьким тонусом метушаться і нервують («Що? Просто зараз? І навіть немає часу зайти в туалет?»). Коли вони повертаються в клас, їм важче заспокоїтися і повернутися до навчання.

У нашому експерименті з відеогрою діти, чиї батьки практикували емоційне виховання, виявилися справжніми вегетативними чемпіонами: вони продемонстрували більший фізіологічний відгук на стрес і швидше відновлення. Цікаво, що найсильніший стрес спричинили критика й насмішки батьків — ситуація, яка в цих сім'ях трапляється нечасто. Можливо, саме тому в дітей виникала така сильна реакція. Але, попри це, емоційно треновані діти оговтувалися від стресу швидше, ніж інші учасники нашого дослідження.

Здатність адекватно реагувати на стрес і швидко відновлюватися — надзвичайно цінна риса, яка добре допомагає як у дитинстві, так і в дорослому житті. Емоційний інтелект дозволяє зосереджувати увагу й концентруватися на навчанні, забезпечує емоційну чуйність і самоконтроль, необхідні для створення і підтримання дружніх взаємин. Діти з високим вагусним тонусом легко вловлюють емоційні сигнали інших дітей, швидко реагують на них і здатні контролювати свої негативні реакції у висококонфліктних ситуаціях.

Ці якості проявилися під час однієї з ігрових сесій. Між двома дітьми чотирьох років виникла суперечка — у що грати. Хлопчик хотів грати в супермена, а дівчинка — у будиночок. Певний час діти вигукували свої побажання, але хлопчик заспокоївся і запропонував простий компроміс: грати в будинок супермена. Дівчинці ідея сподобалася, і вони із задоволенням грали наступні пів години.

Такий творчий компроміс між чотирирічними дітьми потребує значних соціальних навичок, зокрема здатності чути одне одного, співчувати партнеру й спільно розв'язувати проблеми. Ті здібності, яких діти набувають завдяки емоційному вихованню, далеко за межами звичайних соціальних навичок. Ще кориснішими ці здібності стають у віці від восьми до дванадцяти років, коли прийняття однолітками часто визначається здатністю дитини бути «крутою», тобто холоднокровною та емоційно незворушною. Психологи помітили, що для цієї вікової групи вираження почуттів може бути соціально необхідним, оскільки дитині важливо вміти спостерігати й вловлювати соціальні сигнали, що дозволяють асимілюватися, не привертаючи до себе зайвої уваги. Ми виявили, що в дітей, чиї батьки з раннього дитинства практикували емоційне виховання, ця соціальна навичка була добре розвинена, що допомагало їм знаходити спільну мову й дружити з однолітками.

Частково емоційний інтелект дитини залежить від темпераменту — тобто від властивостей особистості, з якими вона народжується, — але формується в основному за взаємодії з батьками. Батьки впливають на дітей із найперших днів життя, ще тоді, коли незріла нервова система тільки починає розвиватися. На цьому етапі емоційний досвід може відігравати велику роль у розвитку загального тонусу, а отже, і в подальшому благополуччі дитини.

Інакше кажучи, батьки, які з перших днів життя вчать дітей самостійно заспокоюватися, мають можливість вплинути на їхній емоційний інтелект. Наша реакція на дискомфорт, який відчувають безпорадні немовлята, допомагає їм дізнатися, що вони можуть позбутися таких неприємних відчуттів, як страждання, гнів і страх, і повернутися в стан спокою. Діти, чиї емоційні потреби не враховуються, не мають звідки про це дізнатися. Якщо вони відчувають страх, засмучуються або зляться, то не знаходять полегшення і їхні емоції ще більше посилюються. Засмучуючись, вони повністю втрачають контроль над собою і, не вміючи себе заспокоїти, потрапляють у чорну діру з негативних емоцій. У результаті такі діти стають пасивними й найчастіше не висловлюють своїх почуттів.

Нам було цікаво спостерігати за тим, як маленькі діти, з якими займалися емоційним вихованням, поступово додавали заспокійливі відповіді своїх вихователів у власну поведінку. Можливо, і ви помічали, як дитина це робить, граючись із друзями або ляльками. Діти часто вигадують ситуації, коли один персонаж боїться, а другий — заспокоює його. Така гра дає дітям досвід, до якого вони можуть звернутися, засмутившись; вона допомагає їм створити й закріпити способи регулювання своїх емоцій і вчить емоційно ввічливо відповідати іншим людям.

Перший крок, який батьки повинні здійснити на шляху виховання емоційно розвиненої дитини, — зрозуміти, як вона регулює свої емоції і як емоції на неї впливають. Ці питання ми розглянемо в розділі 2.

Розділ 2

ОЦІНКА ВАШОГО СТИЛЮ ВИХОВАННЯ

Концепція емоційного виховання проста, ґрунтується на здоровому глузді й виростає з глибокої любові та співчуття до дітей. Усі батьки люблять своїх дітей, але, на жаль, не всі опікуються емоційним вихованням. Усвідомлення його необхідності не випливає автоматично з їхньої любові або з рішення використовувати теплий і позитивний настрій у спілкуванні з дитиною. Емоційне виховання більше схоже на мистецтво, воно потребує усвідомленості, уміння слухати й поведінки, спрямованої на розв'язання проблем, — тієї поведінки, яку я і мої колеги виявили, спостерігаючи за здоровими сім'ями, що добре функціонують. Ці сім'ї ми можемо назвати емоційно розвиненими.

Я вважаю, що майже всі батьки можуть стати емоційними вихователями, але багатьом із них доведеться подолати певні перешкоди. Однією з перешкод може стати ставлення до емоцій, звичне в тих будинках, де вони виросли. Перешкодити може й брак навички вислуховувати дітей. Ці труднощі можуть не дати їм стати опорою для дітей — тими сильними матерями й батьками, якими вони хочуть бути.

Щоб стати хорошими батьками, потрібно починати із самоаналізу. Ми пропонуємо пройти тест, який допоможе зрозуміти, якого стилю виховання ви дотримуєтеся. Наприкінці ми наводимо опис чотирьох стилів виховання і розповідь про те, як ці стилі впливали на дітей, що брали участь у нашому дослідженні.

Тест самооцінки: якого стилю виховання ви дотримуєтеся?

Вам потрібно відповісти на запитання про негативні емоції — смуток, страх і гнів, — які відчуваєте ви й ваші діти. Позначте відповідь, яка найточніше відповідає вашій думці. Постарайтеся відповісти на всі запитання (П = правда, Н = неправда).

1. Дітям немає через що сумувати.
   П   Н
2. Я вважаю, що в гніві немає нічого поганого, поки він під контролем.
   П   Н
3. Діти, які сумують, зазвичай просто намагаються змусити дорослих пожаліти себе.
   П   Н
4. Дитячий гнів заслуговує на тайм-аут.
   П   Н
5. Коли моя дитина відчуває смуток, вона перетворюється на справжнього шибеника.
   П   Н
6. Коли моїй дитині сумно, від мене очікується виправити світ і зробити його досконалим.
   П   Н

7. У мене справді немає часу на смуток.

П   Н

8. Гнів — небезпечний стан.

П   Н

9. Якщо ви ігноруєте сум дитини, вона,
як правило, іде геть і піклується про себе сама.

П   Н

10. Гнів зазвичай означає агресію.

П   Н

11. Діти часто поводяться грубо, щоб добитися свого.

П   Н

12. Я думаю, що відчувати смуток нормально,
поки він під контролем.

П   Н

13. Смуток треба долати, а не концентруватися на ньому.

П   Н

14. Я не проти мати справу з дитячим сумом,
якщо він не триває занадто довго.

П   Н

15. Я віддаю перевагу щасливій дитині,
ніж надмірно емоційній.

П   Н

16. Коли моїй дитині сумно, настав час
розв'язати проблеми.

П   Н

17. Я допомагаю дітям швидко пережити смуток,
щоб вони могли перейти до кращих речей.

П   Н

18. Я не вважаю дитячий сум можливістю навчити
дитину багато чого.

П   Н

19. Я думаю, коли діти сумні, вони перебільшують негатив у житті.

П   Н

20. Коли моя дитина злиться, вона перетворюється на справжнього шибеника.

П   Н

21. Я встановлюю обмеження на гнів своєї дитини.

П   Н

22. Коли моя дитина сумує, вона робить це для того, щоб привернути увагу.

П   Н

23. Гнів — це емоція, яку варто вивчати.

П   Н

24. Багато дитячого гніву виникає через нерозуміння та незрілість дитини.

П   Н

25. Я намагаюся змінити злий настрій дитини на веселий.

П   Н

26. Ви повинні висловити гнів, який відчуваєте.

П   Н

27. Коли моїй дитині сумно, це шанс зблизитися з нею.

П   Н

28. У дітей насправді мало причин злитись.

П   Н

29. Коли моїй дитині сумно, я намагаюся допомогти їй зрозуміти, у чому причина.

П   Н

30. Коли моїй дитині сумно, я показую, що розумію її.

П   Н

31. Я хочу, щоб моя дитина переживала смуток.

П   Н

32. Важливо з'ясувати, чому дитина сумує.

    П   Н

33. Дитинство — це щасливий час, а не час для того, щоб сумувати чи сердитися.

    П   Н

34. Коли моїй дитині сумно, ми сідаємо, щоб поговорити про сум.

    П   Н

35. Коли моїй дитині сумно, я намагаюся допомогти їй зрозуміти, чому в неї з'явилося це почуття.

    П   Н

36. Коли моя дитина сердиться, це можливість зблизитися з нею.

    П   Н

37. Коли моя дитина сердиться, мені потрібно трішки часу, щоб спробувати пережити це почуття разом із нею.

    П   Н

38. Я хочу, щоб моя дитина відчувала гнів.

    П   Н

39. Я думаю, що дітям добре іноді злитись.

    П   Н

40. Важливо з'ясувати, чому дитина відчуває гнів.

    П   Н

41. Коли дитині стає сумно, я говорю з нею про це, щоб не розвинути поганого характеру.

    П   Н

42. Коли дитині сумно, я переживаю, що вона виросте депресивною особистістю.

    П   Н

43. Я не дуже намагаюся навчити дитину
чогось конкретного щодо смутку.

П   Н

44. Якщо в мене є повчальна історія про сум,
її потрібно розповісти.

П   Н

45. Я не впевнений, що можна щось зробити,
щоб перемогти сум.

П   Н

46. Не можна багато зробити для сумної дитини,
крім того, щоб запропонувати їй комфорт.

П   Н

47. Коли моїй дитині сумно, я намагаюся дати
їй знати, що я люблю її попри все.

П   Н

48. Коли моїй дитині сумно, я не зовсім упевнений,
чого вона хоче від мене.

П   Н

49. Я не намагаюся навчити свою дитину
чогось особливого щодо гніву.

П   Н

50. Якщо в мене є повчальна історія про гнів,
я вважаю, що її потрібно розповісти.

П   Н

51. Коли моя дитина сердиться,
я намагаюся зрозуміти її настрій.

П   Н

52. Коли моя дитина сердиться,
я намагаюся дати їй знати,
що я люблю її попри все.

П   Н

53. Коли моя дитина сердиться, я не зовсім упевнений, чого вона хоче від мене.

П   Н

54. У моєї дитини погана вдача, і я хвилююся.

П   Н

55. Я не думаю, що правильно, аби дитина проявляла гнів.

П   Н

56. Злі люди виходять з-під контролю.

П   Н

57. Діти виражають гнів через істерику.

П   Н

58. Діти гніваються, щоб добитися свого.

П   Н

59. Коли моя дитина сердиться, я переживаю за її руйнівний характер.

П   Н

60. Якщо ви дозволите дітям лютувати, вони вважатимуть, що можуть постійно добиватися всього, що хочуть.

П   Н

61. Сердиті діти поводяться з неповагою.

П   Н

62. Діти досить смішні, коли сердяться.

П   Н

63. Гнів, як правило, затьмарює мій розум, і я роблю те, про що шкодую.

П   Н

64. Коли моя дитина сердиться, настав час розв'язати проблему.

П   Н

65. Коли моя дитина злиться, настав час для лупцювання.

П   Н

66. Коли моя дитина сердиться, моя мета —
змусити її зупинитися.
П   Н

67. Я не надаю великого значення дитячому гніву.
П   Н

68. Коли моя дитина сердиться, я зазвичай
не сприймаю це так серйозно.
П   Н

69. Коли я злюся, то відчуваю,
що збираюся вибухнути.
П   Н

70. Гнів нічого не вирішує і не покращує.
П   Н

71. Гнів викликає в дитини бажання висловитися.
П   Н

72. Дитячий гнів важливий.
П   Н

73. Діти мають право гніватися.
П   Н

74. Коли моя дитина розлючена,
я просто з'ясовую, що її злить.
П   Н

75. Важливо допомогти дитині з'ясувати,
що викликало гнів.
П   Н

76. Коли дитина сердиться на мене,
я думаю: «Я не хочу цього чути».
П   Н

77. Коли дитина сердиться, я думаю:
«Якби вона могла просто навчитися тримати удар...»
П   Н

78. Коли дитина сердиться, я думаю: «Чому вона
не може прийняти речі такими, якими вони є?»
П   Н
79. Я хочу, щоб моя дитина розсердилася,
постояла за себе.
П   Н
80. Я не надаю багато уваги дитячому суму.
П   Н
81. Коли моя дитина сердиться, я хочу знати,
про що вона думає.
П   Н

Як інтерпретувати бали

Ті, які відштовхують
Підрахуйте, скільки разів ви відповіли «правильно» на запитання 1, 2, 6, 7, 9, 12, 13, 14, 15, 17, 18, 19, 24, 25, 28, 33, 43, 62, 66, 67, 68, 76, 77, 78, 80. Поділіть суму на 25. Це ваші бали за типом *ті, які відштовхують*.

Ті, які не схвалюють
Підрахуйте, скільки разів ви відповіли «правильно» на запитання 3, 4, 5, 8, 10, 11, 20, 21, 22, 41, 42, 54, 55, 56, 57, 58, 59, 60, 61, 63, 65, 69, 70. Поділіть суму на 23. Це ваші бали за типом *ті, які не схвалюють*.

Ті, які не втручаються
Підрахуйте, скільки разів ви відповіли «правильно» на запитання 26, 44, 45, 46, 47, 48, 49, 50, 52, 53. Поділіть суму на 10. Це ваші бали за типом *ті, які не втручаються*.

Емоційний вихователь

Підрахуйте, скільки разів ви відповіли «правильно» на запитання 16, 23, 27, 29, 30, 31, 32, 34, 35, 36, 37, 38, 39, 40, 51, 64, 71, 72, 73, 74, 75, 79, 81. Поділіть суму на 23. Це ваші бали за типом *емоційний вихователь*.

Порівняйте чотири оцінки. Що вищі ваші бали за одним зі стилів, то більше ви до нього схильні. Тепер перейдіть до маркованих списків, де надано інформацію про ці стилі виховання і пояснення, як вони впливають на поведінку дітей. Після них я наводжу розширені описи для кожного зі стилів. Дані, на яких вони ґрунтуються, було отримано під час інтерв'ю з батьками дітей чотирьох-п'яти років, які брали участь у нашому дослідженні, а також із розповідей матерів і батьків, які відвідували мої семінари з виховання. Читаючи їх, подумайте про свої взаємини з дітьми, відзначаючи, що збігається або відрізняється від вашого стилю виховання. Спробуйте згадати власні дитячі переживання. Як ставилися до емоцій у будинку, де ви виросли? Яка була філософія вашої сім'ї щодо емоцій? Чи вважали ваші батьки сум і гнів природними? Приділяли вони увагу членам сім'ї, які почувалися нещасними, боялися або злилися? Використовували вони такі моменти, щоб підтримати одне одного, порадити й допомогти розв'язати проблеми? Чи гнів завжди розглядали як потенційно руйнівну емоцію, страх — як боягузтво, а сум — як жалість до себе? А може, у вашій родині приховували емоції як непродуктивні, легковажні, небезпечні або розцінювали їх як потурання слабкостям? Ці спогади можуть бути корисні під час оцінки своїх сильних і слабких сторін як батьків.

Майте на увазі, що багато сімей можуть дотримуватися змішаної філософії, тобто ставлення до вираження емоцій може змінюватися залежно від того, про яку емоцію ідеться. Наприклад, батьки можуть вважати, що час від часу сумувати — це нормально, а прояви гніву недоречні або небезпечні; і навпаки, цінувати гнів дітей, убачаючи в ньому прояв упевненості в собі, а страх чи сум вважати боягузтвом або легковажністю. Крім того, у сім'ї можуть існувати різні стандарти. Наприклад, батьки можуть вважати, що гнів сина й зневіра дочки — це нормальні емоції, але ніяк не навпаки.

Якщо, прочитавши про різні стилі виховання, ви вирішите змінити деякі аспекти стосунків із дітьми, скористайтеся порадами, наведеними в розділі 3. У цьому розділі я детально розповім про п'ять кроків, з яких складається емоційне виховання.

Чотири стилі виховання

Батьки, які відштовхують:

▸ вважають почуття дитини неважливими й несуттєвими;
▸ не цікавляться почуттями дитини або ігнорують їх;
▸ хочуть, щоб негативні емоції дитини швидко минули;
▸ часто використовують відволікання;
▸ можуть висміяти або не надати значення емоції дитини;
▸ вважають дитячі почуття ірраціональними, тому не рахуються з ними;
▸ проявляють мало інтересу до того, що дитина намагається сказати;
▸ мало знають про свої та чужі емоції;
▸ почуваються незатишно, бояться, відчувають занепокоєння, роздратування, біль, коли дитина висловлює сильні емоції;
▸ бояться випустити емоції з-під контролю;

- більше цікавляться, як упоратися з емоцією, ніж власне емоцією;
- вважають негативні емоції шкідливими;
- вважають, що зосередження на негативних емоціях іще більше погіршує ситуацію;
- не знають, що робити з емоціями дитини;
- бачать в емоціях дитини вимогу все виправити;
- вважають, що негативні емоції свідчать про погану пристосованість дитини;
- вважають, що негативні емоції дитини погано впливають на її батьків;
- мінімізують почуття дитини, применшуючи події, які викликали емоцію;
- не розв'язують із дитиною проблем; вважають, що із часом вони самі розв'яжуться.

Вплив на дітей: діти дізнаються, що їхні почуття неправильні, недоречні й безпідставні. Вони можуть вирішити, що мають якусь вроджену ваду, котра не дозволяє їм правильно відчувати. Їм може бути важко регулювати свої емоції.

Батьки, які не схвалюють:

- судять і критикують емоційні висловлювання дитини;
- абсолютно впевнені в необхідності кордонів для своїх дітей;
- підкреслюють відповідність стандартам гарної поведінки;
- роблять догани, проявляють строгість і карають дитину за вираження емоцій незалежно від того, як дитина поводиться;
- вважають, що вираження негативних емоцій має бути обмежене за часом;

- вважають, що негативні емоції треба контролювати;
- вважають, що негативні емоції свідчать про поганий характер;
- вважають, що дитина використовує негативні емоції, щоб маніпулювати батьками; ідеться про боротьбу за владу;
- вважають, що емоції роблять людей слабкими; щоб вижити, діти повинні бути емоційно холодними;
- вважають негативні емоції непродуктивними, гаянням часу;
- вважають, що негативними емоціями (особливо сумом) не слід розкидатися;
- переймаються тим, щоб дитина слухалася старших.

Вплив на дітей: такий, як і за попереднього стилю.

Батьки, які не втручаються:

- вільно приймають усі емоційні висловлювання дитини;
- пропонують розраду дитині, яка має негативні почуття;
- мало розповідають, як треба поводитись;
- не допомагають дитині впоратися з емоціями;
- дозволяють усе, не встановлюють обмежень;
- не допомагають дітям розв'язувати проблеми;
- не вчать дітей, який спосіб вибрати для розв'язання проблем;
- вважають, що з негативними емоціями нічого не можна зробити, окрім як пережити;
- вважають, що управління негативними емоціями побудоване за законами фізики: вивільнити емоції — і роботу зроблено.

Вплив на дітей: діти не вчаться регулювати свої емоції; у них є проблеми з концентрацією уваги, зав'язуванням дружніх стосунків, і вони гірше ладнають з іншими дітьми.

Емоційні вихователі:

▶ розцінюють негативні емоції дитини як можливість для зближення;
▶ легко можуть перебувати поруч із сумною, сердитою або переляканою дитиною; емоції їх не дратують;
▶ усвідомлюють і цінують власні емоції;
▶ вважають світ негативних емоцій тією сферою, яка вимагає батьківської участі;
▶ чутливі до емоційних станів дитини, навіть якщо вони мало проявляються;
▶ не губляться і не тривожаться через емоційні висловлювання дитини; знають, що робити;
▶ поважають емоції дитини;
▶ НЕ жартують і НЕ применшують негативні почуття дитини;
▶ не говорять, як дитина повинна почуватись;
▶ не відчувають, що повинні розв'язувати замість дитини всі проблеми;
▶ використовують емоційні моменти, щоб:
  • вислухати дитину;
  • поспівчувати й заспокоїти її словами та ласкою;
  • допомогти дитині назвати емоції, які та відчуває;
  • запропонувати варіанти врегулювання емоцій;
  • встановити межі й навчити прийнятного вираження емоцій;
  • виробити навички розв'язання проблем.

Вплив на дітей: діти вчаться довіряти своїм почуттям, управляти емоціями й розв'язувати проблеми. Вони мають високу самооцінку, краще вчаться, добре ладнають з іншими дітьми.

Батьки, які відштовхують

Імовірно, Роберт здивувався б, почувши, що ми назвали його батьком, який відштовхує. Адже в інтерв'ю з нашим науковим співробітником очевидно, що він обожнює свою дочку Гізер і проводить із нею багато часу. Він каже, що кожного разу, коли їй сумно, він робить усе можливе, щоб «її побалувати». «Я ношу її на руках і питаю, чого вона хоче. Хочеш подивитися телевізор? Показати тобі кіно? Хочеш, ми підемо й пограємо на вулиці? Я просто перебуваю з нею поруч і намагаюся все виправити».

Проте він не робить одну важливу річ — не ставить їй прямих запитань про її смуток. Він не питає: «Як ти почуваєшся, Гізер? Тобі сьогодні трохи сумно?» Це тому, що, на його думку, зосереджуватися на неприємних відчуттях — усе одно що поливати бур'яни. Від цього вони виростають більші й сильніші. А він, як багато інших батьків, хоче, щоб у його житті і в житті його дорогоцінної дочки було якомога менше гніву й суму.

Я бачив багато батьків на зразок Роберта, які відштовхують своїх дітей. Мабуть, найяскравішим прикладом є мати Джессіки Дуброфф, семирічної дівчинки, чий одномоторний літак «сессна» розбився у квітні 1996 року, коли вона вирішила стати наймолодшим пілотом, який пролетів через усі Сполучені Штати. Згідно з повідомленням у газеті «The New York Times», мати не дозволяла Джессіці вживати такі негативні слова, як «я боюся», «страх» і «сум». «Діти безстрашні, — сказала вона журналістам. — Це їхній природний стан, поки дорослі не вселять у них страх». Після нещасного випадку з дочкою мати сказала в інтерв'ю журналу «Time»: «Я знаю, чого хочуть люди. Сліз. Але я не плакатиму. Емоції неприродні. У цьому є якась неправда».

Ми ніколи не дізнаємося, чому Джессіка або її інструктор втратили керування літаком після того, як полетіли в грозу з Вайомінгу. Але, можливо, якби дитині дозволяли висловлювати страх — емоцію, яка підказує досвідченим пілотам не літати за поганих погодних умов, — дорослі, які оточували Джессіку, могли б замислитися про доцільність своїх дій, і трагедії можна було б уникнути.

Зачинення дверей перед негативними почуттями — це модель поведінки, яку багато батьків принесли з дитинства. Деякі з них (наприклад, Джим) виросли в жорстоких сім'ях. Джим згадує сварки своїх батьків тридцять років тому й те, як батьки розганяли дітей по окремих кімнатах, де кожен на самоті справлявся зі своїми почуттями. Джимові, його братам і сестрам ніколи не дозволяли говорити про проблеми батьків або про те, як вони почуваються, тому що це означало викликати ще більший гнів батька. І тепер, коли Джим одружений і має власних дітей, за будь-якого натяку на конфлікт або емоційний біль він моментально ухиляється і ховається. Аж до того, що не може обговорити зі своїм шестирічним сином його проблему зі шкільним хуліганом. Джим хоче бути ближчим до сина, вислуховувати розповіді про його неприємності й допомагати знаходити рішення, але не вміє говорити так, щоб позначити суть справи. Тому він рідко починає розмови на подібні теми, а син, відчуваючи батьків дискомфорт, вважає за краще не обговорювати з ним такі питання.

Дорослі, які виросли в малозабезпечених сім'ях або яким батьки приділяли мало уваги, можуть зазнавати труднощів з обговоренням емоцій власних дітей. Ставши батьками, вони відчувають дуже велику особисту відповідальність і намагаються позбавити дітей будь-якого болю та виправити будь-яку несправедливість. Це свідомо нереальне завдання незабаром настільки тяжіє над ними, що вони перестають розуміти, що дійсно потрібно їхнім дітям. Наприклад, одна з учасниць нашого дослідження божеволіла через те, що не могла заспокоїти свого сина-дошкільника, який зламав улюблену іграшку-трактор. Вона просто не знала іншого способу позбавити дитину суму, окрім як усе виправити й повернути світ в ідеальний стан. У його горі вона чула вимогу зробити світ кращим і не розрізняла потреби в підтримці та розумінні.

Згодом такі батьки можуть сприймати будь-яке вираження смутку чи гніву своїх дітей як нездійсненну вимогу, відчувати розчарування або вважати, що ними маніпулюють. Як результат вони ігнорують або применшують неприємності своїх дітей, намагаючись стиснути проблему до потрібного їм розміру, заховати так, щоб про неї можна було забути.

«Якщо Джеремі приходить і скаржиться, що один із друзів забрав його іграшку, я просто кажу: "Не хвилюйся, він принесе її назад", — пояснює Том, батько Джеремі, — а якщо він говорить: "Цей хлопець ударив мене", я відповідаю: "Напевно, це було випадково..." Я хочу навчити його протистояти ударам долі й продовжувати своє життя».

Мама Джеремі, Меріан, каже, що вона займає аналогічну позицію щодо суму свого сина. «Я купую йому морозиво, щоб підбадьорити й змусити забути про свої біди», — говорить вона. Меріан висловлює переконання, поширене серед таких батьків: діти не повинні сумувати, а якщо вони сумують, то щось неправильно з дитиною або з батьками. «Коли Джеремі сумно, мені теж сумно, тому що мені хочеться думати, що моя дитина щаслива й добре пристосована, — каже Меріан. — Я просто не хочу бачити його засмученим. Я хочу, щоб він був щасливий».

Оскільки батьки, які відштовхують, більше цінують усмішки й гумор, ніж похмурий настрій, багато з них стають майстрами «недооцінки» негативних емоцій своїх дітей. Такі батьки можуть спробувати розвеселити сумну або посміятися з почуттів розсердженої дитини. Але незалежно від тону, яким вимовляються слова — добродушно («Де твоя чудова усмішка?») або з відтінком приниження («О, Віллі, не будь дитиною!»), — малюк чує одне: «Твоя оцінка цієї ситуації абсолютно неправильна, твоє судження необґрунтоване, ти не можеш довіряти своєму серцю».

Багато батьків, які принижують або знецінюють емоції дітей, виправдовують свою поведінку, пояснюючи, що їхні діти — це «лише діти». Батьки раціоналізують свою байдужість через упевненість, що поганий настрій дітей через зламані іграшки або події на дитячому майданчику — це дрібниця, особливо порівняно з дорослими приводами для занепокоєння — такими як втрата роботи, гроші або національний борг. Крім того, вони вважають дітей ірраціональними. Один із батьків, які брали участь у нашому дослідженні, на запитання, як він реагує на доччин сум, відповів, що не реагує взагалі. «Ви говорите про чотирирічну дитину», — сказав він. Її смуток часто виникає «через те, що вона не розуміє, як улаштований світ», і, на його думку, нічого не вартий. «Її реакції — це *НЕ дорослі* реакції», — пояснює він.

Ці приклади не означають, що всі батьки, які відштовхують, байдужі. Насправді багато хто з них глибоко відчуває своїх дітей, а подібна реакція обумовлена природним бажанням їх захистити. Вони можуть вважати негативні емоції в певному сенсі «токсичними» й не хочуть піддавати дітей їхньому шкідливому впливу. На їхню думку, не можна зациклюватися на емоціях, тому, розв'язуючи проблеми дітей, вони зосереджуються на тому, щоб «подолати» емоцію, а не на самій емоції. Наприклад, Сара стурбована реакцією своєї чотирирічної дочки на смерть морської свинки. «Я боялася, що коли сяду й переживу всі емоції разом із Бекі, то вона ще більше засмутиться», — пояснює вона. Тому Сара вирішила проявити стриманість. «Я сказала їй: "Усе нормально. Таке трапляється. Твоя морська свинка постаріла. Ми заведемо нову"». Безпристрасна відповідь Сари, можливо, зменшила її власне занепокоєння, і їй не довелося мати справу з горем Беккі, але це не допомогло Беккі відчути, що її розуміють і втішають. Беккі могла задуматися: «Якщо це не така вже велика справа, то чому мені так погано? Напевно, я просто велике немовля».

І нарешті, деякі батьки можуть заперечувати або ігнорувати емоції дітей зі страху, що емоційність неминуче веде до «втрати контролю». Ви, мабуть, чули, як такі батьки використовують метафори, порівнюючи негативні емоції дітей із пожежею, вибухом або штормом. «Він легко спалахує», «вона часто вибухає», «він бушує».

Ці батьки майже не допомагають дітям навчитися керувати емоціями. У результаті, коли їхні діти виростають, вони бояться відчувати сум, вважаючи це відчиненими дверима в нескінченну депресію, а відчуваючи гнів, думають про те, як не зірватися і не заподіяти кому-небудь зла. Барбара, наприклад, почувається винною, коли дозволяє своєму природному темпераменту прорватися в присутності чоловіка й дітей. Вона вважає, що висловлювати гнів «егоїстично» і небезпечно. Крім того, гнів «нічому не допомагає... Я голосно кричу і... домагаюся тільки того, що до мене відчувають відразу».

Вважаючи свій гнів малоприємним явищем, Барбара намагається перенаправити запальність своєї дочки за допомогою гумору. «Коли Ніколь сердиться, я злегка всміхаюся, — говорить вона. — Бувають моменти, коли Ніколь дуже смішна і їй на це вказую. Зазвичай я кажу "припини" або "розслабся"». Барбару не надто хвилює, чи вважає Ніколь ситуацію комічною. Сердита Ніколь просто викликає в матері сміх. «Вона така маленька, і раптом у неї червоніє обличчя, — каже Барбара. — Вона здається мені маленькою лялькою, і я думаю: "Хіба це не смішно?"»

Крім того, Барбара робить усе можливе, щоб відвернути увагу Ніколі від негативних почуттів. Вона згадувала випадок, коли Ніколь розлютилася на брата і його друзів за те, що ті не взяли її грати. «Тоді я посадила її на коліна й запропонувала невелику гру, — гордо каже Барбара. — Я показала на теплі малинові колготки Ніколі й запитала: "Що трапилося з нашими ніжками? Вони стали червоними від обурення!"» Тоді це викликало в Ніколі сміх. Але, найімовірніше, дівчинка просто відчула тепло та увагу матері, і це змусило її забути про гнів і звернутися до чогось іншого. Барбара ж вважає, що вона успішно впоралася: «Я свідомо роблю такі речі, тому що зрозуміла... що це дійсно хороший спосіб справитися з емоціями». Насправді Барбара впустила можливість поговорити з дочкою про ревнощі та ізоляцію. Цей інцидент був шансом поспівчувати Ніколі й допомогти визначити її емоції; Барбара могла б навіть розповісти дочці, як урегулювати конфлікт із братом. Натомість Ніколь отримала повідомлення, що її гнів не дуже важливий; краще його проковтнути й подивитися в інший бік.

Батьки, які не схвалюють

У таких батьків багато спільного з батьками, які відштовхують, але є між ними й кілька відмінностей: вони більш критичні й не співчувають, коли описують емоційні переживання своїх дітей. І не просто ігнорують, заперечують або применшують негативні емоції дітей — вони їх не схвалюють.

Тому їхні діти часто отримують догану або покарання за вираження своїх емоцій.

Замість спробувати розібратися в емоціях дитини, батьки, які не схвалюють, як правило, зосереджуються на способах їх вираження. Якщо дочка в гніві тупотить ногами, мати може відлупцювати її, навіть не поцікавившись, чим викликано гнів. Батько може лаяти сина за дратівливу звичку плакати перед сном, але не замислюється про причини цього плачу, а причина в тому, що хлопчик боїться темряви.

Батьки, які не схвалюють, можуть бути по-своєму справедливими до емоційних переживань дітей. Перш ніж вирішити, як поводитися, — заспокоїти, насварити або в деяких випадках покарати, — вони оцінюють пом'якшувальні обставини. Джо пояснює це так: «Якщо *причина* поганого настрою Тіммі поважна — наприклад, він сумує за мамою, яка пішла на весь вечір, — то я можу зрозуміти, поспівчувати й спробувати його підбадьорити. Я обійму його, підкидаю вгору й намагаюся вивести із цього настрою». Але якщо Тіммі засмучений через причину, яка здається Джо неповажною («Наприклад, я сказав йому піти спати або щось подібне, а він просто не слухається»), то Джо проявляє суворість. Він ігнорує смуток сина й просто пропонує йому опанувати себе. Джо виправдовує ці відмінності необхідністю дисципліни: «Тіммі повинен навчитися добре поводитися (не засмучуватися через дрібниці), тому я кажу йому: "Гей, хандра нічим тобі не допоможе!"».

Багато батьків, які не схвалюють, ставляться до сліз своїх дітей як до маніпуляції. Одна з учасниць нашого дослідження розповіла: «Щоразу, коли моя дочка плаче й надуває губи, вона робить це, щоб звернути на себе увагу». Подібне сприйняття дитячих сліз або істерик перетворює емоційні ситуації на боротьбу за владу. Батьки можуть думати: «Моя дитина плаче, бо чогось від мене хоче, і я повинен це припинити або доведеться змиритися з іще частішим плачем, спалахами гніву й похмурістю». Батькам здається, що їх заганяють у кут або намагаються шантажувати, тому вони відповідають гнівом і покаранням.

Батьки побоюються втратити владу над емоціями. «Я не люблю злитися, тому що в такі моменти втрачаю самоконтроль», — говорить Джин, мати п'ятирічного Кемерона. Зіткнувшись із непослухом дитини, батьки, які не схвалюють, відчувають, що повинні звернутися до емоцій, тобто до тієї сфери, у якій собі не довіряють. Як наслідок вони вважають за правильне карати дітей за те, що ті їх дратують. Джин пояснює: «Якщо Кемерон кричить, я просто кажу, що не збираюся із цим миритися! Якщо він продовжує, то отримує ляпаса».

Лінда одружена з людиною з бурхливим характером. Побоюючись, що її чотирирічний син Росс виросте «таким, як його батько», вона відчайдушно намагається врятувати дитину від цієї долі й реагує не менш бурхливо. Коли Росс засмучується, «він штовхається і кричить, тому я даю йому ляпаса, щоб заспокоїти, — пояснює вона. — Може, це неправильно, але я дійсно не хочу, щоб у нього був поганий характер».

Деякі батьки лають або карають дітей за прояв емоцій для того, щоб «зробити їх жорсткішими». Найчастіше батьки, які не схвалюють, карають за це хлопчиків, які відчувають страх або сум. Вони вважають, що в жорстокому світі їхнім синам краще навчитися не бути «слабаками» і «плаксіями».

Деякі батьки вчать своїх дітей не висловлювати негативні почуття. «Отже, Кеті сумно, — саркастично каже батько. — Що ж мені робити? Усіляко їй догоджати? Я вважаю, що люди повинні самі розбиратися зі своїми проблемами». Відповіддю на гнів є тактика «око за око»: коли дочка втрачає контроль, батько теж втрачає контроль — шмагає або дає потиличника.

Звісно, настільки беззастережне несхвалення і жорстка реакція трапляються нечасто навіть серед батьків, які не схвалюють. Однак за певних обставинах подібні реакції не рідкість. Наприклад, деякі батьки терпляче ставляться до негативних емоцій, якщо епізод нетривалий. Один з учасників дослідження розповів, що в таких ситуаціях уявляє собі будильник і мириться з поганим настроєм сина рівно доти, «доки будильник НЕ продзвенів». А потім «настає час приводити Джейсона до тями»: його карають та ізолюють від інших членів родини.

Деякі батьки вважають, що діти не повинні відчувати негативні емоції, особливо сум, оскільки «втрачають» енергію. Один із батьків, який назвав себе «безсердечним реалістом», розповів, що заперечує сум своєї дитини й вважає це «гаянням часу», тому що це «не призводить ні до чого конструктивного». Інші дотримуються думки, що сум — дорогоцінний продукт, який може закінчитися; витратьте свою частку сліз на дрібниці, і вам нічого не залишиться на великі життєві трагедії. Але незалежно від того, чим батько, який не схвалює, вимірює сум — кількістю пролитих сліз або витрачених хвилин — проблема не розв'язується — діти продовжують сумувати. «Я пояснюю Чарлі, щоб він зберіг свій сум на великі події, — говорить Ґрег, — а не на такі дрібниці, як загублена іграшка або порвана сторінка. От смерть домашнього улюбленця — це дійсно гідний привід для смутку».

Якщо подібні погляди переважають у родині, дитину можуть карати за те, що вона сумує через «несерйозні приводи». Понад те, якщо і в сім'ях батьків до емоцій ставилися зневажливо, то велика ймовірність, що дитячий сум сприйматимуть як «недозволену розкіш», доступну лише деяким «привілейованим» індивідам. Я згадаю Карен, одну з матерів, які брали участь у нашому дослідженні: її покинули батьки, а потім по черзі виховували різні родичі. У дитинстві Карен була позбавлена емоційного комфорту, тому насилу зносить «похмурі настрої» своєї дочки.

Поведінка батьків, які відштовхують, і батьків, які не схвалюють, має багато подібних рис. Понад те, батьки, що ідентифікують себе як батьки, які відштовхують, згодом можуть виявити, що вони діють радше як батьки, які не схвалюють.

Діти батьків, які відштовхують, і батьків, які не схвалюють, також мають багато спільного. Наше дослідження показало, що ці діти мало довіряють власній думці. Коли їм раз за разом пояснюють, що їхні почуття недоречні або необґрунтовані, вони виростають з упевненістю, що з ними щось не так. Їхня самооцінка занижена, вони мають більше труднощів у навчанні й управлінні своїми емоціями, насилу долають проблеми. Порівняно з іншими дітьми їм складніше зосереджуватися, вчитися і знаходити спільну мову з однолітками. Крім того, можна припустити, що діти, яких лаяли, ізолювали, лупцювали або якось інакше карали за вираження почуттів, отримали чіткий сигнал, що емоційна близькість пов'язана з високим ризиком і може призвести до приниження, ізоляції, болю і насильства. Якби ми мали шкалу для вимірювання емоційного інтелекту, рівень цих дітей був би досить низьким.

Трагічна іронія в тому, що батьки, які відштовхують або не схвалюють емоції своїх дітей, зазвичай роблять це з найбільшої турботи. У спробах захистити їх від емоційного болю вони уникають або перривають ситуації, які можуть закінчитися сльозами або спалахом гніву. У прагненні виховати стійких чоловіків батьки карають синів за прояв страху або суму. В ім'я того, щоб дочки стали добросердими жінками, вони заохочують їх пригнічувати гнів і підставляти іншу щоку. Але врешті-решт усі ці стратегії дають зворотний ефект, тому що діти, які не отримують шансу випробувати свої емоції і навчитися ефективно з ними справлятися, виростають не підготовленими до життєвих проблем.

Батьки, які не втручаються

Крім батьків, які відштовхують, і батьків, які не схвалюють, серед учасників нашого дослідження була ще одна група — ті, хто приймає всі емоції і почуття дітей. Такі батьки сповнені співчуття і дають дітям знати, що мама й тато розуміють, із чим їм доводиться стикатися. Ми називаємо їх батьками, які не втручаються.

Проблема батьків, які не втручаються, у тому, що нерідко вони бувають погано підготовленими або не вважають за потрібне вчити дітей керувати негативними емоціями. Вони запроваджують політику невтручання в почуття дітей, а гнів і сум вважають способами спустити пару. Їхнє кредо: дозвольте дитині висловити емоції — і ваша робота як батьків закінчена.

У нас склалося враження, що батьки, які не втручаються, погано знають, як допомогти дітям робити уроки з емоційних переживань. Вони не вчать дітей розв'язувати проблеми, і багато хто з них не вміє встановлювати межі. Батьки, які не втручаються, дозволяють усе, зокрема виражати емоції в неприпустимі способи й без будь-яких обмежень. Наприклад, якщо гнів дитини переростає в агресію і вона заподіює оточенню біль словами чи діями або якщо невтішно плаче, не знаючи, як себе заспокоїти. Подібні способи вираження негативних емоцій можуть бути прийнятними для батьків, але не для маленьких дітей, що мають значно менший життєвий досвід. Падіння в чорну діру хворобливих емоцій, від яких вони не вміють рятуватися, може дуже сильно налякати дітей.

Під час експериментів ми виявили, що багато таких батьків просто не знають, як навчити дітей управляти емоціями. Хтось із них говорив нам, що ніколи про це не думав, а хтось — що хотів би дати дітям «щось більше». Але в цілому учасники дослідження дійсно не знали, що батьки можуть запропонувати дітям, окрім безумовної любові.

Луанн, наприклад, щиро піклується про свого сина Тобі й переживає, коли інша дитина його ображає. «Його це засмучує, і я теж відчуваю біль», — говорить вона. Але коли ми запитали про її реакції, Луанн змогла лише сказати: «Я намагаюся дати йому знати, що люблю його незалежно від того, що думає про нього світ». Безсумнівно, для Тобі це хороша новина, але вона не здатна допомогти йому відновити стосунки з приятелем.

Як у батьків, які не схвалюють, та в батьків, які відштовхують, так і в батьків, які не втручаються, подібне може бути відповіддю на події дитинства. Наприклад, Саллі, яку батько бив і не дозволяв висловлювати гнів і розчарування, каже: «Я хочу, щоб мої діти знали, що вони можуть говорити й кричати все, що вони хочуть. Я хочу, щоб для них було абсолютно нормальним сказати: "Мене образили, і мені це не подобається"».

Проте Саллі визнає, що часто буває розчарована своїм стилем виховання і її терпіння виснажується. «Коли Рейчел робить щось не так, я хотіла б сказати: "Це була не найкраща ідея, можливо, треба спробувати щось інше"». Але натомість вона часто кричить на Рейчел і час від часу навіть лупцює її. «Я дійшла до останньої межі; це єдине, що працює», — скаржиться вона.

Ще одна мама, Емі, згадує жахливу меланхолію, яку вона відчувала в дитинстві. Як вона тепер підозрює, це була клінічна депресія. «Я думаю, вона була спричинена страхом, — згадує вона, — і, можливо, це просто страх мати емоції». Хоч яка була основа, Емі не може пригадати жодного дорослого, готового поговорити з нею про її почуття. Єдине, що вона чула, — це вимога змінити тон. «Люди говорять мені: "Усміхайся!" А я це ненавиджу». У результаті Емі навчилася приховувати печаль і замикатися в собі. Коли вона підросла, то стала багато бігати, знаходячи у фізичних вправах розраду.

Тепер, коли в Емі є двоє дітей, вона розуміє, що один із її синів переживає такий самий сум, і глибоко йому співчуває: «Алекс описує це як дивне почуття, схоже на те, що я мала в дитинстві». Вирішивши, що не вимагатиме від Алекса всміхатися, коли йому сумно, вона каже: «Я знаю, що ти відчуваєш, тому що я теж так відчувала».

Проте їй важко бути поруч з Алексом, коли він зневірений. На запитання, як реагує на його стан, Емі відповідає: «Я йду на пробіжку». По суті, вона йде, залишаючи сина майже в тому самому скрутному становищі, у якому колись перебувала сама. Алекс на самоті переживає тривогу й страх, а мати не здатна запропонувати емоційну підтримку.

Як такі батьки впливають на дітей? На жаль, не позитивно. Вони не вчать їх управляти емоціями, а отже, діти не знають, як заспокоїти бурхливі почуття. У результаті їм важче концентруватися й опановувати нові навички, у них нижча успішність у школі. Крім того, їм важче сприймати соціальні сигнали, а отже, створювати й підтримувати дружні стосунки.

Співчутливим бажанням не втручатися батьки хочуть забезпечити дітям щасливе майбутнє, але через те, що не здатні навчити їх справлятися з важкими емоціями, діти потрапляють майже в те саме становище, що й діти батьків, які не схвалюють, і батьків, які відштовхують, — їм бракує емоційного інтелекту й вони не пристосовані до життя.

Емоційний вихователь

У певному сенсі батьки, які опікуються емоційним вихован-
ням, не дуже відрізняються від батьків, які не втручаються.
Обидві групи беззастережно визнають почуття своїх дітей, не
применшують і не висміюють їхні емоції. Однак між ними
є принципова відмінність: батьки, що практикують емоційне
виховання, керують емоційним життям своїх дітей. Вони ви-
ходять за межі прийняття або обмеження неналежної пове-
дінки й вчать дітей регулювати почуття, знаходити виходи та
розв'язувати проблеми.

Наші дослідження показали, що такі батьки усвідомлюють
власні емоції і добре відчувають емоції рідних і близьких. Крім
того, вони вважають, що всі емоції, навіть такі як печаль, гнів
і страх, відіграють важливу роль у житті. Одна з мам, напри-
клад, розповіла, що, розсердившись на бюрократів, вона на-
писала лист-протест. А один із батьків вважає, що для його
дружини гнів є потужною творчою силою, яка мотивує її бра-
тися до нових домашніх справ.

У позитивному ключі можна розглядати навіть меланхолію.
«Я знаю, щоразу, коли стає сумно, я повинен знизити оберти
й звернути увагу на те, що відбувається в моєму житті, щоб
дізнатися, чого бракує», — говорить Ден. Ця думка поширю-
ється і на його стосунки з дочкою. Замість не схвалювати або
намагатися згладити почуття Дженніфер, коли вона сумує, він
розглядає ці моменти як можливість із нею зблизитися. «Це
час, коли я можу просто взяти її на руки, поговорити й вислу-
хати, що вона думає». Після того як вони налаштовуються на
одну хвилю, у Дженніфер з'являється можливість більше ді-
знатися про свій емоційний світ і про ставлення до інших
людей. «У дев'яти випадках із десяти вона дійсно не знає, чим

викликані її почуття, — каже Ден. — Тому я намагаюся допомогти їй зрозуміти... А потім ми говоримо про те, як їй наступного разу поводитись із тими чи іншими емоціями».

Багато батьків у процесі емоційного виховання помічають, скільки радості приносить висловлювання дитячих емоцій, оскільки це підтверджує, що батьки й дитина мають однакові життєві цінності. Одна з мам розповіла, що дуже зраділа, коли її п'ятирічна дочка заплакала через сумну телевізійну програму. «Мені це сподобалося, тому що я побачила, що в неї є серце, що вона піклується не тільки про себе, а й про інших людей». Інша мама — про те, яка вона була горда (і здивована), коли її чотирирічна дочка різко зауважила після догани: «Мені не подобається твій тон, матусю! Коли ти так говориш, ти раниш мої почуття!» Після того як мати усвідомила сказане, вона була вражена, що її дочка не боїться висловити власну думку, і їй було приємно, що дівчинка використала свій гнів, щоб викликати повагу.

Можливо, саме тому, що ці батьки вважають цінними негативні емоції своїх дітей, вони більш терпляче ставляться до їхньої злості, суму й страхів. Вони готові витратити час на дитину, яка плаче, або роздратовану дитину, послухати про її проблеми, поспівчувати, дозволити висловити свій гнів або просто «виплакатися».

Вислуховуючи свого сина Бена, коли він засмучений, Марґарет часто намагається співчувати, розповідаючи історії «коли я була дитиною». Бен любить ці історії, тому що вони показують йому, що мати почуття — це нормально.

Джек говорить, що йому доводиться докладати зусиль, щоб налаштуватися на точку зору свого сина Тайлера, особливо якщо вони перед цим посперечалися. «Зате коли я дійсно вислуховую його точку зору, він одразу почувається набагато краще, тому що ми можемо розв'язати питання в межах, які він може прийняти. Ми можемо врегулювати наші розбіжності, як двоє людей, а не як господар і собака».

У межах емоційного виховання батьки заохочують у дітях емоційну чесність. «Я хочу, щоб мої діти знали, що коли вони зляться, то це не означає, що вони погані або що вони обов'язково ненавидять людину, на яку зляться, — говорить Сенді, мати чотирьох дівчаток, — і що речі, які викликають їхній гнів, можуть мати й добрі наслідки».

Сенді встановлює межі висловлювання емоцій у своїх дочок і намагається навчити їх висловлювати гнів у неруйнівні способи. Вона хотіла б, щоб дівчатка залишилися друзями на все життя, але знає, що для цього вони повинні бути поблажливими одна до одної та розвивати свої стосунки. «Я говорю їм, що злитися на сестру — це нормально, але давати злісні коментарі — некрасиво, — каже вона. — Я пояснюю їм, що члени нашої родини — це люди, до яких вони завжди можуть звернутися з будь-якого приводу, тож не слід їх відштовхувати».

Введення певних меж є звичайним методом для емоційних вихователів, які можуть прийняти будь-які прояви почуттів, але не будь-яку поведінку. Якщо діти поводяться так, що можуть завдати шкоди собі, оточенню або своїм стосункам, ці батьки негайно покладуть край неправильній поведінці й направлять дітей на менш шкідливі способи самовираження. Вони не шукають способів захистити дітей від емоційно напружених ситуацій, оскільки знають, що дітям потрібен цей досвід, аби зрозуміти, як керувати своїми почуттями.

Марґарет, наприклад, спеціально придумує варіанти, як спрямувати гнів свого надмірно мінливого чотирирічного сина Бена в потрібне русло. Якщо залишити його наодинці з гнівом, «він буде скреготати зубами, кричати й кидати речі, —

пояснює вона. — Він може виплеснути свій гнів на молодшого брата або зламати іграшку». Замість викорінювати сердитість Бена (Марґарет вважає, що це марно), вона намагається навчити його висловлювати свої почуття. Якщо вона бачить, що в синові зростає напруження, пропонує зробити щось, що дозволить дістати полегшення: посилає побігати по вулиці або просить спуститися в підвал, де Бен може постукати на барабанній установці, яку Марґарет нещодавно купила спеціально для цього. Марґарет турбується щодо Бена, але бачить і позитивний бік його впертого, агресивного характеру: «Він не ледар. Якщо він малює і йому не подобається те, що виходить, просто продовжує малювати, навіть якщо це означає, що він викине п'ять або шість перших варіантів. Щойно досягає бажаного, незадоволення минає».

Дорослим нелегко спостерігати, як діти самостійно борються з проблемами, проте батьки, які опікуються емоційним вихованням, не почуваються зобов'язаними виправляти все, що складається невдало в житті їхніх дітей. Сенді, наприклад, говорить, що її чотири дівчинки часто бувають незадоволені, коли вона пояснює, що вони не можуть купити всі нові іграшки та одяг, які хочуть. Замість заспокоювати, Сенді просто вислуховує їх і каже, що відчувати розчарування абсолютно природно. «Я думаю, що коли вони навчаться справлятися з маленькими розчаруваннями зараз, то будуть знати, як упоратися з великими розчаруваннями в подальшому житті».

Марія і Ден теж сподіваються, що в майбутньому їхнє терпіння окупиться. «Я сподіваюся, що після десяти років Дженніфер так натренується керувати своїми емоціями, що знатиме, як реагувати на свої почуття, — каже Марія, — і що в неї буде достатньо впевненості в собі, щоб вважати їх нормальними».

Оскільки такі батьки розуміють сенс і призначення емоцій, вони не бояться показувати емоції своїм дітям. Вони можуть плакати при дітях, коли їм сумно; вони можуть втратити контроль і пояснити дітям, чому зляться. І більшу частину часу ці батьки усвідомлюють свої емоції і достатньо довіряють собі, щоб конструктивно висловити гнів, сум і страх, тому можуть бути прикладами для своїх дітей. Зазвичай діти вчаться справлятися з почуттями, дивлячись, як це роблять їхні батьки. Дитина, котра бачить, як її батьки гаряче сперечаються, а потім мирно долають розбіжності, отримує цінні уроки з розв'язання конфліктів і витримки в стосунках між люблячими людьми. Дитина, яка бачить, що її батькам дуже сумно — наприклад, через розлучення або смерть бабусі чи дідуся, — може засвоїти важливий урок, як справлятися з горем і відчаєм. Особливо якщо її оточують, підтримують і люблять дорослі, які самі, відчуваючи горе, утішають одне одного й допомагають близьким упоратися з важкими ситуаціями. Дитина дізнається, що коли люди разом переживають горе, то близькість і зв'язок між ними посилюються.

Такі батьки можуть сказати своїм дітям неприємні речі, що, звичайно, трапляється в усіх сім'ях, але не бояться вибачитися. У стані стресу батьки можуть реагувати бездумно, даючи дитині невтішні епітети або загрозливо підвищуючи голос, але якщо потім вони висловлюють жаль, то вчать дітей вибачатися. Отже, такий інцидент може стати ще однією можливістю для зближення, особливо якщо батьки готові розповісти дитині, як почувалися в той момент, і обговорити, як вона могла б справлятися з такими ситуаціями в майбутньому. Отже, батьки демонструють дітям способи, що дозволяють упоратися з такими неприємними відчуттями, як провина, жаль і сум.

Емоційне виховання добре працює разом із позитивними формами підтримування дисципліни, за яких дітям чітко пояснюють наслідки поганої поведінки. Насправді батьки, практикуючи таке ставлення, можуть раптом зрозуміти, що мірою того, як сім'я дедалі більше опановує метод емоційного виховання, діти поводяться краще. Це відбувається з кількох причин.

По-перше, батьки, які використовують емоційне виховання, завжди реагують на емоції дітей до того, як ті стали занадто інтенсивними. Інакше кажучи, емоції не встигають набрати градус, як дитина дістає увагу, якої домагається. Згодом діти відчувають упевненість, що батьки їх розуміють, співчувають їм і цікавляться всім, що відбувається в їхньому житті. Дітям не доводиться вередувати тільки для того, щоб відчути участь батьків.

По-друге, якщо батьки опікуються емоційним вихованням від раннього віку, то діти стають майстрами мистецтва самозаспокоєння і можуть залишатися спокійними в стресі, що, своєю чергою, зменшує імовірність їхньої поганої поведінки.

По-третє, батьки, які опікуються емоційним вихованням, не засуджують дітей за прояв емоцій, тому в них менше приводів для конфліктів. Інакше кажучи, дітей не сварять за плач через розчарування або за висловлювання гніву. Проте батьки встановлюють певні межі й чітко та послідовно пояснюють, яка поведінка є прийнятною, а яка — ні. Коли діти знають правила й розуміють наслідки їх порушення, вони поводяться добре.

І нарешті, цей стиль виховання підсилює емоційний зв'язок між батьками й дітьми, тому діти стають більш чутливими до прохань батьків. Вони бачать у батьках своїх довірених осіб і союзників та хочуть тішити, а не розчаровувати їх.

Одна з мам розповіла, як цей феномен проявився під час брехні її восьмирічної доньки Лаури. Серед шкільних зошитів Сюзанна знайшла підлу записку, призначену іншій дитині. Хоча в записці не було імені її дочки, це був почерк Лаури. Сюзанна запитала дочку про записку, але Лаура відповіла, що її написала не вона. Цей випадок турбував Сюзанну протягом декількох днів, вона відчула, що перестає вірити в чесність Лаури й втрачає віру у свою дочку. Нарешті вона зрозуміла, що повинна знову поговорити з дівчинкою і висловити свої почуття.

— Я знаю, що ти збрехала про записку, — сказала Сюзанна чітко й твердо, — ти сильно мене розчарувала, і мені дуже сумно. Я думала, що ти чесна людина, але тепер бачу, що ти обманюєш. Я хочу, щоб ти знала: коли будеш готова сказати мені правду, я вислухаю тебе й прощу.

Лаура мовчала дві хвилини, а потім у її очах з'явилися сльози.

— Я збрехала тобі про записку, мамо, — схлипнула вона.

Сюзанна обійняла її, і вони довго говорили про зміст записки, про дитину, якій та призначалася, і про те, як Лаура могла допустити конфлікт із тією дівчинкою. Сюзанна ще раз повторила дочці, наскільки важливо, щоб їхні стосунки були чесними. За її словами, Лаура більше їй не брехала.

Коли діти емоційно пов'язані з батьками й батьки використовують такий зв'язок, щоб допомогти їм упоратися з почуттями й розв'язати проблеми, це дає хороші результати. Як я зазначав, результати наших досліджень свідчать про те, що діти, з якими займаються емоційним вихованням, краще вчаться в школі, здоровіші, їхні стосунки з однолітками кращі. У них менше проблем із поведінкою, і вони швидше відновлюються після тяжких хвилювань. Маючи добре розвинений емоційний інтелект, такі діти підготовлені до ризиків і проблем, з якими належить справлятися.

Розділ 3

П'ять основних кроків емоційного виховання

Пам'ятаю той день, коли на власні очі побачив, як може працювати емоційне виховання. Моїй дочці Морії було два роки, і ми поверталися на літаку від родичів. Морії було нудно, вона втомилася, вередувала й попросила дати їй зебру — улюблену іграшку, за допомогою якої вона заспокоювалась. На жаль, ми через неуважність спакували цю вже пошарпану улюбленицю у валізу й здали в багаж.

— Мені дуже шкода, люба, але ми не можемо взяти зебру просто зараз. Вона у великій валізі в іншій частині літака, — пояснив я.

— Я хочу зебру, — заканючила Морія.

— Знаю, мила. Але зебри тут немає. Вона в багажному відділенні в нижній частині літака, і тато не зможе її дістати, поки ми не вийдемо з літака. Вибач.

— Я хочу зебру! Хочу зебру! — Морія плакала, крутилася на кріслі й тягнулася до сумки зі снеками.

Я відчув, як підвищується тиск.

— Я знаю, ти хочеш зебру... Але вона не в цій сумці. Її тут немає. І я не можу нічого із цим удіяти. Чому б нам не почитати про Ерні? — і я почав шукати одну з доччиних улюблених книжок із картинками.

— Не Ерні! — сердито закричала вона. — Я хочу зебру! Я хочу її зараз!

На мене почали озиратися пасажири, стюардеси й моя дружина, що сиділа через прохід. Їхні погляди говорили: «Зроби що-небудь». Я подивився на червоне від гніву обличчя Морії та уявив собі, яка вона має бути розчарована. Зрештою, хіба я не той хлопець, який за необхідності може нашвидкуруч зробити бутерброд з арахісовим маслом або одним натисканням кнопки телевізора викликати появу величезного фіолетового динозавра? Чому я забрав у дочки улюблену іграшку? Хіба я не розумів, як вона її потребує?

Я почувався погано. І раптом дійшло: я не міг дати Морії зебру, але міг запропонувати краще — батькову розраду.

— Тобі хочеться, щоб зебра була з тобою, — сказав я.

— Так, — сумно відповіла дочка.

— І ти злишся, тому що ми не можемо тобі її дістати.

— Так.

— Тобто ти хочеш мати зебру *просто зараз*, — повторив я, і Морія подивилася на мене із цікавістю, майже здивовано.

— Так, — пробурмотіла вона. — Я хочу її *зараз*.

— Зараз ти втомилася, і якби ти відчула запах зебри й могла її обійняти, то тобі стало б значно краще. Мені б хотілося, щоб зебра була тут і щоб ти могла її тримати. Навіть краще: я хотів би, щоб ми могли встати зі своїх місць і знайти велике м'яке ліжко, повне твоїх тварин і подушок, де могли б поvalятися.

— Так, — погодилася вона.

— Ми не можемо отримати зебру, тому що вона в іншій частині літака, — сказав я. — І це викликає в тебе розчарування.

— Так, — зітхнула вона.

— Мені дуже шкода.

Я спостерігав, як із доччиного обличчя сходить напруження. Морія поклала голову на спинку свого сидіння і ще кілька разів тихо пожалілась, але стала значно спокійнішою. За кілька хвилин вона заснула.

Морії було всього два роки, але вона чітко знала, чого хоче — свою зебру. Коли донька зрозуміла, що отримати іграшку не вдасться, її не цікавили мої вибачення, аргументи або відволікання уваги. Інша річ — моє зізнання. Коли вона побачила, що я розумію її почуття, їй стало значно краще. Для мене це незабутній доказ сили емпатії.

Емпатія: основа емоційного виховання

Уявіть собі, якби ви зростали в будинку, де вам не співчувають. Уявіть: батьки очікують, що ви завжди будете веселим, щасливим і спокійним. У цьому будинку сум і гнів вважають ознакою невдачі або потенційної катастрофи. Бачачи вас похмурим, мама й тато хвилюються. Вони кажуть, що вважають за краще, щоб ви були задоволеним та оптимістичним, «бачили світлий бік», ніколи не скаржилися і ніколи не говорили поганого про інших. І ви, дитина, вважаєте, що батьки мають рацію. Поганий настрій — це ознака поганої дитини. Тому ви робите все можливе, щоб поводитися відповідно до їхніх очікувань.

Біда в тому, що у вашому житті продовжують відбуватися події, які не дозволяють вам постійно бути спокійним і задоволеним. Маленька сестра забирається у вашу кімнату й рве вашу колекцію коміксів. У школі вас лають за те, чого ви не робили, і найкращий друг дозволяє вам потрапити в халепу. Щороку ви хочете взяти участь у конкурсі з природничих наук, і щороку ваш проєкт провалюється. Потім стається цей жахливий відпочинок, про який мама й тато говорили протягом кількох місяців. Насправді це виявляється нескінченною їздою на машині, коли мама захоплюється «чудовими» пейзажами, а тато читає нескінченні лекції про «приголомшливі» історичні місця.

Але це навіть не найголовніше. Якщо ви називаєте свою маленьку сестру мерзенною шкідницею, мати каже: «Звичайно, ти так не думаєш!» А коли заводите розмову про інцидент у школі, батько мовить: «Мабуть, ти зробив щось таке, що *спровокувало* вчителя». Твій науковий проєкт провалився? «Забудь про це. Наступного року вийде краще». А сімейний відпочинок? Навіть не згадуй («Після всіх тих грошей, які ми з батьком витратили, щоб відвезти вас у Юту...»).

Отже, ви звикаєте тримати язик за зубами. Якщо проблеми в школі, ви просто йдете у свою кімнату, зображуючи сповнене задоволення обличчя. Не варто засмучувати маму й тата. Вони ненавидять проблеми.

За вечерею батько запитує:

— Як справи в школі?

— Усе в порядку, — відповідаєте ви з млявою усмішкою.

— Ну й добре, — говорить він. — Передай мені, будь ласка, масло.

І що ж ви дізнаєтеся, живучи в цьому штучному світі? Ну, по-перше, що ви зовсім не такий, як ваші батьки, бо в них немає тих поганих і небезпечних почуттів, які є у вас. Ви дізнаєтеся, що через те, що маєте ці почуття, ви є проблемою для своїх батьків. Ваш сум — це краплина дьогтю в їхній бочці меду. Ваш гнів викликає сум'яття в сім'ї. Ваші страхи заважають батькові й матері рухатися вперед. Їхній світ, мабуть, був би ідеальним, якби не ви та ваші емоції.

Згодом ви розумієте, що немає сенсу говорити про справжнє внутрішнє життя зі своїми рідними. Це робить вас одиноким. Дізнаєтеся ви й про те, що, поки вдаєте, що все гаразд, у родині все *прекрасно*.

Звичайно, це може заплутати, особливо коли ви дорослішаєте й виявляєте очевидний факт, що іноді життя — це важкий тягар. Настає ваш день народження, і ви не отримуєте тієї єдиної іграшки, яку хотіли. Ваш найкращий друг знаходить іншого найкращого друга, і вам доводиться самому стояти в черзі в їдальні. Вам ставлять брекети. Бабуся, яку ви дуже любите, помирає.

Проте передбачається, що у вас немає сумних почуттів. Так ви стаєте майстром приховування емоцій або робите все можливе, щоб перестати відчувати. Ви вчитеся уникати конфліктних ситуацій, які призводять до гніву й болю. Інакше кажучи, ви починаєте уникати близьких стосунків.

Заперечувати свої емоції не завжди легко, але можливо. Ви вчитеся відволікатися і знаходити обхідні шляхи. Іноді впоратися з дискомфортом допомагає їжа. Чудовими способами позбутися поганих думок є телевізор і відеоігри. Просто зачекайте декілька років; тоді ви будете достатньо дорослим, щоб дотягтися до деяких реальних відволікань. Одночасно ви робитимете все можливе, щоб зберегти гарний вигляд при поганій грі, чинити так, щоб люди навколо були задоволені, і тримати все під контролем.

А якби ваше життя склалося інакше? Якби ви виросли в сім'ї, основна мета якої — не зберігати життєрадісність, а співчувати й розуміти? Уявіть собі, що батьки питають: «Як у тебе справи?» — тому що дійсно хочуть знати правду. Вам не довелося б щоразу відповідати: «Дуже добре», — тому що ви знали б, що вони зможуть пережити, якщо ви скажете: «Сьогодні в мене був важкий день». Вони не стали б поспішати з висновками або припускати, що кожна проблема є катастрофою, яку вони повинні виправити. Вони просто вислухали б, що ви хочете сказати, і зробили б усе можливе, щоб зрозуміти вас і допомогти.

Якби ви сказали, що посперечалися з приятелем, мама могла б запитати, як це сталося, що ви відчували й чи може вона допомогти вам знайти рішення. Якщо вийшло непорозуміння з учителем, батьки не встали б автоматично на його бік, а уважно вислухали б вашу версію і повірили вам, тому що вважають, що ви говорите правду. Якби після провалу наукового проєкту батько сказав вам, що й з ним таке траплялося і що він знає, як неприємно стояти перед класом, нервувати й розуміти, що ти провалився...

Якби того дня, коли маленька сестра порвала вашу колекцію коміксів, мама обійняла вас і сказала: «Я розумію, чому ти злий. Ти так дорожив своєю колекцією. Ти збирав її протягом багатьох років».

Найімовірніше, ви не почувалися б таким самотнім. Ви відчували б, що батьки на вашому боці незалежно від того, що сталося. Ви знали б, що можете звернутися до них по підтримку, бо вони розуміють, що відбувається у вашій душі.

По суті, емпатія — це здатність поділяти почуття іншої людини. Тобто, коли ми бачимо сльози своїх дітей, ми можемо уявити себе на їхньому місці й відчути їхній біль. Як співчутливі батьки, коли ми бачимо дітей у сльозах, ми можемо відчути їхні розчарування та гнів.

Якщо ми зможемо показати дітям, що розуміємо їхні емоції, то підтвердимо правильність їхніх почуттів і допоможемо навчитися себе заспокоювати. Ця навичка дозволить нам бути напоготові незалежно від каменів і порогів, які очікують на наші стосунки в майбутньому. І навіть коли камені стануть надзвичайно підступними (як це буває в підлітковому віці), ми зможемо допомогти дітям обійти перешкоди та ризики й знайти власний шлях.

Чому емпатія може мати такий сильний вплив? Я думаю, тому що вона дозволяє дітям побачити у своїх батьках союзників.

Уявіть собі таку ситуацію: восьмирічний Вільям приходить додому засмучений, тому що сусідські діти відмовилися з ним грати. Його батько Боб відривається від газети: «Ну от, знову! Вільяме, ти вже не малюк, ти великий хлопчик. Не варто засмучуватися щоразу, коли хтось байдужий до тебе. Просто забудь про це. Ти можеш подзвонити одному зі своїх шкільних приятелів, почитати книгу або подивитися телевізор».

Оскільки діти зазвичай довіряють батьківським оцінкам, найімовірніше, Вільям подумає: «Батько правий. Я поводжусь як дитина. Саме тому сусідські хлопці не хочуть зі мною грати. Цікаво, що зі мною не так? Чому я не можу про це просто забути, як каже тато? Я такий слабак. Ніхто не хоче зі мною дружити».

А тепер уявіть, як Вільям міг би почуватись, якби батько відреагував інакше. Що, якби Боб поклав газету, подивився на сина й сказав: «Ти сумний, Вільяме, що сталося?»

І якби Боб його вислухав — *дійсно* вислухав із відкритим серцем, — можливо, Вільям дав би собі іншу оцінку. Розмова могла б відбуватися так:

Вільям: Том і Патрік не взяли мене грати в баскетбол.
Боб: Б'юсь об заклад, що тебе це образило.
Вільям: Так, мене це просто розлютило.
Боб: Я бачу.
Вільям: У них не було ніяких причин мене не брати.

Боб: Ти їм про це сказав?

Вільям: Ні, я не хочу.

Боб: Що ти хочеш зробити?

Вільям: Не знаю, може, просто плюну на це.

Боб: Думаєш, це гарна ідея?

Вільям: Так, тому що завтра вони напевно думатимуть інакше. Мабуть, я подзвоню кому-небудь зі шкільних друзів або почитаю книгу, а можливо, подивлюся телевізор.

Відмінність у співчутті. В обох сценаріях Боб стурбований синовими почуттями. Можливо, його вже давно хвилює, що Вільям сильно засмучується, коли діти не беруть його до гри, і він хоче, щоб син став менш чутливим.

У першому сценарії Боб припускається поширеної помилки, виводячи на перший план власні цілі. Замість співчувати, він критикує, читає мінілекцію і пропонує пораду, про яку його не просять. У результаті благі наміри дають протилежний результат. Вільям іде, відчуваючи, що його не чують і не розуміють.

У другому сценарії Бобу потрібен час, щоб вислухати сина й повідомити, що він розуміє його почуття. Це допомагає Вільяму почуватися комфортніше та впевненіше. Зрештою, Вільям ухвалює ті самі рішення, які міг би запропонувати батько (знайти іншого приятеля, почитати книгу та ін.). Але він робить це самостійно, тому йде сильнішим і його самоповага не страждає.

Саме так працює емпатія. Коли ми намагаємося розібратися, що відчувають наші діти, вони дістають підтримку й розуміють, що ми на їхньому боці. Вони пускають нас у свій світ, тільки якщо ми утримуємося від критики та не знецінюємо їхні почуття. Вони розповідають нам, що відчувають і про що думають. Їхні мотиви перестають бути таємничими, ми краще їх розуміємо, а вони починають більше нам довіряти. Згодом, коли виникають конфлікти, у нас уже є точки дотику, що дозволяють спільно розв'язувати проблеми. Наші діти можуть ризикнути й влаштувати спільний мозковий штурм. І врешті-решт, може настати день, коли вони будуть готові почути наші пропозиції!

Якщо ідея емпатії в моєму викладі здається вам простою, то це тому, що вона дійсно проста. Емпатія — це лише здатність поставити себе на місце дитини й відповідно відреагувати. Хоча ідея проста, її не завжди легко реалізувати.

Нижче я розповім про п'ять кроків емоційного виховання, які батьки здійснюють, щоб встановити емпатію в стосунках зі своїми дітьми й підвищити їхній емоційний інтелект. Як ми згадували, ці кроки:

▶ усвідомлення емоцій дитини;
▶ ставлення до емоції як до можливості для зближення і навчання;
▶ співчутливе вислуховування дитини й підтвердження обґрунтованості її почуттів;
▶ допомога дитині правильно назвати свої емоції;
▶ позначення меж переживань і допомога в розв'язанні проблеми.

У розділі 4 ви зможете ознайомитися з деякими стратегіями емоційного виховання, а також з описом поширених ситуацій, до яких вони не підходять. Крім того, ви знайдете два тести для самооцінювання: один — у цьому розділі (вимірює вашу емоційну обізнаність), а другий — у розділі 4 (дозволяє перевірити свої навички емоційного вихователя).

Крок № 1. Усвідомлення емоцій дитини

Наші дослідження показують: для того щоб батьки могли зрозуміти, що відчувають діти, вони повинні навчитися спочатку усвідомлювати власні емоції. Але що означає «усвідомлювати емоції»? Висловлювати їх? Відмовитися від захисту? Показати таємні куточки своєї душі, які ви досі приховували? Закриті, мужні чоловіки можуть поцікавитися, що стане з їхнім образом крутого хлопця, який вони вдосконалювали від початкових класів середньої школи? Чого від них очікують — що вони плакатимуть над діснеївськими фільмами або після футболу обніматимуться з іншими чоловіками? Не меншою мірою ця необхідність може схвилювати й матерів, які в стані стресу намагаються бути добрими й терплячими. Що станеться, якщо вони сконцентруються на о́бразі або гніві? Бурчатимуть, скаржитимуться і злитимуться на своїх дітей? Перестануть проявляти любов і відданість?

Насправді люди можуть бути емоційно усвідомленими й добре пристосованими для емоційного виховання без необхідності надмірно висловлювати почуття або втрачати контроль над собою. Емоційна усвідомленість означає, що ви просто визнаєте емоцію, коли її відчуваєте, можете ідентифікувати свої почуття і поділяєте емоції інших людей.

Як стать впливає на емоційну усвідомленість

На те, як люди висловлюють емоції, частково впливає культурний фактор. Італійці й латиноамериканці, як правило, більш відкриті й емоційні, ніж стримані, мужні японці та скандинави. Але культурні традиції не впливають на здатність людини *відчувати*. Те, що люди не виносять на світло свою любов, гнів або сум, не означає, що вони не відчувають їх або не здатні розпізнавати й реагувати на них. І звичайно, люди будь-якої культурної традиції чутливі до емоцій своїх дітей.

Американські чоловіки виросли в культурі, яка не заохочує проявів емоцій. І хоча чоловіків часто вважають байдужими, такими, що не звертають уваги на почуття жінок і дітей, психологічні дослідження свідчать про інше: попри відмінності в способах *вираження* емоцій, чоловіки й жінки мають дуже схожі почуття.

Щоб дізнатися, чи є одна стать більш чутливою, ніж інша, я і мої колеги провели відеозйомку пар, які обговорювали конфліктні аспекти свого шлюбу. Потім ми попросили кожного з партнерів переглянути відео й описати напам'ять свої відчуття під час розмови. Для оцінювання відповідей ми використовували дискову шкалу, що містила сегменти позитивних і негативних емоційних станів. Коли учасники експерименту бачили моменти, у які вони відчували смуток або гнів, вони повертали диск у «негативний» бік, а в радісні моменти — у «позитивний». Потім ми знову прокручували відео й просили людей оцінити почуття свого партнера.

Порівнюючи відповіді, ми змогли встановити, наскільки точно кожен із партнерів розуміє емоції іншого. Дивно, але виявилося, що чоловіки не гірше за дружин знають, що відчувають їхні партнери. Ми також попросили сторонніх людей подивитися й оцінити наші відеозаписи та з'ясували, що чоловіки й жінки однаково майстерно відстежують емоційні реакції. Крім того, ми виявили, що люди, здатні точно налаштовуватися на емоції інших людей, мають цікаву фізіологічну реакцію: вони імітують цих людей. Інакше кажучи, коли випробуваного в нашому відеосюжеті охоплював гнів і в нього збільшувалася частота серцевих скорочень, у найчутливіших спостерігачів теж прискорювався серцевий ритм. Причому чоловіки й жінки демонстрували однакові емпатичні фізіологічні реакції.

Якщо чоловіки здатні співчувати й відповідати на емоції так само, як жінки, то чому їх вважають байдужими? Відповідь очевидна. У чоловіків і жінок емоції однакові, але чоловіки зазвичай приховують їх. Ми виявили, що жінки значно вільніше висловлюють свої почуття, часто користуються також мімікою і мовою тіла, натомість чоловіки частіше стримують, приховують і применшують їх.

За однією з теорій, чоловіки роблять це тому, що суспільство вимагає, щоб вони були твердими й суворими, а також тому, що побоюються «втратити контроль». Насправді деякі чоловіки беруть на себе настільки спотворену роль захисника, що взагалі відгороджуються від будь-якого усвідомлення емоційного досвіду. Правда, за моїми спостереженнями, їх небагато — можливо, менше від 10 %.

Небажання мати справу з емоціями важливе для сімейних стосунків, але не заважає чоловікам стати хорошими емоційними вихователями. За результатами дослідження, у більшості чоловіків є все необхідне для цього: внутрішньо вони обізнані про свої почуття, мають здатність розпізнавати емоції своїх дітей і реагувати на них та спроможні на емпатію. Для більшості чоловіків стати емоційно усвідомленими зовсім не означає набути нових навичок, потрібно просто дозволити собі відчувати те, що вже є.

Коли батьки відчувають, шо втрачають контроль

Нездатність висловлювати власні почуття може стати каменем спотикання для батьків, які бояться втратити контроль над негативними емоціями, наприклад, гнівом, сумом і страхом.

Такі батьки уникають виявляти гнів, зокрема зі страху, що це тільки погіршить ситуацію. Вони можуть боятися, що діти скопіюють їхню манеру виходити із себе або віддаляться від них. Їх може лякати перспектива заподіяти дітям фізичний або психологічний біль.

Під час дослідження ми помітили, що батьки, які боялися випустити емоції з-під контролю, зазвичай відповідали щонайменше одній із таких характеристик.

▶ У них часто виникали емоції (гнів, сум чи страх).
▶ Вони вважали цю емоцію занадто сильною.
▶ Переживши сильне почуття, вони насилу заспокоювалися.
▶ У той момент, коли відчували емоції, вони ставали дезорганізованими і їм було важко виконувати свої обов'язки.
▶ Вони ненавиділи свою поведінку на тлі цих емоцій.
▶ Вони завжди побоювалися висловлювати почуття.
▶ Зазвичай вони діяли нейтрально (спокійно, з розумінням і співчуттям), але це було лише грою.
▶ Вони вважали, що почуття самі по собі руйнівні й навіть аморальні.
▶ Вони розуміли, що їм потрібна допомога, щоб упоратися з емоціями.

Такі батьки можуть намагатися компенсувати свої страхи, ставши супербатьками й приховуючи емоції від дітей. (Вони можуть часто проявляти гнів щодо своїх партнерів, і зазвичай діти це бачать.) Намагаючись приховати гнів, такі батьки часто ігнорують або уникають емоційних моментів зі своїми дітьми. Іронія в тому, що, приховуючи свої емоції, ці батьки виховують дітей, які значно гірше справляються з негативними емоціями, ніж ті діти, чиї батьки проявляють свої почуття. Так відбувається тому, що діти ростуть емоційно далекими від батьків і мають менше моделей для наслідування, за допомогою яких могли б навчитися ефективно справлятися з важкими емоціями.

Одним із таких прикладів є Софі, жінка, з якою я познайомився в нашій батьківській групі. Її батьки були алкоголіками, тому вона страждала через низьку самооцінку, що типово для людей із таких сімей. Глибоко релігійна Софі виплекала в собі переконання, що може піднятися над власним рівнем виховання і стати хорошою матір'ю через мучеництво й нескінченну доброту. Однак постійне самозречення часто змушувало її боротися з почуттями обра́зи й розчарування. Вона намагалася придушити ці емоції, дорікаючи собі в егоїзмі, але не могла викорінити «егоїстичні» почуття. Іноді, стресуючи, вона втрачала контроль, стаючи надзвичайно різкою з дітьми й призначаючи їм непорівнянні з провиною покарання.

— Я розумію, що мої істерики погано на них позначаються, — каже вона, — але не знаю, як зупинитися. Я почуваюся так, немов у мене дві сторони — зла й добра — і я не можу контролювати перемикання між ними.

Софі прийшла до мене на консультацію після того, як у її сина в школі почалися неприємності через запальний характер. Тільки тоді вона почала усвідомлювати, якої шкоди її ставлення до емоцій завдає дітям. Постійно заперечуючи свої почуття, вона не навчила дітей справлятися з такими поширеними негативними емоціями, як гнів, образа й ревнощі. Зміни далися їй нелегко: довелося навчитися свідомо зосереджуватися на думках і почуттях, які вона раніше вважала егоїстичними, нарцисичними й навіть грішними. Тепер вона може подбати про свої почуття, перш ніж вони візьмуть гору. Крім того, Софі почала розуміти, що контакт із власними негативними почуттями дозволяє краще допомагати дітям, коли вони сердяться, сумують або бояться.

— Це як в інструкції з техніки безпеки в літаку, — пояснює вона. — Спочатку ви повинні надіти кисневу маску собі й тільки потім — своїй дитині.

Що можуть зробити батьки, які бояться втратити контроль, щоб бути в змозі розв'язувати емоційні проблеми з дітьми? По-перше, пам'ятати, що коли дитина робить те, що зводить їх із розуму, то проявляти свій гнів — це нормально. Найголовніше — висловити почуття в такий спосіб, який не зруйнує стосунків із дітьми. Так ви продемонструєте дві дуже важливі речі: (1) сильні почуття можна висловлювати й регулювати і (2) поведінка дитини дійсно має для вас значення. Гнів можна випустити назовні, але тільки за умови, що ви проявляєте повагу. Краще уникати сарказму, презирства й зневажливих коментарів, тому що вони знижують дитячу самооцінку. Ви повинні зосередитися на діях дитини, а не на її характері. Ваші коментарі повинні бути конкретними. Поясніть дитині, як впливають на вас її дії.

Крім того, ви повинні усвідомлювати рівень свого емоційного збудження. Якщо, попри те, що сходите з розуму, ви можете раціонально розмовляти з дитиною і досягти з нею розуміння, то краще довести розмову до кінця. Скажіть їй, що ви думаєте, вислухайте її відповідь і продовжуйте обговорення. Але якщо ви відчуваєте гнів, який не дозволяє ясно мислити, відпустіть ситуацію і поверніться до неї пізніше, коли заспокоїтеся. Ще один привід узяти тайм-аут — відчуття, що ви на межі, а також руйнівні слова та вчинки — наприклад, якщо ви б'єте або ображаєте дітей. Ви повинні уникати тілесних покарань, сарказму, погроз, образливих заяв або презирливих слів. Замість бити дітей або видавати образливі коментарі, батьки повинні зупинитися і пообіцяти повернутися до обговорення складного питання після того, як заспокояться. І дуже важливо: якщо ви відчуваєте, що можете завдати дитині серйозної фізичної або психологічної шкоди, зверніться по професійну консультацію. Детальніше про шкоду рукоприкладства я розповім далі.

І нарешті, якщо ви боїтеся втратити контроль над собою, згадайте про цілющу силу прощення. Час від часу всі батьки припускаються помилок, втрачають самовладання, кажуть або роблять те, про що пізніше шкодують. Діти починають розуміти сенс фрази «пробач мені» приблизно із чотирьох років, тож, якщо ви відчуваєте докори сумління, не пропустіть шанс повернутися і відновити взаємини. Скажіть дитині, що ви відчували в момент інциденту і як почувалися потім. Ця ситуація послужить позитивним прикладом того, як потрібно поводитися з почуттями жалю і каяття. Можливо, ви разом зможете знайти рішення, яке допоможе вам обом запобігти майбутнім непорозумінням і конфліктам.

Пам'ятайте про те, що діти, як правило, чекають від батьків близькості й теплоти. Вони зацікавлені в тому, щоб налагодити стосунки, і дають батькам багато повторних шансів. Не забувайте й про те, що вміння прощати найкраще працює в тих сім'ях, де діти можуть показувати свій поганий настрій, а батьки відкрито прощають їх.

Побудова емоційної самосвідомості може тривати все життя, але батьки досить швидко помічають позитивні результати застосування емоційного виховання. Мати, яка нарешті дозволяє собі сердитися, значно легше дозволяє переживати аналогічне почуття своєму синові. Щойно батько визнає, що може відчувати смуток, йому легше слухати про смуток сина або дочки.

Тест для оцінки емоційної усвідомленості

Тест розроблено для того, щоб ви могли проаналізувати своє емоційне життя і зрозуміти, наскільки дозволяєте собі відчувати гнів і сум та як у цілому ставитеся до емоцій. Підрахувавши бали, ви зможете оцінити рівень своєї емоційної усвідомленості й відповісти на запитання, чому реагуєте на емоції інших людей, особливо на емоції вашої дитини, саме так, як реагуєте.

Гнів. Зверніться до недавнього минулого, скажімо, до останніх кількох тижнів. Подумайте про те, що викликало у вас стрес і змушувало відчувати розчарування, роздратування або гнів, а також про тих людей, які відповідали вам нетерпляче, зривалися і виявляли гнів. Подумайте про думки, обрáзи й основні відчуття, що виникають у той момент, коли ви стикаєтеся із цими емоціями в інших і в собі. Прочитайте твердження і вирішіть, наскільки ви з ними згодні. Виберіть відповідь (П = правда, Н = неправда, НЗ = не знаю).

1. Я відчуваю багато різних видів гніву.
   П   Н   НЗ
2. Я або спокійний, або вибухаю в гніві, немає золотої середини.
   П   Н   НЗ
3. Люди можуть говорити, навіть коли я трохи роздратований.
   П   Н   НЗ
4. Я можу заздалегідь сказати, що розлютився і зараз не в гуморі.
   П   Н   НЗ

5. У людях я можу виявити навіть невеликі
ознаки того, що вони зляться.
П   Н   НЗ

6. Гнів токсичний.
П   Н   НЗ

7. Коли я злюся, то відчуваю, наче щось жую,
стискаю щелепу, кусаю та стискаю.
П   Н   НЗ

8. Я можу відчути сигнали гніву в тілі.
П   Н   НЗ

9. Почуття особисті. Я намагаюся їх не висловлювати.
П   Н   НЗ

10. Я відчуваю гнів як нагрівання всього тіла.
П   Н   НЗ

11. Для мене гнів — це як плисти проти течії,
підвищення тиску.
П   Н   НЗ

12. Для мене гніватися — це як випустити пару,
позбутися тиску.
П   Н   НЗ

13. Для мене гніватися — це як нарощувати тиск
і не зменшувати його.
П   Н   НЗ

14. Злість змушує мене відчувати,
що я от-от втрачу контроль.
П   Н   НЗ

15. Коли я злюся, це показує людям, що вони не можуть
тиснути на мене.
П   Н   НЗ

16. Гнів — це мій спосіб стати серйозним і суворим.
П   Н   НЗ

17. Гнів дає мені енергію, це мотивація.
П   Н   НЗ
18. Я тримаю гнів придушеним і всередині.
П   Н   НЗ
19. На мою думку, якщо ви пригнічуєте гнів,
то спричиняєте катастрофу.
П   Н   НЗ
20. На мій погляд, гнів природний, як очищення горла.
П   Н   НЗ
21. Для мене гнів — це наче щось у вогні,
ніби щось збирається вибухнути.
П   Н   НЗ
22. Гнів, як вогонь, може поглинути вас.
П   Н   НЗ
23. Я просто проганяю гнів, поки він не розтане.
П   Н   НЗ
24. Я сприймаю гнів як руйнування.
П   Н   НЗ
25. Я розглядаю гнів як варварську поведінку.
П   Н   НЗ
26. Я бачу гнів як утоплення.
П   Н   НЗ
27. Для мене немає великої різниці
між гнівом та агресією.
П   Н   НЗ
28. Я думаю, що гнів дитини — це погано
і її слід за це карати.
П   Н   НЗ
29. Енергія від гніву повинна кудись піти.
Як правило, ви можете це висловити.
П   Н   НЗ

30. Гнів дає драйв, енергію.

П   Н   НЗ

31. Для мене гнів і біль ідуть разом.
Коли я злий, це тому, що мені боляче.

П   Н   НЗ

32. Для мене гнів і страх ідуть пліч-о-пліч. Коли
я серджуся, у глибині душі виникає невпевненість.

П   Н   НЗ

33. Коли злитеся, ви відчуваєте, що маєте силу,
що можете постояти за себе.

П   Н   НЗ

34. Гнів — це переважно нетерплячість.

П   Н   НЗ

35. Я долаю гнів, коли минає трохи часу.

П   Н   НЗ

36. Для мене гнів означає безпорадність і розчарування.

П   Н   НЗ

37. Я тримаю гнів у собі.

П   Н   НЗ

38. Людям соромно бачити вас злим.

П   Н   НЗ

39. Злість — це нормально, якщо ви контролюєте це.

П   Н   НЗ

40. Я б сказав, що, коли люди сердяться,
вони наче скидають відходи на інших.

П   Н   НЗ

41. Позбутися гніву — це як вигнати щось
дуже неприємне з тіла.

П   Н   НЗ

42. Мене бентежить висловлювання емоцій.

П   Н   НЗ

43. Якби людина була здорова, гніву не було б.

    П   Н   НЗ

44. Гнів передбачає залучення чи контакт.

    П   Н   НЗ

Сум. Згадайте нещодавні випадки, коли ви відчували смуток або пригніченість. Згадайте знайомих людей, які скаржилися на сум, депресію або меланхолію. Які óбрази й почуття приходять, коли ви думаєте про свій сум та сум інших людей? Прочитайте кожне з тверджень і виберіть відповіді, які найкраще відображають вашу точку зору.

1. У цілому, я б сказав, смуток токсичний.

    П   Н   НЗ

2. Смуток — це як хвороба, а пережити смуток —
    це як вилікуватись.

    П   Н   НЗ

3. Коли мені сумно, я хочу бути сам.

    П   Н   НЗ

4. Я відчуваю багато різновидів смутку.

    П   Н   НЗ

5. Я можу сказати, коли мені навіть просто трохи сумно.

    П   Н   НЗ

6. Я можу сказати, коли інші люди навіть зовсім трошки сумні.

    П   Н   НЗ

7. Тіло подає мені сигнали голосно і ясно,
    що буде сумний день.

    П   Н   НЗ

8. Я вважаю, що смуток продуктивний. Він дає знати,
    що необхідно трошки вповільнитись.

    П   Н   НЗ

9. Я думаю, що смуток корисний.
Він може сказати, чого не вистачає у вашому житті.
П   Н   НЗ

10. Смуток — це природна частина втрати й горя.
П   Н   НЗ

11. Смуток — це добре, якщо він швидко закінчиться.
П   Н   НЗ

12. Дослухання до смутку — це очищення.
П   Н   НЗ

13. Смуток марний.
П   Н   НЗ

14. Немає такого поняття, як «поплакатись».
П   Н   НЗ

15. Смуток — це не те, що слід витрачати на дрібні речі.
П   Н   НЗ

16. Для смутку завжди є причина.
П   Н   НЗ

17. Смуток означає слабкість.
П   Н   НЗ

18. Смуток означає, що ти можеш відчувати чи співчувати.
П   Н   НЗ

19. Сумувати — це відчувати безпорадність та/або безнадію.
П   Н   НЗ

20. Безглуздо розмовляти з людьми, якщо ви сумуєте.
П   Н   НЗ

21. Я іноді можу поплакати.
П   Н   НЗ

22. Я боюся бути сумним.
П   Н   НЗ

23. Показувати людям, що ви сумні, означає втратити контроль.
П   Н   НЗ

24. Якщо ви можете контролювати себе,
    смуток може бути задоволенням.
    П   Н   НЗ
25. Найкраще не показувати людям свій сум.
    П   Н   НЗ
26. Смуток — це ніби порушення.
    П   Н   НЗ
27. Люди повинні бути на самоті, коли їм сумно, —
    як на карантині.
    П   Н   НЗ
28. Бути щасливим — це антидот проти смутку.
    П   Н   НЗ
29. Одну емоцію, добре подумавши,
    можна перетворити на іншу.
    П   Н   НЗ
30. Я намагаюся швидко пережити смуток.
    П   Н   НЗ
31. Смуток змушує задуматися.
    П   Н   НЗ
32. Сум дитини — негативна риса.
    П   Н   НЗ
33. Найкраще взагалі не реагувати на сум дитини.
    П   Н   НЗ
34. Іноді, коли мені сумно, єдине,
    що я відчуваю, — це самолюбство.
    П   Н   НЗ
35. На мій погляд, емоції завжди є; вони частина життя.
    П   Н   НЗ
36. Контролювати себе — бути оптимістичним,
    позитивним, а не сумним.
    П   Н   НЗ

37. Почуття особисті, а не публічні.
    П   Н   НЗ
38. Якщо ви емоційно ставитеся до дітей,
    то можете вийти із себе й образити їх.
    П   Н   НЗ
39. Найкраще не зупинятися надовго
    на негативних емоціях; просто підкресліть позитив.
    П   Н   НЗ
40. Щоб подолати негативну емоцію,
    переходьте до буденних справ. І продовжуйте жити.
    П   Н   НЗ

Підрахунок балів

Люди, які усвідомлюють гнів і сум, говорять про ці емоції особливо. Вони легко виявляють їх у собі та в інших, розрізняють нюанси й дозволяють цим емоціям бути частиною свого життя. Такі люди зазвичай реагують на менш інтенсивні прояви гніву або суму у своїх дітей, ніж люди з нижчим рівнем усвідомлення емоцій.

Чи можете ви добре розбиратися в одній емоції та нічого не розуміти в іншій? Це цілком можливо. Усвідомлення не є одновимірним і може змінюватися із часом.

Гнів. Щоб підрахувати свої бали, додайте всі відповіді «так» на запитання зі списку № 1, а потім відніміть від отриманого числа кількість відповідей «так» на запитання зі списку № 2. Списки наведено нижче. Що вища оцінка, то краще ви розбираєтеся в емоціях.

Список № 1

1, 3, 4, 5, 7, 8, 10, 11, 12, 15, 16, 17, 19, 20, 29, 30, 31, 32, 33, 44.

Список № 2

2, 6, 9, 13, 14, 18, 21, 22, 23, 24, 25, 26, 27, 28, 34, 35, 36, 37, 38, 39, 40, 41, 42, 43.

Якщо ви відповіли «не знаю» понад десять разів, вам потрібно працювати над кращим усвідомленням гніву в собі та в інших.

Сум. Щоб порахувати свої бали, додайте всі відповіді «так» на запитання зі списку № 1, а потім відніміть від отриманого числа кількість відповідей «так» на запитання зі списку № 2. Списки наведено нижче. Що вища оцінка, то краще ви розбираєтеся в емоціях.

Список № 1

4, 5, 6, 7, 8, 9, 10, 12, 16, 18, 21, 24, 31, 35.

Список № 2

1, 2, 3, 11, 13, 14, 15, 17, 19, 20, 22, 23, 25, 26, 27, 28, 29, 30, 32, 33, 34, 36, 37, 38, 39, 40.

Якщо ви відповіли «не знаю» понад десять разів, вам потрібно працювати над кращим усвідомленням печалі в собі та в інших.

Поради щодо усвідомлення емоцій

Пройшовши тест, ви можете виявити, що хочете краще усвідомлювати своє емоційне життя. Звичайні способи дістатися до своїх почуттів — медитація, молитва, ведення щоденника й форми художнього вираження, такі як гра на музичних інструментах або малювання. Майте на увазі, що розвиток емоційної усвідомленості вимагає перебування на самоті, того, на що часто бракує часу в сучасних зайнятих батьків. Нагадайте собі, що час на самоті може допомогти вам стати кращим батьком / кращою матір'ю, і тоді це не здасться примхою. Подружжя можуть по черзі гуляти з дитиною або їхати з нею на вихідні, а батьки, які не живуть разом, — передавати догляд за дитиною одне одному.

Ще одним хорошим способом краще усвідомлювати свої почуття є ведення «щоденника емоцій». Нижче ви знайдете таблицю, де наведено приблизний контрольний список почуттів, які ви можете відстежувати мірою їх виникнення. На додачу до контрольного списку можна вести короткий щоденник емоцій, записувати свої думки й почуття. Щоденник допомагає дізнаватися про те, які події і думки викликають ваші емоції, і про те, як ви на них реагуєте. Ви можете згадати, коли востаннє плакали або втрачали терпіння? Що було приводом? Що ви відчували? Чи знали про ваші почуття навколишні? Чи обговорювали ви з кимось цей випадок? Відповіді на ці та інші запитання можна відзначати в щоденнику емоцій. Щоденник можна використовувати й для того, щоб фіксувати свої реакції на емоції оточення, особливо на емоції дітей. Заносьте в щоденник опис своєї реакції щоразу, коли бачите, як дитина сердиться, сумує або боїться.

Щоденник емоцій може бути корисний і тим, хто боїться власних емоційних реакцій, оскільки процес позначення й опису емоцій на папері допомагає визначати їхній зміст. Емоції, які колись здавалися таємничими й неконтрольованими, раптом набувають кордонів. Наші почуття стають більш керованими й не здаються такими страшними.

Працюючи зі щоденником емоцій, звертайте увагу на те, які думки, óбрази й слова викликають ту чи іншу емоцію.

Черпайте ідеї в метафорах, які вибираєте, щоб описати свої почуття. Можливо, ваш гнів або гнів дитини лякає вас тому, що здається вам руйнівним? Чи ви вважаєте його потужним активатором дій? Про що свідчать ці образи? Чи готові ви прийняти свої негативні емоції і попрацювати з ними? Чи вдалося вам зрозуміти, як ви ставитеся до емоції? Що ви хотіли б змінити?

Тиждень

Емоція	Понеділок	Вівторок	Середа	Четвер	П'ятниця	Субота	Неділя
Щастя							
Прив'язаність							
Зацікавленість							
Хвилювання							
Гордість							
Жадоба							
Любов							
Прихильність							
Вдячність							
Стрес							
Біль							
Смуток							
Роздратування							
Гнів							
Жаль							
Відраза							
Провина							
Заздрість							
Каяття							
Сором							

Розуміння емоцій своїх дітей

Батьки, які усвідомлюють власні емоції (не важливо, наскільки вони сильні), можуть використовувати свою сприйнятливість, щоб налаштовуватися на почуття дітей. Але навіть їм потрібно бути готовими до того, що не завжди вдається легко зрозуміти почуття дитини. Діти часто висловлюють емоції опосередковано, що не завжди зрозуміло дорослим. Але якщо слухати їх уважно й з відкритим серцем, то вдасться розшифрувати повідомлення, які діти несвідомо ховають в іграх і повсякденній поведінці.

Девід, учасник однієї з наших батьківських груп, розповів про випадок із його семирічною дочкою Карлі, і ми допомогли йому знайти коріння її гніву, показавши, що їй було потрібно. Весь день Карлі була «в похмурому настрої», який пояснювала бійкою зі своїм чотирирічним братом. Образившись за всілякі уявні обра́зи, зокрема класичні («Джиммі знову на мене дивиться»), Карлі за першої-ліпшої нагоди намагалася виставити Джиммі лиходієм, хоча той не робив нічого поганого. Коли Девід запитав Карлі, чому вона така сердита на свого добродушного брата, вона заплакала, але нічого не відповіла. Що більше він питав, то сильніше вона оборонялася.

Увечері Девід прийшов у кімнату до Карлі, щоб укласти її спати, і знову побачив, що вона ображена. Він відчинив шафу, щоб дістати їй піжаму, і знайшов лише одну чисту — стару й запрану, з якої дочка вже виросла.

— Як ти думаєш, ця підійде? — запитав він із легкою усмішкою, простягаючи піжаму своїй високій дівчинці.

Щоб Карлі змогла надягти піжаму, Девід приніс ножиці, і вони разом відрізали від піжами «шкарпетки».

— Не можу повірити, що ти так швидко ростеш, — сказав він. — Ти стаєш такою великою дівчинкою...

За п'ять хвилин Карлі приєдналася до родини в кухні, щоб перекусити перед сном.

— Вона стала іншою дитиною, — згадує Девід, — балакучою й оптимістичною. Їй навіть удалося пожартувати з Джиммі.

«Поки ми розбиралися з піжамою, щось сталося, але я не знаю що», — сказав він групі. Після обговорення причина стала очевидна: серйозна й чутлива Карлі завжди ревнувала до чарівного, добродушного Джиммі. І того дня з якоїсь причини їй особливо бракувало впевненості в собі, у тому, яке її місце в сім'ї. Можливо, Карлі хотіла знати, що Девід любить її якось особливо, не так, як Джиммі, тому ласкаве батькове зауваження про те, що вона швидко зростає, повернуло їй душевну рівновагу.

Емоції дітей, так само як і всіх інших людей, мають певні причини незалежно від того, можуть вони їх сформулювати чи ні. Щоразу, коли ми бачимо, що діти зляться з приводу, який здається нам несуттєвим, ми повинні ступити крок назад і постаратися побачити загальну картину того, що відбувається в їхньому житті. Трирічна дитина не може сказати: «Прости, мамо, що останнім часом я так вередувала, — я відчувала сильний стрес після переходу в новий дитячий садок». Восьмирічна, напевно, теж не скаже: «Я відчуваю сильне напруження, коли чую, як ви з татом сваритеся через гроші», — але вона це відчуває.

У віці семи років і менше ключі до почуттів часто виявляються в іграх-фантазіях. Гра з використанням різних образів, сцен і реквізиту дозволяє дітям безпечно виражати різні емоції. Пам'ятаю, як моя дочка Морія в чотири роки використовувала для цього ляльку Барбі. Граючи з лялькою у ванні, вона сказала мені: «Барбі дуже боїться, коли ти злишся». Це був її спосіб почати важливу розмову про те, що викликає мій гнів, як я в ці моменти підвищую голос і як вона почувається. Вдячний за можливість обговорити цю тему, я запевнив Барбі (і свою дочку), що не хотів її налякати й що мій гнів не означає, що я її не люблю. Оскільки Морія говорила від імені Барбі, я звертався і втішав ляльку. Думаю, що так Морії було простіше розповісти, як вона почувається, коли я серджуся.

Не всі повідомлення дітей легко розшифрувати. Та дітям властиво проявляти страхи, такі як страх, що їх покинуть, страх хвороби, травми або смерті, за допомогою ігор. (Чи варто дивуватися, що дітям подобається грати, немов вони володіють чарівною силою героїв мультсеріалів.) Уважні батьки можуть вловити ці сигнали під час гри, а пізніше завести про них розмову й втішити дитину.

Ознаки дитячого емоційного виснаження можуть також виражатися в переїданні, втраті апетиту, нічних кошмарах, скаргах на головний біль або біль у животі. Діти, які протягом певного часу користувалися горщиком, можуть раптово знову почати мочитися в ліжко.

Якщо ви припускаєте, що дитина відчуває сум, гнів або страх, поставте себе на її місце, щоб побачити світ її очима. Наприклад, коли вмирає домашній улюбленець, *ви* знаєте, що із часом горе мине, оскільки маєте значно більший життєвий досвід, але дитина, яка зіткнулась із такою подією вперше, може зазнати потрясіння. Звичайно, ви не можете усунути різницю в досвіді, але можете нагадати собі, що дитина значно вразливіша.

Коли ви відкриваєте серце й відчуваєте те саме, що ваша дитина, ви відчуваєте емпатію, яка є основою емоційного виховання. Якщо зможете поділити емоцію зі своєю дитиною попри важкі або незручні відчуття, вам відкриється можливість здійснити й наступний крок — використати емоційний момент, щоб побудувати довіру та запропонувати своє наставництво.

Крок № 2. Емоція як засіб для зближення і навчання

Кажуть, що китайський ієрогліф, який означає «можливість», є частиною ієрогліфа «криза». Ніде цей зв'язок не простежується так чітко, як у ролі батьків. Хоч що спричинило кризу — повітряна кулька, яка лопнула, погана оцінка з математики або зрада друга, — негативні почуття завжди є чудовою можливістю для співчуття і зближення з дітьми, а також надають шанс навчити їх керувати своїми почуттями.

Для багатьох батьків ідея, що дитячі негативні емоції є можливістю для зближення і навчання, є полегшенням, звільненням і великим «Ось воно!». Нам більше не треба вважати дитячий гнів викликом нашому авторитету, дитячі страхи — свідченням нашої некомпетентності як батьків, а їхній сум — «ще однією чортовою проблемою, з якою я повинен сьогодні розібратися».

Як справедливо зауважив один тато, який брав участь у нашій програмі емоційного виховання, коли дитина відчуває сум, гнів або страх, вона найбільше потребує батьків. А можливість заспокоїти засмучену дитину як ніщо інше дозволяє нам «відчути себе батьками». Визнаючи емоції дітей, ми навчаємо їх мистецтва самозаспокоєння, яким вони будуть користуватися протягом усього свого життя.

Деякі батьки помиляються, намагаючись ігнорувати негативні почуття своїх дітей у надії, що ті самі минуть. З емоціями це відбувається рідко. Тепер ви знаєте, що негативні почуття розсіюються, якщо діти можуть поговорити про них, назвати їх і відчути розуміння. Моя порада: вловлювати негативні почуття якомога раніше, до того як вони сягнуть критичної точки й спровокують кризу. Якщо п'ятирічна дитина нервує через поїздку до стоматолога, то краще розібрати цей страх за день до візиту, ніж чекати, поки вона сяде в стоматологічне крісло й влаштує істерику. Якщо дванадцятирічна дитина заздрить, що найкращого друга взяли в бейсбольну команду, а її ні, краще обговорити з нею це почуття, ніж дозволити їй закипіти й наступного тижня посваритися з другом.

Звертаючись до почуттів перед тим, як вони наростають, ви дістаєте можливість тренувати вміння вислухати й опановувати навички розв'язання проблем. Виявляючи інтерес і занепокоєння щоразу, коли дитина ламає іграшку або дряпається, ви закладаєте цеглинку в будівлю ваших взаємин. Дитина розуміє, що ви її союзник, ви вчитеся співпрацювати й у разі великої кризи зможете разом їй протистояти.

Крок № 3. Співчутливе вислуховування і підтвердження обґрунтованості почуттів дитини

Якщо ви бачите, що склалася відповідна ситуація, щоб створити близькість і вчитися розв'язувати проблеми, то повинні бути готові перейти до найважливішого етапу емоційного виховання — співчутливого вислуховування.

У цьому контексті слово «вислуховування» має набагато ширше значення. Слухачі, які співчувають, використовують очі, щоб спостерігати за фізичними проявами емоцій своїх дітей, уяву, щоб поглянути на ситуацію з точки зору дитини, і словниковий запас, щоб позначити емоцію заспокійливими, некритичними словами, які показують, що дитину почули. Але найголовніше — вони використовують свої серця, щоб відчути те, що відчувають діти.

Налаштуватися на хвилю емоцій дитини означає звернути увагу на мову її тіла, міміку та жести. Ви бачите наморщений лоб, напружену щелепу або постукування ногою? Про що це свідчить? Майте на увазі, ваша дитина теж уміє читати мову тіла. Тому, якщо ваша мета — поговорити невимушено й турботливо, набудьте пози, яка це покаже. Сядьте на одному рівні з дитиною, глибоко вдихніть, розслабтеся і зосередьтеся. Ваша уважність дасть дитині знати, що ви серйозно ставитеся до її проблеми й готові витратити на неї свій час.

Коли дитина розповідає вам про свої почуття, покажіть, що ви її чуєте й вам це цікаво. Так ви дасте їй зрозуміти, що вважаєте її почуття обґрунтованими. Розгляньмо приклад: у день народження Ніка йому поштою надходить посилка, на що його чотирирічний брат Кайл гнівно реагує: «Це несправедливо!» Як правило, у таких випадках батько пояснює, що із часом це *буде* справедливо: «Коли прийде твій день народження, бабуся теж надішле тобі подарунок».

Це твердження, безумовно, пояснює логіку ситуації, але категорично заперечує почуття Кайла. Зараз його найсильніше почуття — ревнощі з приводу посилки, і Кайл, найімовірніше, сердиться, що батько не розуміє цього.

Уявіть собі, наскільки б змінилося самопочуття Кайла, якби тато відповів на спалах гніву простим спостереженням: «Ти хочеш, щоб бабуся надіслала подарунок і тобі? Б'юся об заклад, ти трохи заздриш». «Так, — думає Кайл, — це правильно. Навіть якщо це день народження Ніка й треба ставитися до посилки спокійно, я все одно ревную. Тато це розуміє». Із цього моменту Кайл почувається краще й може почути батькове пояснення, що із часом усе буде справедливо.

В однієї з мам — учасниці нашої батьківської групи — був аналогічний досвід: її дочка прийшла зі школи й поскаржилася: «Мене ніхто не любить». «Мені було так важко з нею не сперечатися, — сказала мати, — адже я знаю, що вона дуже популярна в школі. Але замість сперечатися я вислухала її та поспівчувала, і криза минула за хвилину. Я зрозуміла, що, коли йдеться про почуття, логіка не допомагає. Краще просто слухати».

А ось іще один приклад позитивного ефекту від здатності вислухати й поспівчувати з розмови іншої матері з дев'ятирічною дочкою Меґан. Зверніть увагу на те, що мати насамперед визнала почуття своєї дочки.

Меґан: Я не хочу завтра йти до школи.

Мама: Ні? Дивно. Зазвичай тобі подобається ходити до школи. Напевно, тебе щось турбує.

Меґан: Так, типу того.

Мама: А що тебе турбує?

Меґан: Я не знаю.

Мама: Тебе щось турбує, але ти не знаєш точно, що саме?

Меґан: Так.

Мама: Здається, ти почуваєшся трохи напруженою.

Меґан (зі сльозами): Так. Може, це через Дон і Петті.

Мама: Щось сталося в школі з Дон і Петті?

Меґан: Сьогодні на перерві Дон і Петті не звертали на мене уваги.

Мама: О, це мало тебе образити.

Меґан: Я і образилася.

Мама: Таке враження, що ти не хочеш іти завтра в школу тому, що хвилюєшся, що Дон і Петті знову не звертатимуть на тебе уваги.

Меґан: Так. Щоразу, коли я до них підходила, вони просто йшли й робили щось інше.

Мама: О боже. Якби мої друзі вчинили так зі мною, я почувалася б жахливо.

Меґан: Я так і почувалася. Я була готова заплакати.

Мама: О, люба (обіймаючи її), мені так шкода, що з тобою це сталося. Я бачу, тобі дуже сумно й ти сердишся, що друзі так до тебе ставляться.

Меґан: Так і є. Не знаю, що мені робити завтра. Я не хочу йти до школи.

Мама: Тому що не хочеш, щоб друзі знову тебе образили.

Меґан: Так, я завжди з ними граю. У всіх є друзі.

Меґан усе більш детально розповідала матері про те, що сталося. Її мати, описуючи цей випадок у групі, згадала, що вона кілька разів хотіла сказати дочці, що робити, наприклад: «Не хвилюйся, завтра Дон і Петті знову будуть із тобою грати» або «А біс із ними. Знайди собі нових друзів». Але вона опиралася своєму бажанню, бо хотіла донести до Меґан, що розуміє її, і дати дочці можливість самостійно знайти відповіді.

Я вважаю, що мати Меґан учинила правильно. Якби вона сказала, що хвилюватися нема про що або запропонувала просте рішення, це означало б, що вона вважає доччину проблему несуттєвою і дурною. Натомість Меґан знайшла довірену особу й дістала розраду. Вислухавши Меґан, мати почала міркувати, як упоратися із ситуацією. А оскільки Меґан знала, що мати зрозуміла її проблему, вона стала більш сприйнятливою до її порад. Ось інша частина розмови:

Меґан: Я не знаю, що робити.

Мама: Хочеш, щоб я допомогла тобі придумати вихід?

Меґан: Так.

Мама: Ти можеш поговорити з Дон і Петті про те, що ти відчуваєш, коли тебе ігнорують.

Меґан: Думаю, що не зможу. Мені буде жахливо незручно.

Мама: Так, я розумію, чому ти так почуваєшся. Це потребує багато мужності. Навіть не знаю... Подумаймо разом. (Минає певний час, поки мати погладжує доньку по спині.)

Мама: Ти можеш просто почекати й подивитися, що станеться. Ти знаєш Дон: один день вона може бути жахливою, а наступного — знову собою. Можливо, завтра вона поведеться краще.

Меґан: А якщо ні?

Мама: Я не знаю. У тебе є ще ідеї?

Меґан: Ні.

Мама: Ти не хочеш пограти з кимось іще?

Меґан: Ні.

Мама: А що було на дитячому майданчику?

Меґан: Просто грали в кікбол.

Мама: Ти любиш грати в кікбол?

Меґан: Я ніколи в нього не граю.

Мама: О!

Меґан: Кріста завжди грає.

Мама: Ти маєш на увазі Крісту, твою подругу з табору?

Меґан: Так.

Мама: Я бачила вас із Крістою в таборі, ти взагалі її не соромилася. Можливо, варто попросити її навчити тебе грати?

Меґан: Можливо.

Мама: Добре. Одна ідея в тебе вже є.

Меґан: Так, може, вона спрацює. А якщо ні?

Мама: Здається, ти досі хвилюєшся. Наче боїшся, що тобі не буде з ким грати й ти не знатимеш, що робити.

Меґан: Так.

Мама: Ти можеш вигадати якусь гру, щоб грати самій?

Меґан: Наприклад, скакалку?

Мама: Так, стрибати через скакалку.

Меґан: Я могла б узяти скакалку про всяк випадок.

Мама: Тоді, якщо ти не гратимеш із Дон і Петті або кікбол не спрацює, ти могла б стрибати через скакалку.

Меґан: Так.

Мама: Може, тобі покласти скакалку в рюкзак просто зараз, щоб ти її не забула?

Меґан: Добре. Можу я подзвонити Крісті й дізнатися, чи зможе вона прийти завтра після школи?

Мама: Це чудова ідея.

Виявивши співчуття і давши Меґан час дійти власних висновків, мати підвела дочку до цілком прийнятних варіантів розв'язання проблеми.

Пам'ятайте, що в момент, коли дитина переживає сильні емоції, взаємний обмін простими спостереженнями працює краще, ніж «промацування». Ви запитаєте дочку: «Чому тобі сумно?», але вона може нічого про це не знати. Вона ще дитина, у неї немає за плечима багатьох років самоаналізу, тому й готової відповіді немає. Можливо, вона засмучена через сварку батьків, або тому, що почувається втомленою, або просто хвилюється через майбутній концерт із фортепіано. Цілком імовірно, що вона не в змозі сформулювати відповідь, а навіть якщо і знає її, то може хвилюватися, що відповідь недостатньо хороша, щоб виправдати почуття. Якщо ви почнете її розпитувати, вона, найімовірніше, замкнеться в собі. Тому краще просто озвучувати те, що ви бачите. Наприклад, «Здається, ти сьогодні трохи втомилася» або «Я помітив, що ти насупилася, коли я згадав про концерт», — і чекайте на відповідь.

Бажано уникати запитань, на які ви вже знаєте відповідь. Так, запитання «О котрій ти прийшла додому?» або «Хто зламав лампу?» задають тон недовіри й провокують дитину на брехню. Розмову краще почати з прямого спостереження, наприклад: «Ти зламала лампу, і я дуже засмучений» або «Учора ти пізно повернулася додому, я вважаю, що це неприйнятно». Ефективним способом продемонструвати своє розуміння може бути приклад із власного життя. Візьмімо Кайла, маленького хлопчика, якого засмутив подарунок, який бабуся надіслала його братові на день народження. Уявіть, що батько сказав: «Коли я був маленьким, я теж ревнував, якщо тітка Мері отримувала подарунок». Ця фраза дозволила б Кайлу зрозуміти, що його емоції обґрунтовані, оскільки навіть тато їх відчував. І тепер, коли його розуміють, він може прийняти втішне батькове пояснення, що «бабуся надішле подарунок і на твій день народження».

Крок № 4. Допомогти дитині позначити емоцію словами

Наступний простий, але надзвичайно важливий крок емоційного виховання — допомогти дітям назвати емоції, які вони відчувають. У наведеному вище прикладі батько допоміг Кайлові визначити своє неприємне почуття як ревнощі. Мама Меґан використовувала багато позначень, щоб допомогти дочці визначити її проблему, зокрема «напруження», «занепокоєння», «біль», «злість», «сум» і «страх». Допомога в позначенні емоції дозволяє дітям перетворити аморфне, страшне, неприємне відчуття на щось визначене, що має межі і є нормальною частиною повсякдення. Гнів, сум і страх стають почуттями, які є в усіх і з якими всі справляються.

Позначення емоції словами сусідить зі співчуттям. Батько бачить дитину в сльозах і каже: «Напевно, тобі дуже сумно?»

Дитина не тільки відчуває, що її зрозуміли, але також має слово, щоб описати своє сильне почуття.

За результатами досліджень, позначення емоції заспокійливо діє на нервову систему й допомагає дітям швидше відновитися. Я точно не знаю, як це відбувається, але припускаю, що в той момент, коли ми говоримо про емоції, підключається ліва частка мозку, де містяться центри мови й логіки, що допомагає нам зосередитися та заспокоїтися. Як я згадував, навчання самозаспокоєння приносить величезну користь. Діти, які змалку вміють заспокоюватись, проявляють кілька ознак емоційного інтелекту: вони швидше концентруються, добре ладнають з однолітками, мають високу успішність та добре почуваються.

Моя порада батькам: допомагайте дітям знаходити слова, що дозволяють описати їхні почуття. Це не означає, що потрібно розповідати дітям, що і як вони повинні відчувати. Ваше завдання — розширити словниковий запас так, щоб дитина могла висловити те, що відчуває.

Що точніше діти зможуть висловити свої почуття, то краще, тому допоможіть їм навчитися правильно їх позначати. Наприклад, якщо ваш син злий, він може водночас переживати розчарування, гнів і ревнощі, відчувати, що його зрадили.

Коли вашій дочці сумно, вона може відчувати біль, самотність, ревнощі, порожнечу або зневіру.

Пам'ятайте, що люди часто відчувають змішані емоції, і для деяких дітей це може бути саме по собі болісним. Так, дитина, яка їде в табір, може пишатися своєю незалежністю і боятися, що сумуватиме за домівкою. «Усі щасливі, а я відчуваю тривогу, — думає дитина. — То що зі мною не так?» У таких ситуаціях батьки можуть запропонувати дитині вивчити весь спектр емоцій, яких вона зазнає, і запевнити, що суперечливі почуття — це нормально.

Крок № 5. Встановлення меж, які допомагають дитині розв'язати проблему

Ви вислухали дитину, допомогли їй зрозуміти й озвучити її емоції та, найімовірніше, виявили, що перейшли до розв'язання проблеми. Цей процес також складається з п'яти кроків: (1) введення обмежень; (2) визначення цілей; (3) обдумування можливих рішень; (4) оцінка запропонованих рішень на основі цінностей вашої родини; (5) допомога дитині у виборі рішення.

На перший погляд цей процес може здатися досить громіздким, але з практикою всі дії стають автоматичними й виконуються досить швидко. Тож сміливо використовуйте його для розв'язання проблем разом із дітьми.

Ви можете направляти дитину, але не дивуйтеся, якщо з досвідом вона візьме на себе провідну роль і розв'язуватиме складні проблеми самостійно.

Введення обмежень

Для маленьких дітей процес розв'язання проблеми часто починається з того, що батьки встановлюють обмеження на неналежну поведінку. Наприклад, дитина відчуває розчарування і висловлює негативні почуття в неприйнятній формі: б'є приятеля, ламає іграшку або обзивається. Після того як батьки визнають емоції, що є основою негідної поведінки, і допоможуть їх назвати, вони повинні пояснити дитині, що така поведінка є недоречною і недозволеною, а потім направити її на пошук найкращих способів регулювати свої негативні почуття.

«Тебе дратує, що Денні забрав у тебе гру, — може сказати батько. — Мене б це теж розлютило. Але бити його неправильно. Що ти можеш зробити натомість?» Або: «Це нормально — ревнувати через те, що сестра стрибнула на переднє сидіння раніше за тебе, проте ти не повинен її обзивати. Ти можеш вигадати якийсь інший спосіб упоратися зі своїми почуттями?»

Як учив Гінотт, дітям важливо пояснити, що проблемою є не їхнє *почуття*, а *погана поведінка*. Усі почуття і всі бажання прийнятні, але їх слід правильно висловлювати. Отже, робота батьків полягає у визначенні меж дій, а не бажань.

Пам'ятайте, дітям нелегко змінити бачення ситуації. Сум, страх, гнів або будь-які інші емоції не зникнуть просто тому, що мама або тато сказали: «Припини плакати» чи «Ти не повинен так почуватися». Якщо ми вказуємо дитині, як вона *повинна* почуватися, то викликаємо в неї *недовіру* до власних почуттів, що призводить до невпевненості в собі й втрати самоповаги. Проте коли ми говоримо дитині, що вона відчуває правильно, але їй потрібні інші способи *вираження* — ми зберігаємо її характер і підтримуємо гідність. Крім того, вона знає, що поруч дорослий, який розуміє її почуття та збирається їй допомогти перейти до пошуку рішення.

Які типи поведінки батьки повинні обмежувати? Гінотт не дає жорстких правил, і я з ним згоден: батьки мають встановлювати правила, що ґрунтуються на системі цінностей родини. Одначе Гінотт дає рекомендації, що дитині слід вирішувати. Він називає їх «прийняттям дитячості дітей». Наприклад, батьки повинні приймати, що «на нормальній дитині чиста футболка скоро стане брудною, що нормальним способом пересування дитини є біг, а не ходьба, що дерево — для того, щоб по ньому лазити, а дзеркало — щоб корчити гримаси». Дозвіл поводитися так «дає впевненість і розвиває здатність висловлювати почуття і думки». Але не плутайте його з уседозволеністю. Під уседозволеністю Гінотт має на увазі прийняття небажаних дій, таких як деструктивна поведінка. Уседозволеності слід уникати, тому що вона «викликає занепокоєння і вимоги, які зростають, але не можуть бути задоволені».

Гінотт також пропонує батькам створити систему правил, що складається з трьох зон — зеленої, жовтої і червоної.

Зелена зона охоплює поведінку, яка дозволена й бажана. Ми хочемо, щоб діти діяли саме так, тому легко даємо дозвіл.

Жовта зона — це вчинки, які в цілому не дозволені, але ми можемо з ними змиритися, якщо вони відбуваються з однієї з двох причин. Перша — це «свобода в навчанні». Чотирирічний малюк не може спокійно висидіти всю службу в церкві, але ви очікуєте, що згодом йому це вдасться. Друга — «свобода в складні моменти». Наприклад, п'ятирічна дитина влаштовує істерики під час застуди або підліток кидає виклик авторитету матері під час розлучення батьків. Ви не можете схвалити ці типи поведінки й повинні повідомити про це дитині. Але можете сказати, що терпите таку поведінку через виняткові обставини.

Червона зона — це неприпустима поведінка, дії, небезпечні для вашої дитини або оточення. Це поведінка незаконна, аморальна, неетична або соціально неприйнятна.

Встановлюючи обмеження, батьки повинні пояснити дитині можливі наслідки її поведінки. Наслідками гарної поведінки можуть бути увага, похвала, привілеї або нагороди. Наслідками поганої поведінки можуть стати відмова в увазі, позбавлення привілеїв або відсутність нагород. Діти найкраще реагують, якщо оцінка їхніх учинків послідовна, справедлива й відповідає їхній поведінці.

Так, для дітей у віці від трьох до восьми років популярним методом покарання за погану поведінку є так званий тайм-аут. Його правильне застосування — коротка ізоляція дітей від позитивної взаємодії з однолітками й вихователями. За правильного використання цей метод ефективно допомагає дітям припинити погану поведінку, заспокоїтися і почати все заново на більш позитивній ноті. На жаль, багато батьків і вихователів використовують тайм-аут неправильно. Вони супроводжують ізоляцію різкими словами й негативним ставленням, щоб діти відчули себе відкинутими й приниженими. Але принизливе покарання дає мало користі. Я закликаю батьків, які використовують тайм-аути, робити це делікатніше.

Поширеною неправильною поведінкою батьків є лупцювання. Так, результати опитування серед американських студентів у 1990 році показали, що 93 % з них у дитинстві лупцювали, причому 10,6 % повідомили про досить суворі фізичні покарання, які залишали рубці або синці. Натомість у Швеції тільки 11 % батьків повідомили про те, що вони застосовують фізичні покарання для своїх дітей, — багато хто вважає, що така статистика може корелювати з нижчим рівнем насильства в цій країні.

Багато батьків кажуть, що лупцюють дітей, щоб ті слухалися. І дійсно, багато дітей робитимуть те, що їм кажуть, щоб уникнути фізичного болю. Проблема в тому, що загроза прочуханки працює *дуже добре* в короткостроковій перспективі — вона негайно припиняє незадовільну поведінку й не потребує обговорення, але виключає можливість навчити дитину розв'язувати проблеми й контролювати себе. У довгостроковій перспективі прочуханка взагалі не працює. Вона часто призводить до протилежного результату, бо змушує дітей почуватися безсилими, несправедливо скривдженими й сердитися на батьків. Після прочуханки діти частіше схильні думати про помсту, ніж про самовдосконалення. Приниження може привести їх до заперечення своєї провини або до пошуку способів, що дозволяють не попастися наступного разу.

Лупцювання має й інші несприятливі наслідки. Наприклад, воно навчає, що агресія — добрий спосіб отримати бажане. Дослідження показують, що діти, які піддаються фізичному покаранню, частіше б'ють своїх товаришів, особливо менших і слабших. Причому рівень їхньої агресивності безпосередньо пов'язаний із тяжкістю покарань у сім'ї. Такі діти частіше б'ють батьків, ставши дорослими; чоловіки, найімовірніше, будуть застосовувати, а жінки — терпіти насильство в родині. І нарешті, люди, яких у дитинстві фізично карали, менш схильні піклуватися про літніх батьків.

За статистикою, переважна більшість американських батьків лупцюють дітей, але я вважаю, що вони хотіли б знайти кращий спосіб реагувати на погану поведінку. Цікаво: за результатами досліджень, щойно батьки знаходили ефективні альтернативи, то переставали бити дітей.

Значний ефект дає введення обмежень, що дозволяють дітям зберегти гідність, самоповагу й силу. Коли дітям встановлюють «правила гри», які вони розуміють, коли в них з'являється відчуття контролю над власним життям, вони поводяться краще. Коли вони вчаться регулювати власні негативні емоції, встановлення батьківських обмежень і дисципліна потрібні рідше. Маючи справедливих і надійних союзників — маму й тата, — діти охоче погоджуються разом розв'язувати проблеми.

Визначення цілей

Наступним кроком після того, як батьки чуйно вислухали дитину, назвали її почуття і встановили обмеження на небажану поведінку, є визначення цілей розв'язання проблем. Якщо у вас немає відчуття, що назріла необхідність перейти до цього кроку, найімовірніше, ви поспішаєте. Вашій дитині потрібно більше часу, щоб достатньою мірою висловити свої почуття. Якщо відбувається саме так — не впадайте у відчай. Просто продовжуйте заохочувати її до розмови, спостерігайте, співчувайте й позначайте. Вам допоможуть відкриті запитання: «Через що, по-твоєму, ти сумуєш (або сердишся, або турбуєшся)?», «Це пов'язано з тим, що сталося сьогодні?». Щоб допомогти дитині назвати причини, ви можете запропонувати власні варіанти. Зрештою ваша дитина, найімовірніше, скаже: «Тепер я знаю, чому почуваюся погано і яка проблема викликала ці почуття. Що мені робити із цією проблемою?»

Щоб визначити цілі розв'язання проблем, запитайте дитину, який результат вона хотіла б отримати. Часто відповідь проста: вона хоче виправити поламаного повітряного змія або розв'язати завдання з математики. Деякі ситуації потребують складніших рішень. Наприклад, після бійки із сестрою хлопчикові, можливо, доведеться вирішувати, що краще: помститися чи знайти спосіб запобігти бійці в майбутньому. Іноді малюкові може здаватися, що рішення взагалі немає. Помер домашній улюбленець, або найкращий друг переїжджає в інший штат, або він не отримав роль, яку хотів зіграти в шкільному спектаклі. У таких випадках ціль дитини може полягати в тому, щоб прийняти втрату або знайти розраду.

Обміркуйте можливі рішення

Тепер, нарешті, настав час придумати варіанти розв'язання проблеми. Ідеї батьків можуть бути дуже корисними, особливо для дітей молодшого віку, яким важко запропонувати кілька варіантів. Проте ви не повинні повністю брати на себе пошук рішень. Якщо ви дійсно хочете, щоб дитина досягла результату, потрібно заохочувати її пропонувати ідеї самостійно.

Спосіб мозкового штурму значною мірою залежить від віку дитини. Більшість дітей, молодших від десяти років, не вміють мислити абстрактно. Їм важко утримувати в голові більше ніж одну ідею. Тому, щойно у вас з'являється ідея, дитина відразу хоче її спробувати й тільки потім придумувати нові. Пам'ятаю, коли Морії було чотири роки, ми обговорювали з нею стратегії боротьби зі страхом, спричиненим «монстром», який снився їй у кошмарах. «Ти могла б намалювати картину своїх почуттів», — запропонував я, і дочка моментально пішла шукати олівець. Найімовірніше, ви не захочете пригнічувати такий ентузіазм, тому, можливо, доведеться пробувати одне рішення за іншим, а потім питати дитину, яке з них виявилося найефективнішим.

Ще одним зручним способом продемонструвати альтернативні рішення маленьким дітям може бути рольова або вигадана гра. Ви можете використовувати ляльок-рукавички, справжніх ляльок або від власного імені розігрувати різні варіанти розв'язання проблеми. Оскільки маленькі діти часто мають «чорно-біле» мислення, можливо, буде корисно розіграти дві версії, «правильну» і «неправильну». Наприклад, дві ляльки можуть посперечатися через іграшки. У першому сценарії одна з ляльок, не питаючи, відбирає іграшку в іншої, а в другому пропонує грати з іграшкою по черзі.

Зі старшими дітьми можна використовувати мозковий штурм, під час якого будете намагатися разом придумати всі можливі варіанти. Щоб творчий процес ішов легко, скажіть дитині, що жодна з ідей не може бути настільки дурною, щоб її не розглядати, і що відсів почнеться тільки після того, як ви придумаєте всі можливі варіанти. Ви повинні показати дитині, що сприймаєте процес серйозно. Фіксуйте на папері всі варіанти, які ви придумали разом.

Один зі способів заохочення розвитку дитини — це провести паралель між минулими й майбутніми успіхами. Ви можете нагадати про минулі досягнення, а потім запропонувати уявити, що дитина застосовує нове рішення і домагається такого самого успіху.

Не так давно я випробував цей спосіб із Морією, коли вона зіткнулася з проблемою дружби в дитячому садку. Вона так хвилювалася, що навіть не хотіла йти в дитячий садок. Я вирішив, що замість рекомендацій дам їй інформацію, яка дозволить по-новому поглянути на ситуацію, і попрошу запропонувати власні ідеї. Розмова відбувалася приблизно так:

Морія: Я не хочу йти в садок, тому що, коли ми повинні розбиватися на пари для занять із плавання, моєю парою завжди хоче бути Марґарет, а я хочу, щоб це була Поллі.
Я: Бачу, що ця проблема дійсно тебе засмучує.
Морія: Так, дуже.
Я: Що ти можеш зробити?
Морія: Не знаю, мені подобається Марґарет, але я просто втомилася постійно бути з нею в парі. Можливо, я змогла б схопити Поллі за руку, перш ніж до мене підійде Марґарет.
Я: Добре. Це одна ідея. Ти повинна зробити це дуже швидко, але, можливо, у тебе це вийде.

У той момент я мав велику спокусу вискочити з власними пропозиціями, але зрозумів, що для розвитку Морії краще стриматися, дозволивши їй вивчити ситуацію з власної позиції та досвіду. Ось як тривала наша розмова далі:

Я: Можеш придумати щось іще?

Морія: Ні.

Я: Добре, поговорімо про це. У тебе є відчуття, що в садку тобі докучають і ти не можеш зробити, як хочеться. У тебе було це відчуття раніше?

Морія: Так. Наприклад, коли Деніел постійно тягнув мене за волосся.

Я: Пам'ятаю. І що ти тоді зробила?

Морія: Я сказала йому, щоб він припинив. А якщо не припинить, то я скажу вихователці.

Я: У тебе вийшло?

Морія: Так. Він перестав.

Я: Отже, ти можеш зробити що-небудь схоже й зараз?

Морія: Ну, можливо, я могла б поговорити з Марґарет і сказати, що певний час не хочу бути з нею в парі. Я могла б сказати, що хочу залишитися її подругою, але іноді мені хочеться, щоб моєю парою була Поллі.

Я: Добре. Тепер у нас є два рішення. Я знав, що ти можеш придумати кілька хороших ідей!

Оцінка запропонованих рішень на підставі цінностей вашої родини

Настав час перейти до обговорення ідей, щоб вирішити, які з них варто спробувати, а які слід відкинути. Заохочуйте дитину розглядати кожне рішення окремо, ставлячи такі запитання:

— Це рішення справедливе?

— Воно працюватиме?

— Це безпечно?

— Як ти будеш почуватися? Як почуватимуться інші люди?

Ця вправа дає ще одну можливість пояснити дитині причини обмежень на певні види поведінки. Наприклад, того дня, коли в Морії з'явилася проблема й вона запропонувала не йти в садок, я міг би пояснити їй, що це рішення не спрацює, тому що вона все одно зіткнеться із цією проблемою наступного дня. Такі розмови дозволяють батькам зміцнити в дитині сімейні цінності. Я міг би сказати: «Ми вважаємо, що краще зіткнутися з проблемами, а не намагатися сховатися від них, залишаючись удома». Я міг би використати цю ситуацію, щоб зміцнити в Морії етичний принцип доброти: «Я радий, що ти подумала про те, щоб сказати Марґарет, що хочеш залишатися її подругою, я вважаю, що це важливо — бути уважним до почуттів свого друга».

Допоможіть дитині вибрати рішення

Після того як ви й дитина вивчили наслідки різних варіантів, запропонуйте їй вибрати й спробувати один із них або кілька.

Попри те що ви спонукаєте дітей думати самостійно, можете запропонувати свою думку й рекомендації. Ви можете розповісти дитині, як упоралися з аналогічною проблемою в дитинстві. Що ви дізналися з власного досвіду? Яких помилок припустилися? Якими рішеннями пишаєтеся? Навчання дитини своїх цінностей у контексті допомоги під час вирішення складного завдання значно ефективніше, ніж перерахування абстрактних понять, що не стосуються її повсякдення.

Допомагаючи ухвалювати рішення, не забувайте, що діти вчаться на власних помилках. Якщо ваша дитина схиляється до ідеї, яка не спрацює, але й не зашкодить, ви можете дозволити спробувати. А коли ідея виявиться неефективною, запропонуйте перейти до наступного варіанта.

Коли рішення вибрано, допоможіть дитині придумати конкретний план його реалізації. Наприклад, розподіліть обов'язки між двома братами, яким доручено повсякденні справи в кухні. Допоможіть їм домовитися, хто що робитиме й коли. (Джейсон готує вечерю, а Джошуа — обід. За тиждень вони міняються.) Добре також мати план оцінювання ефективності рішень. Наприклад, можна домовитися пробувати по одному рішенню на місяць, потім обговорювати, наскільки воно було успішним, і за необхідності вносити зміни. Отже, діти розуміють, що під час виконання рішення можна уточнювати.

Якщо діти вибирають рішення, яке не спрацьовує, допоможіть їм проаналізувати, чому так сталося, а потім переходьте до наступного. Це покаже їм, що одна невдача не означає, що вони зазнали провалу. Поясніть їм, що це частина процесу навчання і що кожне наступне коригування наближає їх до успіху.

Розділ 4

Стратегії емоційного виховання

Якщо ви і ваша дитина будете регулярно практикувати емоційне виховання, то із часом здобудете значний досвід. Ви станете краще усвідомлювати власні почуття й охочіше їх висловлювати. Крім того, дитина навчиться цінувати переваги розв'язування проблем разом із батьками.

Це не означає, що емоційне виховання — гарантія спокійного життя. Вам усе одно доведеться стикатися з перешкодами в тих випадках, коли ви, попри бажання бути в контакті з емоціями своєї дитини, з певних причин не зможете отримати від неї чіткий сигнал. Іноді ви незалежно від того, що говорите або робите, не зможете донести інформацію, оскільки дитина перебуватиме у власному світі й з тим самим успіхом ви звертатиметеся до стіни.

У цьому розділі ви знайдете список стратегій, які можна використовувати, якщо ваше емоційне виховання стикається з перешкодами. Вони складені за результатами нашої роботи з батьківськими групами, клінічних досліджень і простих спостережень. Я також додав опис типових сімейних ситуацій, коли емоційне виховання буває неефективним.

У цих випадках краще спробувати інші стратегії. І нарешті, наприкінці розділу ви знайдете тест, який допоможе вам оцінити й розвинути навички емоційного виховання.

Додаткові стратегії

Уникайте надмірної критики, принизливих коментарів і не висміюйте дитину. Результати нашого дослідження наочно продемонстрували, що обмеження гідності є руйнівним як для взаємин батьків із дітьми, так і для дитячої самооцінки.

Проте такі випадки були досить частими під час експериментів із сім'ями. Наприклад, батьки презирливо повторювали слова дітей. «Я не пам'ятаю цю історію», — говорила дитина. «Невже *не пам'ятаєш?*» — насмішкувато відповідав батько. Під час вправи з відеогрою деякі з батьків настільки хвилювалися через помилки своїх дітей, що, звертаючи увагу на кожну дрібницю, обсипали їх градом критики. Хтось відштовхував дитину й грав сам, проявляючи, отже, упевненість у її некомпетентності. В інтерв'ю, присвяченому емоціям дітей, багато батьків сказали, що на спалахи гніву дошкільнят вони реагують сміхом або глузуванням.

Ми зв'язалися з такими сім'ями через три роки й виявили, що діти мали більше проблем із навчанням, погано ладнали з друзями й мали вищий рівень гормонів стресу. Їхні вчителі казали, що в цих дітей більше проблем із поведінкою, а мами — що вони частіше хворіли.

Подібне негативне, зневажливе виховання можна спостерігати не тільки в лабораторії, а й у реальному світі. Крок за кроком благі наміри руйнують самооцінку дітей: батьки постійно виправляють їхню поведінку, висміюють помилки й без необхідності втручаються, коли діти намагаються виконувати найпростіші завдання. Такі батьки бездумно приклеюють своїм дітям ярлики, які згодом впливають на їхню самооцінку. (Боббі «гіперактивний», Кері — «тихоня», Білл «ледачий», а Енджі — «наша маленька дурненька дівчинка».) Не рідше ми чуємо, як батьки висміюють дітей у розмовах з іншими дорослими або знущаються із засмученої малечі: «Не будь немовлям».

Звісно, батьки, яких дійсно хвилюють почуття дітей, намагаються їх не принижувати. Проте наші дослідження показали, що навіть ті, хто опікується емоційним вихованням, іноді, не бажаючи того, принижують дітей. Тому я закликаю всіх батьків бути пильними з підступною звичкою критикувати й відгукуватися про дітей із сарказмом та зневагою. Стежте за своєю поведінкою, щоб, бува, не посміятися зі своїх дітей. Надавайте їм свободу дій, коли вони намагаються опанувати нові навички, навіть якщо це означає, що вони припустяться кількох помилок. Намагайтеся не навішувати ярлики й не давати невтішних характеристик. Краще сказати: «Ми не залазимо на бабусині меблі», ніж «Це не дитина, а жах. Негайно припини!».

Деякі діти можуть бути досить товстошкірими, але все ж вони зроблені не з чавуну. Діти доходять висновків про свою особистість зі слів батьків і, як правило, вірять тому, що ті кажуть. Якщо ж батьки принижують дітей жартами, причіпками й надмірним втручанням у їхнє життя, діти перестають їм довіряти. Без довіри немає близькості, а отже, діти оскаржують поради й спільне розв'язування проблем стає неможливим.

Використовуйте для виховання дитини «будівельні риштування» і похвалу. «Будівельне риштування» — це техніка, за допомогою якої сім'ї здійснюють емоційне виховання, її успішно застосовували в нашому лабораторному експерименті з відеогрою. Поведінка емоційних вихователів різко контрастувала з описаними вище надто критичними батьками.

По-перше, емоційні вихователі говорили в повільній, спокійній манері й давали дітям мінімум інформації, достатньої для того, щоб почати гру. Потім вони чекали, поки дитина зробить щось правильно, і хвалили її за конкретну дію. (Наприклад: «Добре! Ти вчасно натискаєш на кнопки». Під час навчання такий тип похвали значно ефективніший, ніж розпливчастий: «Добре! Тепер ти чиниш правильно».) Після цього батьки, як правило, давали трохи більше інструкцій. І, нарешті, вони повторювали з дітьми кожен крок, полегшуючи їм перехід від простого до складного. Ми назвали цю техніку навчання «будівельним риштуванням», тому що батьки використовували кожен маленький успіх дитини, щоб підвищити її впевненість у собі й підштовхнути до переходу на наступний рівень компетентності.

На відміну від описаних вище надмірно критичних батьків, емоційні вихователі не тільки рідко використовували критику й приниження, а й не втручалися на територію дитини, тобто не грали замість неї.

Під час зведення «будівельного риштування» такі батьки говорили розмірено й спокійно — так, як говорив по телевізору містер Роджерс[1]. Урівноваженість його сюжетів різко контрастує з іншою популярною телевізійною програмою — «Вулиця Сезам», призначеною для набуття конкретних знань, таких як вивчення цифр, алфавіту тощо, де є дотепні, яскраві персонажі, а швидкий темп дозволяє захопити й утримувати увагу дітей. Мова в стилі Роджерса добре підходить для роз'яснювання складних понять, пов'язаних із дитячими почуттями й поведінкою.

---

[1] Фред Мак-Філі Роджерс (1928—2003) — американський педагог, проповідник, автор пісень, телеведучий.

Уникайте «батьківської матриці». Емоційні моменти можуть бути чудовою нагодою для співчуття, створення близьких стосунків і виховання, але вони можуть стати й реальною проблемою для тих батьків, хто дотримується «батьківської матриці», тобто переслідує ціль, пов'язану з конкретною проблемою, яка нібито суперечить інтересам дитини. Зазвичай подібні програми спрямовані на досягнення чудових цінностей, таких як мужність, ощадливість, доброта й дисципліна. Звичайно, для різних дітей вони різні. Наприклад, батьки можуть турбуватися, що одна дитина занадто самовпевнена, а інша, навпаки, занадто боязка. Деяких дітей вважають ледачими й недисциплінованими, інших — надто серйозними, позбавленими спонтанності й гумору. Незалежно від конкретного завдання матричний підхід змушує батьків уважно стежити за поведінкою дітей і постійно намагатися направити їх у потрібне русло. Якщо конфлікти тією чи іншою мірою стосуються тез батьківської програми, пильні батьки вважають своїм завданням — навіть моральним обов'язком — донести власну точку зору до дітей. «Через забудькуватість ти знову не нагодував кішку, а це жорстоко», «Через імпульсивність ти витратив частину грошей, відкладених на квитки на концерт, а це нерозумно».

Я аплодую батькам, які прагнуть поділити свої життєві цінності з дітьми, і вважаю це надзвичайно важливою частиною виховання. Однак вони повинні пам'ятати, що, впроваджуючи якусь програму, яка не враховує дитячих почуттів, можуть зруйнувати стосунки з дітьми. Подібні плани часто заважають матерям і батькам співчутливо вислуховувати дітей і як наслідок можуть фактично підірвати здатність батьків впливати на рішення дітей. Дозвольте навести приклад. Джин, чутлива й неспокійна мама, уже давно хвилювалася через «похмурий настрій» свого сина Ендрю. Вона переймалася через те, що дев'ятирічний Ендрю схильний «грати роль жертви», і те, як це впливає на його стосунки з людьми. Тому Джин вирішила, що при короткому обговоренні суперечки Ендрю зі старшою сестрою змусить його взяти на себе більше відповідальності за підтримання хороших стосунків.

— У чому справа, любий? — почала вона. — Ти трохи сумний.

— Просто я хочу, щоб сестра була до мене добріша, — промовив Ендрю.

— А ти завжди буваєш до неї добрим?

Уявіть, що Ендрю відчув, почувши це запитання. Мама начебто цікавилася тим, як він почувається, але, щойно відкрився, відповіла критикою. Звичайно, це критика з благими намірами й дуже м'яка, але вона залишається критикою.

А тепер подумайте, що відчув би Ендрю, якби Джин сказала: «Тепер зрозуміло, чому ти так почуваєшся кілька днів». Слова Джин показали б Ендрю, що мама зосереджена на його сумі, що вона допомагає йому розібратися в почуттях до сестри й знайти рішення. Натомість Джин звалила на плечі Ендрю провину, тобто змусила його оборонятися і не визнавати власної ролі в суперечці.

Педагогиня і лікарка Еліс Гінотт-Коен, яка працювала разом зі своїм покійним чоловіком Хаїмом Гіноттом, вважає, що батьківська матриця може створювати перешкоди і в ситуаціях, коли батьки знають, що дитина погано поводилася. Вона радить усім батькам починати розмову з обговорення не провини, а почуттів, що спричинили негідну поведінку.

Щоб з'ясувати, які емоції є основою вчинку, краще не питати: «Чому ти це зробив?» Це звучить як звинувачення або критика, і дитина швидше піде в оборону, ніж дасть вам корисну інформацію. Натомість зацікавлено запитайте, як дитина почувалась у той момент.

Звичайно, стикаючись із поганою поведінкою, непросто ігнорувати власну програму, особливо якщо проповідь так і крутиться на язиці. Але моралізування без звернення до почуття, яке є основою вчинку, найчастіше неефективне. Це все одно що покласти холодний компрес на запалену рану. Без лікування інфекції ви тільки викличете лихоманку.

Наведу приклад: мати приходить у дитячий садок забрати трирічного сина на годину пізніше, ніж зазвичай. Малюк, якого мати часто називає впертим, навмисно все робить повільно. Він відмовляється співпрацювати і йде до дверей, не надягши куртку. Мати може або насварити сина за непокору, або зупинитися, подумати та спробувати зрозуміти його емоції. Вибравши останнє, вона може сказати: «Здається, сьогодні я прийшла пізніше, ніж зазвичай. Більшість твоїх друзів уже пішли додому. Ти хвилювався?» У такому разі дитина, почувши, що її тривога й напруження були обґрунтованими, найімовірніше, зазнає полегшення і запропонує мамі себе обійняти чи не буде сваритися через куртку й у злагоді вирушить із нею додому.

Для успішного спілкування із сином матері потрібно вимкнути довгострокову програму боротьби зі «впертістю». Але дуже часто батьки реагують на погану поведінку дитини протилежним чином. Вони ще більше чіпляються за свою матрицю, пов'язуючи те, що сталося, з негативною рисою дитячого характеру, і звинувачують дитину. Ендрю занадто чутливий, Джанет занадто агресивна, Боббі занадто сором'язливий, Сара занадто легковажна — ці ярлики перешкоджають емпатії. Понад те, вони руйнівні, тому що маленькі діти вірять батькам, а потім намагаються втілити їхні думки в життя, немов божественне пророцтво.

У своїх мемуарах «Father to the Man» («Батько — чоловікові») письменник Крістофер Гелловелл згадує, як батько намагався навчити його робити дерев'яний ящик. «Якщо ти не можеш зробити його квадратним, — сказав батько, — ти нічого не зможеш побудувати». Після тривалої наполегливої роботи Гелловелл змайстрував ящик, але той вийшов кособоким. Розмірковуючи про цей епізод, він пише: «Щоразу, дивлячись на мій ящик, батько хмурився і говорив: "Він не квадратний. Ти ніколи не будеш хорошим будівельником, якщо не навчишся робити рівні ящики". Нарешті він здався і перестав про це говорити. Я зберігав у цьому ящику дрібнички протягом багатьох років. І щоразу, коли піднімав кришку, мене переповнювали теплі почуття, попри те що згадував і несхвальний батьків погляд».

Для успішного письменника Гелловелла це був сумний спогад про взаємини з батьком. А для нас може бути живим нагадуванням про те, що батьківська критика має потужний вплив на дітей.

Як батьки ми не хочемо, щоб діти задовольнялися створенням кособоких ящиків. Ми не хочемо, щоб вони виросли ледачими, безвільними, агресивними, дурними, боязкими й брехливими. Але ми також не хочемо, щоб ці вади стали характеристиками, за допомогою яких діти себе ідентифікують. Як розв'язати цю проблему? Відповідь проста: не критикувати особистісні риси своєї дитини. Зосереджуйтеся на тій події, яка сталася в їхньому житті тут і зараз. Замість говорити: «Ти такий недбалий, вічно в тебе безлад», — скажіть: «Твої іграшки розкидані по всій кімнаті». Замість: «Ти так повільно читаєш», — «Якщо ти читатимеш по тридцять хвилин щовечора, то незабаром робитимеш це значно краще». Замість: «Не будь таким сором'язливим», — скажіть: «Якщо ти скажеш голосніше, офіціантка зможе тебе почути».

Створіть ментальну карту повсякдення дитини. Діти не завжди можуть правильно описати свої емоції. Дитина може турбуватися, але не може пояснити, що вона відчувала і чому. У таких випадках вам допоможе знання про людей, місця і події в житті дитини. Ви будете краще підготовлені до пошуку можливого джерела її почуттів і зможете допомогти їй їх позначити. Крім того, ви дасте зрозуміти дитині, що вважаєте її світ важливим, і це допоможе вам зблизитися.

Мені подобається думати про цю базу даних як про своєрідну карту, яку батьки свідомо складають подумки. Розглядаючи цю карту, батько / мати може сказати: «Це світ моєї дитини і люди, які його населяють. Я знаю їхні імена, обличчя і характери. Я знаю, що моя дитина відчувала до кожного з них. Ось її найближчі друзі, а це її вороги. Моя дитина вважає, що цей учитель хороший, цей тренер смішний, а цей викладач її залякує. Ось план її школи. Я знаю, де дитина почувається найкомфортніше, і знаю, з якими небезпеками вона тут стикається. Ось її розклад. Ці предмети цікавлять її найбільше, а ці викликають труднощі».

Створення карти емоційного світу дитини потребує багато праці й уваги до деталей. Батьки повинні знайти час розмовляти з дітьми, заходити в дитячий садок або школу, відвідувати позашкільні заходи, знайомитися з друзями та вчителями своїх дітей. Як і будь-які карти, ментальні карти необхідно регулярно оновлювати. Зате такий допоміжний засіб забезпечує безліч точок дотику, що дозволяють батькам і дітям вести конструктивні обговорення.

Уникайте «об'єднання з ворогом». Відчуваючи, що до них погано ставляться, діти можуть звернутися до батьків у пошуках справедливості, співчуття і підтримки. Це хороша можливість для емоційного виховання — поки батьки не припускаються помилки, «об'єднуючись із ворогом». Безсумнівно, важко підтримати дитину, якщо маєш ту саму позицію, що й авторитетні постаті, на яких вона злиться: учителі, тренери, вихователі або батьки інших дітей.

Уявіть, що повненька дівчинка приходить додому засмучена, тому що вчитель танців нетактовно прокоментував її фігуру. Якщо мати вже тривалий час безуспішно намагається змусити дочку дотримуватися дієти, у неї може виникнути спокуса сказати дівчинці, що вчитель має рацію. Дівчинка відчує, що проти неї постав увесь світ. Але якщо мати поспівчуває: «Мені дуже шкода, що так сталося. Ти, напевно, зніяковіла, і тобі було прикро», — вона наблизить дочку до себе. Якщо мати й далі чуйно підтримуватиме дочку, то врешті-решт дівчинка зможе прийняти її допомогу.

А що робити, якщо *ви* стали тією людиною, яка викликала гнів дитини? Я вважаю, що емпатія може спрацювати і в таких ситуаціях, але за умови, що ви відкрито дотримуєтеся своєї позиції і вам не треба оборонятися. Припустімо, дитина злиться, тому що ви заборонили їй дивитися телевізор, поки вона не покращить оцінки. Не змінюючи своєї позиції, ви можете сказати: «Я розумію, чому ти злишся. На твоєму місці я б теж так почувалась».

Чесність і відкритість в умовах конфлікту дозволять дитині висловити *власні* почуття, особливо якщо ви скажете: «Може, я й не права, я не завжди буваю права, тож хотілося б почути твою думку». Багато батьків вважають таке «беззбройне» становище важким, але труднощі із часом окупаються, якщо діти бачать вас справедливими й готовими їх вислухати.

Пам'ятайте, мета ваших розмов не в тому, щоб дитина з вами погодилась, а в тому, щоб досягти взаєморозуміння. Зазвичай, якщо дитина раптом називає таблицю множення дурною, а кільця в носі — красивими, ви відповідаєте розлогою нудною тирадою і доводите, що вона не права. Але ви досягнете більшого, якщо ваша відповідь прозвучить так, що можна буде почати діалог. Наприклад: «Мені теж було складно вивчити таблицю множення» чи «Мене не дуже хвилюють кільця в носі, але чому вони тобі так подобаються?».

Подумайте про почуття дитини, уявивши аналогічну ситуацію у світі дорослих. Цей метод корисний, коли вам важко співчувати дитині. Можливо, вона журиться через щось, що здається вам не вартим уваги. Наприклад, хтось посміявся з її окулярів, коли вона відповідала на уроці, або вона хвилюється перед першим днем у літньому таборі. Розуміючи, що в неї немає причин для хвилювань і вона легко здолає ці проблеми (і багато інших), ви можете піддатися спокусі проігнорувати її тривогу. Звичайно, така позиція дозволить *вам* почуватися комфортніше, але мало допоможе дитині. Понад те, вона може почуватися ще гірше, знаючи, що мама або тато вважають її дурною.

Один зі способів проявити більше співчуття — уявити аналогічну ситуацію у світі дорослих. Згадайте, як ви нервували перед першим днем на новій роботі. Або подумайте, як би ви почувались, якби, даючи звіт про продажі, почули, як колега щось шепоче сусідові про вашу зовнішність?

Наприклад, у книзі «Брати і сестри. Як допомогти вашим дітям жити дружно» Адель Фабер та Елейн Мазліш радять батькам, які бажають зрозуміти причини ревнощів маленької дитини до брата-немовлятка: уявіть, що ваш чоловік приводить додому коханку й оголошує, що ви всі щасливо житимете під одним дахом.

Не намагайтеся нав'язати дитині свої рішення. Один із найшвидших способів перешкодити емоційному вихованню — сказати дитині, яка засмучена або злиться, як би ви розв'язали цю проблему. Щоб зрозуміти чому, уявіть аналогічну ситуацію у вашому шлюбі. Типовий сценарій приблизно такий: дружина приходить додому, засмучена сваркою з колегою. Чоловік аналізує проблему й протягом декількох хвилин викладає план рішення. Але замість відчути вдячність, дружина засмучується ще більше. Причина в тому, що чоловік не виявив співчуття, не показав, що розуміє, які смуток, гнів і розчарування вона відчуває. Єдине, що він дав зрозуміти, — як можна просто розв'язати проблему. Для неї ж це може означати, що вона не дуже розумна, бо не зуміла додуматися до цього рішення сама.

Уявіть собі, наскільки дружині стало б краще, якби замість негайної поради чоловік запропонував помасажувати спину, а в цей час просто послухав, як вона описує свою проблему. Виговорившись, вона може придумати власні рішення, і ось тоді, уже довіряючи чоловікові (і чудово почуваючись після масажу спини), — попросити його поради. Зрештою чоловік запропонує пораду, а дружина отримає рішення, яке зможе почути. Вона відчує підтримку партнера, не почуватиметься приниженою, і її самооцінка підвищиться.

Цей метод працює і в стосунках батьків із дітьми. Батьки можуть бути розчаровані небажанням дітей прийняти непрохану пораду, особливо з огляду на той обсяг мудрості й життєвого досвіду, яким вони можуть поділитися. Але, як правило, діти на таких порадах не вчаться. Адже запропонувати рішення до того, як поспівчувати, — це все одно, що поставити каркас будинку до того, як закладено міцний фундамент.

Підвищіть самооцінку своєї дитини, надаючи їй вибір і поважаючи її бажання. Ставши дорослими, ми легко забуваємо, якими безсилими можуть почуватися діти. Але якщо ви подивитеся на світ їхніми очима, то побачите, наскільки велику увагу суспільство приділяє тому, щоб вони слухалися і співпрацювали. Більшість маленьких дітей практично не контролюють своє повсякдення. Сонних їх витягують із ліжечок і відвозять у дитячий садок. Старші діти здригаються від звуку дзвінка в школі й покірно йдуть на лінійку. Батьки встановлюють правила: «Ніякого десерту, поки твоя тарілка не буде чистою» або «Ти не вийдеш із дому в такому вигляді», — і класична відповідь: «Тому що я так сказала». Чи можете ви сказати щось таке дружині або другу?

Я не кажу, що вимагати від дітей слухняності та співпраці погано. Для безпеки й здоров'я дітей — і душевної рівноваги батьків — діти не повинні командувати в домі. Але я не раз спостерігав, як батьки збільшують безсилля дітей, ігноруючи їхні найпростіші переваги та запити. Як правило, вони роблять це не зозла — радше через постійні стрес і поспіх. («Ні, я не дозволяю тобі малювати фарбами. Ми щойно все прибрали, і зараз на це немає часу!»)

На жаль, для багатьох дітей вимога співпраці означає, що їхні бажання і переваги ігнорують. Деякі діти не мають можливості зробити навіть мінімальний вибір — наприклад, вирішити, що надягнути, що з'їсти або на що витратити вільний час. Багато з них виростають позбавленими власних симпатій та антипатій. У когось узагалі немає можливості навчитися робити вибір. Усе це не дозволяє дітям діяти відповідально.

Діти повинні тренувати навички оцінювання різних варіантів і пошуку рішень. Вони повинні бачити, що відбувається, коли вони роблять вибір, ґрунтуючись на цінностях своєї сім'ї, і що трапляється, коли вони вважають за краще їх ігнорувати. Ці уроки можуть бути болючими, але за умови емоційного виховання стануть для батьків чудовою нагодою запропонувати свої рекомендації.

Батьки повинні розуміти: що раніше дитина навчиться висловлювати свої бажання і робити правильний вибір, то краще. Щойно вона досягне підліткового віку з доступними відтепер свободою та ризиками, безвідповідальне ухвалювання рішень може призвести до вельми небезпечних наслідків.

Даючи дитині можливість робити вибір, ми не тільки виховуємо в ній відповідальність, а й допомагаємо підвищити її самооцінку. Дитина, якій батьки постійно обмежують вибір, отримує повідомлення: «Ти не тільки маленька, твої бажання не мають великого значення». Така дитина може вирости слухняною і буде співпрацювати, але власні почуття залишаться нерозвиненими.

Правда, на те, щоб надавати дітям вибір і враховувати їхні побажання, нам потрібно чимало часу й терпіння, адже, як пам'ятаємо, дошкільнята чогось просять у середньому тричі на хвилину. Але не всі їхні прохання потребують відповіді, а задоволення багатьох не пов'язане з великими батьківськими зусиллями. Наприклад, дочка хоче, щоб ви поклали вечерю в її тарілку так, щоб горох і картопля не мішалися. Син хоче ще раз побачити великого птаха, перш ніж ви перемкнете телевізор на інший канал. Дочка не хоче, щоб ви купували морозиво з горіхами. Син хоче, щоб ви залишили світло в кімнаті. Дивно, але якщо прислухатися і виконати ці побажання, це може мати важливі довгострокові наслідки. Річ у тому, що переваги дітей допомагають їм сформувати свою особистість. Якщо їхні побажання виконують, діти отримують повідомлення: «Мої бажання мають значення, те, що я відчуваю, відіграє певну роль». Ваша дочка може сказати собі: «Так, мені подобається саме так. Я людина, яка не любить, щоб продукти в тарілці змішувалися. І в мене є влада, щоб моя їжа стала для мене смачнішою».

Згодом ці заяви можуть стати цеглинками для таких тверджень, як «Я дитина, яка любить складні вправи на шведській стінці» або «Я людина, яка любить математику».

Тож наступного разу, коли дитина звернеться до вас із невеликим проханням — не важливо, наскільки дурним або тривіальним воно вам здасться, — спробуйте не сприймати це як боротьбу характерів.

Запитайте себе, чи дійсно воно настільки складне, що ви не можете його виконати. Пам'ятайте, що результати принесуть користь вашій дитині, адже вона застосовує таку взаємодію для розвитку власної особистості.

Нехай діти діляться з вами мріями й фантазіями. Ця техніка — чудовий спосіб налаштуватися на довжину хвилі вашої дитини. Вона особливо корисна, коли діти висловлюють бажання, які виходять за межі можливого. Наприклад, ваш син хоче новий гірський велосипед, а ви не впевнені, чи можете собі це дозволити. Якщо ви схожі на більшість інших батьків, то першою реакцією буде роздратування. З'явиться бажання сказати: «Я купив тобі новий гоночний велосипед тільки минулого року. Ти думаєш, я зроблений із грошей?»

Але уявіть, що станеться, якщо ви на якусь мить подумаєте про бажання дитини й розділите з нею її фантазії. Тоді ви зможете відповісти: «Так, я розумію, чому тобі хочеться гірський велосипед. Ти хотів би їздити бездоріжжям, чи не так?» Можна пофантазувати: «От було б здорово, якби в усіх твоїх друзів були гірські велосипеди. Я міг би пожити з вами тиждень у кемпінгу. Ми взяли б намети й рибальські снасті та...»

Далі ви можете перейти до переваг походів на гірських велосипедах або без них. Ось тоді можете пояснити, що не збирається купувати велосипед на свої гроші, і поміркувати разом із дитиною, як вона може заробити гроші самостійно. Важливим є те, що син знатиме, що ви його почули й вважаєте його бажання абсолютно нормальним.

Будьте чесні з дитиною. Здається, що в більшості дітей є шосте чуття, коли батьки, особливо татусі, кажуть їм правду. Тому емоційне виховання має бути чимось більшим, ніж механічне проголошення фраз «Я розумію» або «Мене це теж звело б з розуму». Правильні слова не зблизять вас із дитиною, якщо не йдуть від серця. Понад те, шахрайство може спричинити втрату довіри й вбити клин у ваші стосунки. Тож, перш ніж щось сказати, упевніться, що ви дійсно розумієте дитину. Якщо не впевнені, просто опишіть те, що бачите й чуєте. Поставте дитині кілька запитань, намагайтеся тримати контакт і в жодному разі не фальшивити.

Читайте разом дитячі книжки. З дитинства до підліткового віку прекрасним способом познайомити дитину з емоціями служить читання хороших книжок. Книги допомагають дітям створити словниковий запас для розмов про почуття і дають відомості про різні способи, за допомогою яких люди справляються з гнівом, страхом і смутком.

Правильно дібрані книги, які відповідають дитячому віку, можуть дати батькам привід поговорити про складні питання, наприклад, «Звідки беруться діти?» та «Що сталося з дідусем, коли він помер?».

Хорошим приводом для сімейних бесід може бути спільний перегляд телевізійних програм або фільмів. Але я думаю, що книги працюють краще, тому що читач і слухач можуть у будь-який момент зупинитися й обговорити те, що їх схвилювало. Крім того, під час читання вголос у дітей виникає відчуття, що в історії бере участь їхня сім'я, тому сюжет і характери здаються їм ближчими.

Добре написані дитячі книжки можуть допомогти дорослим увійти в контакт з емоційним світом дітей. Одна з матерів у нашій батьківській групі розповіла, як читала десятирічній дочці оповідання про групу дівчаток її віку. Дівчата-персонажі були засмучені через те, що одна з них мала поїхати. Це була проста історія про цілком звичайну ситуацію, але мати згадала всі ті почуття, які пережила, коли її родині довелося переїхати. Згадавши, якою міцною може бути дитяча дружба в цьому віці, мати змогла краще зрозуміти значення дружби для своєї дочки.

На жаль, багато батьків перестають читати дітям уголос, щойно ті навчаються читати самі, але дехто все ж читає дітям книги аж до підліткового віку. Звичка збиратися разом за вечерею, читати вголос дає гарантію, що дорослий і дитина будуть постійно зустрічатися і ділитися тим, що їх цікавить.

Процес виховання потребує терпіння. Щоб стати ефективним емоційним вихователем, слід проявити терпіння і дати дитині достатньо часу на вираження почуттів. Якщо вашому синові сумно, він може плакати. Якщо ваша дочка злиться, вона може тупотіти ногами. Якщо вам незручно мати справу з дитиною в такому стані, корисно нагадати собі, що мета емоційного виховання в тому, щоб вивчити й зрозуміти емоції, а не придушити їх.

У короткостроковій перспективі легше припинити негативну поведінку дитини, не звертати на неї уваги й сподіватися, що все мине саме собою. Можна навіть мати оманливу надію, що із часом дитина зміниться. Таке ставлення до проблем зменшує їхню кількість у короткостроковій перспективі й збільшує — у довгостроковій. Але після того, як ви знехтуєте почуттями дитини, вона емоційно віддалиться і з нею стане значно важче справлятися.

Свої нагороди у вихованні ви отримуєте за увагу до дитячих почуттів. Неможливо прийняти й підтвердити емоцію дитини та водночас бажати, щоб вона зникла. Прийняття та підтвердження походять від емпатії, тобто від співчуття дитині в момент, коли вона відчуває емоцію.

У той момент, коли ви співчуваєте, зверніть увагу на те, чи можете відчути емоції своєї дитини фізично — подібно до дії музики, що викликає збудження, сум, пристрасть або натхнення. Чи здатні ви налаштуватися на почуття дитини так, щоб вони відтворились у вас? Якщо вийде, ви від усього серця зможете сказати: «Сумно, що татові довелося поїхати без тебе», «Якби мій друг ударив *мене*, я б теж розсердився», «Я бачу, що ти *ненавидиш*, коли я тебе виправляю».

Пам'ятайте: вам не завжди потрібні слова, щоб показати, що ви розумієте дитину. Найчастіше їй буде досить, якщо ви просто сядете з нею поруч, обіймете або погладите по спині, особливо коли вона бореться із сумом або страхом.

Ваша готовність сидіти поруч із дитиною і разом справлятися з неприємними відчуттями покаже їй, що ви серйозно ставитеся до справи, вважаєте, що її проблема значна й потребує уваги та обмірковування.

Дитина може сказати, що вона не готова говорити про проблему, тоді ви повинні з повагою поставитися до її почуттів і почекати. Постарайтеся призначити час, коли зможете все обговорити. Обов'язково занотуйте це, щоб не забути й виконати обіцянку.

Узявши за правило бути поруч із дитиною, коли вона охоплена сильними емоціями, ви отримаєте можливість встановити з нею стабільні близькі стосунки. Зі, здавалося б, звичайних дрібних подій ви створите міцний і тривалий зв'язок та станете тим, кого мій друг, дитячий віковий психолог Росс Парк, називає колекціонером моментів. Ви зрозумієте, що взаємодія з дитиною — це перлини можливостей, яким ви не дозволили вислизнути крізь пальці. Дбайливо зберігайте ці дорогоцінні нитки.

Зрозумійте основу вашої влади. Під «основою влади» я маю на увазі той елемент у дитячо-батьківських стосунках, який дозволяє батькам встановлювати обмеження на негідну поведінку дітей, — те, чого хочуть і чого потребують усі діти. Для деяких батьків основу влади становлять погрози, приниження або лупцювання. Для батьків, які практикують емоційне виховання, основою влади є емоційний зв'язок між дорослим і дитиною.

Якщо ви емоційно пов'язані з дитиною, налаштування обмежень відбувається на основі справжніх реакцій на її негідну поведінку. Дитина реагує на ваш гнів, розчарування і занепокоєння, тож вам не доводиться посилювати свою реакцію покараннями типу ляпасів або ізоляції. Взаємні повага й любов самі по собі є інструментом для введення кордонів.

Оскільки в цьому рівнянні повага й прихильність відіграють першочергову роль, легко зрозуміти, чому так важливо уникати презирливих зауважень і приниження, коли ви виправляєте поведінку дитини. Дитина, яку щойно відлупцювали, назвали неохайною, злою або дурною, найімовірніше, захоче вжити заходів у відповідь проти своїх батьків.

Якщо ви вдавалися до таких методів, як приниження і лупцювання, то, мабуть, хочете дізнатися, чи можна змінити основу батьківської влади так, щоб вона спиралася на загальні позитивні почуття. Така зміна можлива, але потребує великої роботи. Вам доведеться виправити старі моделі корекції поведінки дітей та впровадити у взаємини емоційне виховання. Вам доведеться багато зробити для вибудовування нових стосунків, які ґрунтуються на довірі, а не на залякуванні.

Вам буде корисно пам'ятати про такі принципи Хаїма Гінотта: 1) допустимі будь-які почуття, але не будь-яка поведінка; 2) взаємини «батьки — дитина» — це не демократія; тільки батьки визначають, яка поведінка є допустимою.

Якщо ваша дитина — підліток або на порозі цього віку, обговоріть із нею основи влади, тим більше що це безпосередньо пов'язано з правилами. Постарайтеся встановити правила (і позначити наслідки їх порушень) через компроміс і шанобливе обговорення. Не бійтеся бути твердими, особливо коли йдеться про безпеку й благополуччя вашої дитини. Дорослі краще розуміють, яка поведінка потенційно небезпечна. Враховуйте й те, що діти, батьки яких знайомі з їхніми друзями, знають, що вони роблять і де перебувають, менше схильні до поведінки, пов'язаної з ризиком. Такі діти рідше приєднуються до груп однолітків з асоціальною поведінкою, потрапляють у поліцію, зловживають наркотиками, скоюють злочини, ведуть безладне статеве життя і тікають із дому.

Деяким батькам буває важко переключитися на більш позитивну основу влади. Це відбувається, коли з дитячо-батьківських стосунків зникають довіра, повага й прихильність. У таких випадках ефективна сімейна терапія, і я рекомендую батькам обміркувати цей варіант. Не дивуйтеся, якщо терапевт захоче провести індивідуальні заняття з вашою дитиною. Знайте, що терапевт може виступати як захисник дитини на «сімейному суді». Важко сказати, скільки часу потрібно, щоб сімейна терапія дала результат. Це як похід до стоматолога: багато що залежить від того, як довго ви ігнорували проблему. Однак, за результатами досліджень, сімейні психотерапевти розробляють досить ефективні методи, що дозволяють відновити довірчі розмови в сім'ї. Тож у вас є підстави сподіватися.

Вірте в позитивну природу людини. Що більше я дізнаюся про дітей, то більше вірю, що природний розвиток людини є неймовірно позитивною силою. Я маю на увазі, що дитячий мозок налаштований на пошук захисту, любові, знань і розуміння. Ваша дитина хоче бути люблячою та альтруїстичною.

Вона хоче досліджувати навколишнє середовище, з'ясовувати, звідки беруться блискавки й що всередині собаки. Вона хоче знати, що добре й правильно, а що погано й неправильно, де причаїлися небезпеки і як їх уникнути. Вона дуже хоче чинити правильно, щоб стати сильною і розумною. Ваша дитина хоче стати такою людиною, яку ви будете любити і якою будете захоплюватися.

Маючи на своєму боці всі ці природні сили, ви можете довіряти почуттям дитини й знати, що ви не самотні.

Коли емоційне виховання не підходить. Складно з упевненістю сказати, як часто батьки можуть використовувати емоційне виховання, щоб побудувати близькі стосунки з дітьми й навчити їх навичок управління емоціями. Діти щодня вчаться взаємодіяти з людьми й справлятися із життєвими ситуаціями, тому виникає враження, що їхнє життя рясніє можливостями.

Але не варто вважати, що емоційне виховання дозволить позбутися всіх негативних почуттів, щойно вони виникнуть. По-перше, воно потребує терпіння і творчості, тож для того, щоб мати бажаний результат, батьки повинні бути якщо не спокійними, то хоча б достатньо зосередженими. І головне, емоційне виховання допомагає тоді, коли діти в змозі його сприйняти. Отже, вам слід враховувати поточні умови й практикувати емоційне виховання тоді, коли велика ймовірність, що воно буде ефективним.

Очевидно, що такі умови існують не завжди.

У певних випадках емоційне виховання краще відкласти.

Якщо у вас мало часу. Сучасні батьки проводять значну частину часу, поглядаючи на годинник, намагаючись вчасно дістатися до дитячого садка або школи й вкластися в розклад. Під час таких переміщень діти не рідше проявляють свої емоції, але ці моменти краще не використовувати для емоційного виховання. Виховання є процесом, а діти не роботи, і ми не можемо очікувати, що вони впораються з емоціями в заданий час.

Жінка з нашої групи, що має власний бізнес, прекрасно описала, наскільки дурними можуть бути спроби займатися з дитиною емоційним вихованням у поспіху. Одного ранку дорогою на зустріч із важливим клієнтом вона повинна була завезти дочку в дитячий садок. Коли вони доїхали до місця, її чотирирічна дочка раптом сказала: «Моєї виховательки Кеті сьогодні немає. Я не хочу тут залишатися».

Жінка подивилася на годинник і зрозуміла, що на обговорення ситуації всього п'ять хвилин. Прокрутивши в голові кроки емоційного виховання, вона посадила дочку поруч і взялася розв'язувати проблему. «Здається, ти засмутилася... Скажи мені, що відбувається? Ти почуваєшся незатишно, тому що твоєї улюбленої виховательки сьогодні немає? Я знаю, як ти почуваєшся... Тобі сумно починати без неї свій день... Я повинна піти. Що ми можемо зробити, щоб допомогти тобі почуватися комфортніше?»

Дочка давала нескладні відповіді й ледь стримувала сльози. Хвилини минали, а рішення не знаходилося. Дівчинка, здавалося, відчувала, що матері необхідно терміново піти, і це тільки погіршувало ситуацію. Що більше спроб робила мати, то більше засмучувалася дочка. За двадцять хвилин жінка нарешті віддала заплакану дочку в обійми іншої виховательки й помчала на заплановану зустріч. «Коли я туди дісталася, клієнт уже пішов», — поскаржилася жінка.

Вона зрозуміла свою помилку. «Я послала дочці неправильне повідомлення. Я говорила, що стурбована й готова допомогти, але дивилася на годинник, і вона це бачила. Через це вона почувалася ще гірше». Мати зрозуміла, що мала просто сказати дочці, що її сьогоднішній похід у дитячий садок не обговорюється і що про «неприємні відчуття» вони поговорять пізніше, а потім, поклавшись на соціальні навички й умілу вихователька, поїхати на зустріч.

В ідеалі ми повинні знаходити час, щоб посидіти й поговорити з дітьми, коли в них виникають сильні почуття. Але в більшості батьків час буває не завжди. Тому важливо запланувати час, бажано той самий щодня, коли ви будете розмовляти з дитиною, знаючи, що вас не перервуть. Сім'ї з маленькими дітьми зазвичай роблять це перед сном або під час купання. З дітьми шкільного віку та підлітками такі розмови часто відбуваються під час виконання домашніх справ. Додатковими можливостями є регулярні поїздки на уроки музики або будь-які інші виходи з дому. Внісши розмову з дитиною у свій розклад, ви можете бути впевнені, що питання не буде відкладено на невизначений термін.

Якщо ви не можете поговорити сам на сам. Важко побудувати близькі й довірчі стосунки з дитиною, якщо у вас немає можливості побути з нею сам на сам. Я не рекомендую займатися емоційним вихованням у присутності інших членів сім'ї, друзів або незнайомих людей — ви можете збентежити дитину. Крім того, вам обом буде легше чесно відповідати на запитання, якщо ви не думатимете, як на це відреагує оточення.

Ця порада особливо важлива для сімей, у яких діти змагаються одне з одним. Одна з мам у нашій групі розповіла, як вона намагалася втрутитися в суперечку своїх дітей, використовуючи прийоми емоційного виховання: «Щоразу, коли я починала співчувати одній дитині, друга обурювалася».

Коли двоє або більше братів і сестер разом залагоджують свої конфлікти, об'єктивні батьки в найкращому разі можуть виступати в ролі посередників. Емоційне виховання має на меті глибший рівень емпатії та можливості вислухати. Важко відкрито співчувати двом людям так, щоб їм не здалося, що ви стаєте на чийсь бік. Тому емоційне виховання працює значно краще, якщо ні батько, ні дитина не хвилюються про те, як сказане ними сприймуть брат або сестра, чи про те, що їх перервуть або несхвально поставляться до їхньої розмови. Залишившись наодинці зі співчутливим батьком або матір'ю, дитина легше поділиться справжніми почуттями.

Якщо у вас кілька дітей, то важливо приділяти всім однакову кількість часу. Заплануйте конкретний час, який ви проведете наодинці з кожною дитиною, і нехай ваші розмови відбуваються регулярно, щоб діти були впевнені, що це станеться.

Батьки повинні розуміти, що присутність інших дорослих або старших родичів (особливо бабусь і дідусів) може впливати на здатність співчувати й вислуховувати своїх дітей. Наприклад, вам буде важко прийняти почуття дітей, якщо ви будете чути (висловлену чи невисловлену) думку своєї матері, що «всі діти потребують гарної прочуханки».

Якщо присутність інших людей робить неможливим емоційне виховання, проведіть його пізніше. Ви можете сказати дочці, не викликаючи її збентеження, що плануєте обговорити ситуацію в інший час. Але не забудьте виконати обіцянку!

Якщо ви занадто засмучені або занадто втомилися для того, щоб виховання виявилося продуктивним. Емоційне виховання потребує творчого підходу й достатньої енергії. Сильний гнів або втома можуть перешкодити вам ясно мислити та продуктивно спілкуватися. Можете виявити, що вам просто бракує терпіння і бажання співчувати та вислуховувати дитину або ви дуже втомилися, щоб ефективно розібратися з її емоціями. У такому разі відкладіть емоційне виховання, допоки не відпочинете або не будете в комфортних умовах, що дозволять прийти в нормальний стан. Вам можуть допомогти прогулянка, нетривалий сон, ванна з гідромасажем або похід у кіно. Якщо виявите, що втома, стрес або гнів постійно втручаються у ваші плани займатися з дитиною, то подумайте про зміну способу життя.

Якщо вам треба впоратися із серйозним порушенням поведінки. Іноді вам доведеться стикатися з порушеннями дисципліни, що виходять далеко за межі простих обмежень, описаних у кроці № 5. Якщо дитина поводиться так, що засмучує вас і явно порушує ваші моральні принципи, ви повинні висловити несхвалення. І хоча ви можете розуміти емоції, що є основою її поганої поведінки, це не час для співчуття. Емоційне виховання, яке звертається до почуттів дитини, можна відкласти. Зараз ви повинні заявити, що вважаєте дії дитини неправильними, пояснити, чому так думаєте, і продемонструвати гнів і розчарування (не принижуючи гідність дитини). Доречно буде поговорити й про життєві цінності.

Описаний випадок може стати важкою вправою для тих батьків, які відчувають провину (і відповідальність) за причини такої поведінки своїх дітей. Наприклад, якщо в процесі розлучення батьки дізнаються, що тринадцятирічна дочка прогулює школу, вони можуть не знати, як реагувати. Розуміючи, що дівчинка заплуталася і засмучена, вони можуть піддатися спокусі пропустити догану й перейти безпосередньо до роботи з її почуттями з приводу розлучення. Однак у довгостроковій перспективі виправдання поганої поведінки здатне лише нашкодити. Краще, якщо прогули будуть одним питанням, а почуття з приводу розлучення — іншим.

Дозвольте навести ще один приклад, хоча цей випадок і стався за менш напружених обставин. Коли моїй дочці Морії було три роки, до нас на кілька днів приїхав гість. Якось після вечері я заскочив Морію у вітальні із червоним маркером у руці, а на новому дивані персикового кольору було намальовано жахливі ієрогліфи.

— Що тут сталося? — розлютився я.

Морія подивилася на мене широко розплющеними очима і, стискаючи маркер, пробурмотіла:

— Я не знаю.

«Чудово, — подумав я. — Тепер у нас дві проблеми: вандалізм і брехня». Я розумів, що протягом останніх двадцяти чотирьох годин Морія була не зовсім задоволена. Імовірно, вона втомилася через те, що її розклад порушено візитом гостя. Інтуїція підказувала мені, що Морія ревнує, оскільки ми з дружиною проводили багато часу за розмовами з гостем і менше з нею гралися. Це пояснювало, чому дівчинка взяла червоний маркер і розписала диван, хоча знала, що це неправильно. З брехнею теж усе було ясно: дочка намагалася уникнути мого гніву.

Я знав, що міг відповісти їй співчуттям, наприклад: «Моріє, ти розмалювала диван, тому що сердишся?» — і додати: «Я розумію, що ти незадоволена, але малювати на дивані все одно не можна». Але при цьому я пройшов би повз значно більшу моральну проблему — брехню. Тому я вирішив відкласти розмову про гнів і ревнощі. Того дня ми говорили про те, як важливо казати правду. Я сказав Морії, що злий і засмучений через малюнки на дивані й мені ще більше прикро, що вона збрехала.

Зрештою, після того як ми вивели малюнки з дивана, Морія, її мама і я поговорили про емоції, які призвели до інциденту. Ми з дружиною вислухали дочку, постаралися зрозуміти її гнів, самотність і розчарування та обговорили з Морією інші способи вираження емоцій — наприклад, просто поговорити з нами про свої почуття і попросити, щоб ми приділили їй більше уваги.

Я не займався з Морією емоційним вихованням одразу після інциденту, але знав, що в цій ситуації спрацював мій емоційний зв'язок із дочкою, сформований у результаті попередньої роботи. Якщо в дитини є сильний емоційний зв'язок із батьками, то розлад, розчарування або гнів батьків самі по собі завдають їй достатньо болю і є «дисциплінарним стягненням». Дитина прагне відновити стосунки й повернутися в стан емоційної близькості. Батьки можуть пояснити їй, що для того, щоб продовжувати відчувати той самий рівень емоційного комфорту, вона повинна дотримуватися певних моральних принципів.

Якщо дитина «вигадує» емоцію, щоб маніпулювати вами. Я не кажу про звичайне ниття та істерики. Я говорю про штучне ниття і спалахи гніву, які всі діти в якийсь момент намагаються використовувати, щоб домогтися того, чого їм хочеться.

Наведу приклад: п'ятирічний син однієї з пар нашої батьківської групи розсердився, коли дізнався, що наступної ночі батьки залишають його з нянею, щоб відсвяткувати ювілей. Тривала розмова із Шоном про його почуття ні до чого не привела. Хлопчик наполягав, що єдиний варіант, коли він почуватиметься комфортно, — узяти його із собою. Нарешті батьки перестали з ним розмовляти й залишили плакати. Він проплакав тридцять хвилин. Батьки періодично до нього заглядали, і в якийсь момент тато виявив, що Шон тихенько будує вежу з кубиків, продовжуючи дуже реалістично зображати плач. «Побачивши мене, він заплакав гучніше, — розповів батько. — Потім я помітив, як він нещиро всміхнувся. Він зрозумів, що хитрість удалася».

Шон сподівався, що його плач змусить батьків передумати. Це не означає, що він перестав злитися, але було марно намагатися вислухати сина й займатися з ним емоційним вихованням, поки він використовував свої емоції, щоб маніпулювати. Варто було переконати хлопчика, що не вийде керувати батьками за допомогою плачу. Батько м'яко й твердо сказав Шону: «Я знаю, тебе це розсердить, але твій плач не змусить нас із мамою передумати. Ми збираємося піти в ресторан, а ти залишишся з нянею». Хлопчик нарешті зрозумів, що ситуація не обговорюється, і припинив плакати. За певний час батько запитав Шона, чи не хоче він подумати, як зробити вечір із нянею приємнішим, наприклад, запланувати ігри, приготувати перекуски й так далі. І хлопчик погодився.

Якщо ви вирішуєте відкласти емоційне виховання, то повинні пообіцяти собі й дитині, що повернетеся до проблемного питання найближчим часом. Такий підхід сильно відрізняється від тактики, яку використовують батьки, що відштовхують, і батьки, що не схвалюють, описані в розділі 2. (Для них основним стилем виховання є ігнорування емоцій. Стикаючись із сильними емоціями, вони почуваються ніяково, тому намагаються повністю їх обійти.) Я ж пропоную просто відкласти обговорення, допоки ви не зможете зробити його продуктивнішим.

Якщо ви відкладаєте розмову й говорите про це дитині, то дійсно повинні повернутися до неї пізніше. Неможливість дотримати обіцянки, імовірно, не така катастрофічна, як про це пишуть у засобах масової інформації. Діти справедливі й розумні, тому дають нам багато інших шансів. Проте виконання обіцянок є ще однією формою зв'язку, і, коли ви покажете хороший приклад, дитина відповість взаємністю.

Я також закликаю батьків відкладати емоційне виховання тільки тоді, коли це дійсно необхідно. Ви повинні присвячувати емоційному вихованню стільки часу, скільки зможете. Для декого це означає відмову від переконання, що розмова про почуття тільки «балує» або «псує». Як показують наші дослідження, діти, з якими займаються емоційним вихованням, вчаться керувати своїми емоціями, краще поводяться і не замикаються на негативних почуттях, ускладнюючи ситуацію. Якщо дитина стикається зі складною проблемою, батьки повинні її підтримати й навчити з нею справлятися. Якщо проблема незначна, то розмова про неї не викличе болю.

І нарешті, ще раз нагадаю, що емоційне виховання не слід вважати магічною формулою, здатною позбавити вас сімейних конфліктів і необхідності обмежувати поведінку дитини.

Емоційне виховання допоможе вам стати ближчими до своїх дітей і закладе основу для співпраці. Діти дізнаються, що можуть довірити вам свої почуття. Вони знатимуть, що ви не збираєтесь їх критикувати чи зриватися на них «для власного блага». Вони будуть позбавлені відчуття, знайомого багатьом дорослим: «Я дуже любив свого тата, але ніколи не міг по-справжньому з ним поговорити». Коли в дітей виникнуть проблеми, вони прийдуть до вас, тому що знатимуть, що ви зможете запропонувати їм більше, ніж загальні слова, — що ви їх дійсно вислухаєте.

Але справжня краса емоційного виховання в тому, що його результати триватимуть у підлітковому віці. На той час діти вже візьмуть ваші цінності й пожинатимуть плоди добре розвиненого емоційного інтелекту. Вони знатимуть, як концентруватися на завданнях, підтримувати стосунки з однолітками й справлятися із сильними емоціями. Отже, їм буде легше уникнути ризиків, з якими стикаються діти, що не мають подібних навичок.

Перевірте свої навички емоційного вихователя

Нижче я наведу вправу, що дозволяє перевірити здатність розпізнавати дитячі почуття і батьківські матриці в різних емоційно напружених ситуаціях. Вона дозволяє потренуватися відповідати на негативні почуття дітей, удаючись до прийомів емоційного виховання. Після кожного випадку наведена «неправильна» реакція батьків. Ви повинні зрозуміти, яку програму дій використовує дорослий і що відчуває дитина в цій ситуації. І нарешті, вам потрібно буде дати відповідь, яка підтвердить почуття дитини.

Зразок. Дитина губиться у великому універмазі, і мати дуже турбується. За певний час засмучену дитину знаходить співробітник магазину й допомагає їй зустрітися з матір'ю.

Неправильна відповідь: «Ти дурна дитина. Я божеволіла від занепокоєння, ніколи більше не візьму тебе на закупи».

Матриця: мати налякана, вона хоче, щоб дитина була в безпеці й більше не губилася.

Почуття дитини: страх.

Правильна відповідь: «Ти, напевно, злякався, мені теж було страшно. Іди сюди, щоб я могла тримати тебе за руку. Пізніше ми поговоримо про те, що сталося...»

1. Дитина каже: «Я ніколи більше не піду в школу! Учитель кричав на мене при всіх моїх друзях!»

Неправильна відповідь: «Що ти зробив, що вчитель почав на тебе кричати?»

Матриця:

Почуття дитини:

Правильна відповідь:

2. У ванній дитина говорить: «Я ненавиджу свого брата. Хочу, щоб він помер».

Неправильна відповідь: «Ти говориш жахливі речі, у нашому будинку так не кажуть. Ти не можеш ненавидіти свого брата. Ти любиш свого брата. І щоб ніколи більше так не говорив!»

Матриця:

Почуття дитини:

Правильна відповідь:

3. За вечерею дитина говорить: «Я ненавиджу цю страву. Я не буду її їсти».

Неправильна відповідь: «Ти будеш їсти те, що є, і скажеш спасибі!»

Матриця:

Почуття дитини:

Правильна відповідь:

4. Дитина приходить із вулиці й каже: «Я ненавиджу цих дітей. Вони не хочуть зі мною бавитися. Вони погано до мене ставляться!»

Неправильна відповідь: «Якби ти не був таким слабаком, вони захотіли б з тобою бавитися. Не роби з мухи слона. Ти повинен справлятися з ударами».

Матриця:

Почуття дитини:

Правильна відповідь:

5. Дитина говорить: «Я б хотів, щоб сьогодні ввечері зі мною займався не ти, а... (пропонує заміну)».

Неправильна відповідь: «Які жахливі речі ти говориш... Ти нерозумна дитина».

Матриця:
Почуття дитини:
Правильна відповідь:

6. У гості прийшов друг вашої дитини. Дитина говорить йому: «Я не хочу давати тобі цю іграшку. Я не дозволяю тобі з нею грати!»

Неправильна відповідь: «Ти егоїст. Ти повинен навчитися ділитися!»
Матриця:
Почуття дитини:
Правильна відповідь:

Відповіді

На ситуації, описані в цій вправі, немає однозначно правильних відповідей, але я наведу відповіді, типові для емоційного виховання. Зверніть увагу на те, що і «неправильні», і «правильні» відповіді корелюють із матрицею, закладеною в батьках. Однак «правильна» відповідь забезпечує дитині співчуття і дає керівництво.

1. *Матриця:* батько / мати хоче, щоб у дитини не було неприємностей у школі й щоб учитель добре до неї ставився. Батько або мати хвилюється, що дитина могла зробити щось неправильно, чим викликала несхвалення вчителя.

Почуття дитини: ніяковість.

Правильна відповідь: «Напевно, тебе це жахливо збентежило».

2. *Матриця:* батько або мати хоче, щоб брати ладнали між собою.

Почуття дитини: гнів.

Правильна відповідь: «Я знаю, іноді твій брат дійсно може звести з розуму й засмутити. Що трапилося?»

3. *Матриця:* батько або мати хоче, щоб дитині подобалася приготована їжа, і не хоче готувати щось інше.
Почуття дитини: огида.
Правильна відповідь: «Сьогодні ця їжа здається тобі несмачною. Що б ти хотів з'їсти?»

4. *Матриця:* батько або мати хоче, щоб дитина навчилася грати з іншими дітьми і щоб її почуття було не так легко поранити.
Почуття дитини: сум.
Правильна відповідь: «Мабуть, тебе це зачепило. Розкажи мені, що сталося».

5. *Матриця:* батьки хочуть, щоб дитина була вдячна за те, що вони витрачають час і зусилля, щоб побути з нею.
Почуття дитини: сум.
Правильна відповідь: «Ти дуже сумуєш за (заповніть пробіл). Я тебе розумію, я теж сумую».

6. *Матриця:* батько або мати хоче, щоб дитина ділилася і була щедрішою з гостями.
Почуття дитини: гнів.
Правильна відповідь: «Іноді важко поділитися улюбленою іграшкою. Приберімо її та дістаньмо ті, якими ти зможеш ділитися».

Розділ 5

ШЛЮБ, РОЗЛУЧЕННЯ Й ЕМОЦІЙНЕ ЗДОРОВ'Я ДИТИНИ

Попросіть дорослих, чиї батьки були нещасливі в шлюбі, згадати дитинство, і, найімовірніше, почуєте розповіді про сум, помилкову надію, збентеження та гіркоту. Хтось із них розповість, як болісно було спостерігати за розлученням батьків. Інші згадають, що батьки були нещасливі в шлюбі, але вирішили не розлучатися «заради дітей» і що їм було дуже важко дивитися, як двоє найважливіших для них людей щодня завдають болю одне одному.

Не важливо, чи пара в шлюбі, чи живе окремо, чи розлучена: якщо мати та батько ставляться одне до одного вороже й з презирством, діти страждають. Ваші взаємини, шлюб або розлучення, створюють для дітей «емоційну екологію». Так само як здоров'я дерева залежить від якості повітря, води й ґрунту, емоційне здоров'я дітей визначається якістю зв'язків між людьми, що їх оточують. Ваша взаємодія з партнером впливає на досягнення дитини, її здатність керувати своїми емоціями й знаходити спільну мову з людьми. Якщо батьки допомагають і підтримують одне одного, діти мають більш розвинений емоційний інтелект. Якщо діти постійно стають свідками ворожих стосунків батьків, вони можуть у майбутньому зіткнутися із серйозними проблемами. Для дітей шкідливий не тільки конфлікт між батьками, а й те, як відбувається суперечка.

Для батьків (у шлюбі або розлучених) у стані сімейного конфлікту це може бути тривожною новиною, але я сподіваюся, що вона стане для них приводом поліпшити стосунки. Є і хороша новина: емоційне виховання може мати буферну дію в подружніх конфліктах. Діти, яким батьки допомагають справлятися з негативними почуттями, захищені від багатьох руйнівних наслідків сімейних потрясінь, зокрема й від наслідків розлучення. Сьогодні емоційне виховання — єдиний метод, який має доведений буферний ефект, що оберігає дитину від наслідків розлучення.

І нарешті, план дій, спрямований на те, щоб стати хорошими батьками, підходить і для поліпшення стосунків у подружжі. Ті самі взаємини, що батьки практикують із дітьми — емоційна усвідомленість, співчуття і відкрите спільне вирішування проблем, — є гарним способом зберегти шлюб. Тож, стаючи кращими батьками, ви покращуєте стосунки з партнером.

Перш ніж ми розглянемо, як працює захисний ефект емоційного виховання, треба зрозуміти, як подружні конфлікти й розлучення впливають на дітей.

Як подружній конфлікт і розлучення шкодять дітям

Для спостереження за сім'ями з маленькими дітьми ми використовували спеціальні лабораторії, працюючи в яких виявили, що деякі види сімейних чвар глибоко впливають на фізичне та емоційне здоров'я дітей і на їхнє вміння ладити з однолітками. Результати показали, що, коли батьки ставилися до партнерів із критикою, презирством і посідали оборонну позицію, діти частіше поводилися антисоціально, проявляли агресію до товаришів, відчували більше труднощів у керуванні емоціями, гірше зосереджувалися і заспокоювалися після неприємних подій. За словами матерів, ці діти часто хворіли. Крім того, вищий рівень катехоламінів (гормонів, пов'язаних зі стресом) у сечі вказував на те, що діти відчувають хронічний стрес.

Щоб оцінити стосунки з однолітками, ми спостерігали за грою цих дітей у дитячих садках протягом тридцяти хвилин без нагляду дорослих. Для участі в цій частині експерименту кожна сім'я запросила найкращого друга своєї дитини. Нас цікавило, як діти поводились одне з одним і як саме грали. У вигадані ігри, які потребують високого ступеня співпраці? Чи в паралельні ігри — незалежно одне від одного з кількома спробами співпраці?

Ми відзначали негативну поведінку дітей — суперечки, загрози, обзивання і фізичну агресію. У цих випадках ми оцінювали, чи намагалися діти шукати шляхи примирення, чи після сварки гра припинялася. Ці показники є важливими для їхнього подальшого життя, оскільки негативна й антисоціальна поведінка є однією з основних причин, з якої з дітьми не дружать ровесники. Крім того, нездатність дитини зав'язувати дружні стосунки є провідним фактором, що визначає ризик появи психічних проблем у майбутньому.

Порівнявши результати ігрових сесій із даними, отриманими під час інтерв'ю із сім'ями й серії лабораторних експериментів, ми виявили сильний зв'язок між подружніми стосунками й тим, як діти спілкуються з друзями. Діти, чиїх батьків не влаштовував шлюб, були менш схильні до спільної гри й частіше демонстрували негативне ставлення до товаришів. Багато інших соціологів зробили подібні відкриття щодо проблем поведінки серед дітей у проблемних шлюбах. Отже, можна впевнено сказати, що подружній конфлікт і розлучення можуть поставити дітей на шлях, що веде до серйозних проблем. У ранньому дитинстві це слабкі навички міжособистісного спілкування й агресивна поведінка, мірою дорослішання — відштовхування однолітками. Крім того, батьки, зайняті власними проблемами, приділяють менше уваги дітям, ті залишаються без нагляду й зближуються з групами однолітків антисоціальної поведінки. До ранньої юності багато хто з них уже загрузає в підліткових бідах: погані оцінки, ранній початок статевого життя, зловживання наркотиками й правопорушення. Крім того, діти конфліктних і розлучених батьків частіше страждають на депресію, відчувають тривогу й замикаються в собі. Дослідження психічного здоров'я підлітків, яке провів професор психології Університету Вірджинії Е. Мейвіс Гетерінгтон, встановило, що в дітей із розлучених сімей рівень клінічно значущих психічних проблем у підлітковому віці майже втричі вищий, ніж в інших підлітків.

Соціологи пропонують різні теорії, чому в дітей із конфліктних сімей більше поведінкових проблем і труднощів у спілкуванні з однолітками. Деякі вбачають причину в тому, що в батьків, які постійно сперечаються з (колишніми) партнерами, залишається менше часу й енергії на дітей. Розлучення і конфлікти, що призводять до розлучення, викликають у батьків виснаження, депресію і відволікають їхню увагу від дітей.

Е. Мейвіс Гетерінгтон описує період розставання і розлучення батьків, а також перші два роки після розлучення як час серйозних порушень у дитячо-батьківських взаєминах. Вона пише: «Зайняті та/або емоційно виснажені батьки й засмучена, вимоглива дитина, імовірно, матимуть труднощі з підтримкою і втішанням одне одного; понад те, вони можуть посилювати свої проблеми». Розлучені матері «часто стають неуважними, нетовариськими й непослідовними в покараннях дітей». І не завжди ці симптоми зникають із часом: «Труднощі в контролі й нагляді за дітьми є найбільшою проблемою розлучених матерів».

Ці висновки перегукуються з проблемами виховання в тих учасників нашого дослідження, хто відчував стрес у шлюбі. Такі батьки частіше за інших залишалися холодними до дітей і мало реагували на їхні проблеми. Вони також рідше встановлювали обмеження в поведінці дітей.

Багато експертів вважають, що батьки в неблагополучних шлюбах, окрім поганого виховання, дають дітям поганий приклад спілкування з людьми. Вони вважають, що діти, які бачать, що батьки є агресивними, войовничими або з презирством ставляться одне до одного, мають більше шансів проявити таку поведінку в стосунках із друзями. Не маючи таких зразків для наслідування, як уважне співчуття і спільне розв'язування проблем, діти йдуть за сценарієм своїх батьків, який говорить їм, що ворожість і захист є правильною реакцією на конфлікт і що агресивні люди отримують те, що хочуть.

Я вважаю, що конфлікти між батьками можуть мати й глибший вплив на дітей, особливо на тих із них, хто стикається із сімейними проблемами в дуже ранньому віці. Стрес від життя з такими батьками може вплинути на розвиток вегетативної нервової системи, яка визначає здатність людини справлятися з труднощами.

Діти дуже засмучуються, коли бачать сварки батьків. Навіть дуже маленькі діти реагують на суперечки дорослих фізіологічними змінами, такими як збільшення частоти серцевих скорочень і підвищення артеріального тиску. Психолог-дослідник Е. Марк Каммінгс, який вивчав реакції дітей на сварки дорослих, писав, що діти, як правило, плачуть, застигають у напруженій позі, затуляють вуха, кривляться або просять дозволу піти. Деякі дослідники відзначали невербальні стресові реакції на гнів батьків у шестимісячних дітей. Немовлята не розуміють розбіжностей батьків, але відчувають, що відбувається щось недобре, і реагують сльозами.

Ми з колегами спостерігали подібну реакцію серед сімей у наших лабораторіях. Наприклад, нещодавно одружена пара привезла тримісячну доньку. З попередніх інтерв'ю ми знали, що чоловік і жінка схильні до суперництва й суперечок. Ще більш очевидним це стало під час експерименту. Отримавши інструкцію погратися з дитиною, батько почав грати з її ніжкою, а мати — воркотати, щоб відвернути увагу дитини від батька. Здавалося, цей конфлікт збентежив і засмутив дитину, яка відвела погляд і заплакала. У цей момент у дівчинки значно почастішав пульс і, попри старання батьків її заспокоїти, довго не приходив у норму, що незвично для дитини її віку.

Подібні спостереження зміцнюють упевненість у тому, що батьківські конфлікти негативно впливають на дітей уже в дуже ранньому віці. Вегетативна нервова система дитини на стадії розвитку, тому всі емоційні події, які відбуваються протягом перших кількох місяців, можуть істотно впливати на вагусний тонус (здатність дитини регулювати свою нервову систему), що визначатиме її реакції протягом усього життя. Реакція на плач немовляти (роздратування або заспокоєння), настрій людей, які її годують, купають і грають із нею, —

спокійний і дбайливий або тривожний і депресивний, — програмують майбутню здатність дитини реагувати на подразники, заспокоювати себе й відновлюватися після стресу.

Діти ростуть і починають активно взаємодіяти з іншими, тож ці здібності стають дедалі важливішими. Діти повинні вміти керувати емоціями, щоб концентрувати увагу, навчитися розуміти мову тіла, вираз обличчя і соціальні сигнали інших людей. Діти, позбавлені цих компонентів емоційного інтелекту, потрапляючи в соціальне середовище й починаючи навчання, опиняються в невигідному становищі.

Багато дослідників відзначали, що діти розлучених і висококонфліктних батьків отримують нижчі оцінки в школі. Учителі зазвичай відгукуються про таких дітей як про тих, хто має нижчі здібності та інтелект. У статті в «Atlantic Monthly» соціальна критикиня Барбара Вайтгед описала ситуацію так: «Найбільша трагедія освіти нашого часу полягає в тому, що багато американських дітей зазнають невдачі в школі не через інтелектуальні або фізичні порушення, а тому, що вони емоційно не пристосовані... Учителі вважають, що багато дітей відволікаються від навчання через емоції — вони так засмучені й охоплені думками про ситуацію у своїх сім'ях, що не в змозі зосередитися на настільки приземлених питаннях, як таблиця множення».

Національне обстеження дітей, яке провів Ніколас Зілл, показало, що люди переносять проблеми дитячого віку в доросле життя. Дослідники провели опитування молоді підліткового віку, періодів юності й початку дорослого життя. Зілл розглянув дані 240 молодих людей, чиї батьки розійшлися або розлучилися до того, як їм виповнилося шістнадцять років. Навіть урахувавши відмінності в освіті батьків, расі та інших чинниках, Зілл виявив, що люди віком від 18 до 22 років із сімей, що розійшлись, удвічі частіше за інших демонструють високий рівень емоційного стресу або проблемної поведінки. Вони майже вдвічі частіше, ніж діти з нерозлучених сімей, прогулювали уроки в старших класах. І серед усіх, хто прогулював, діти з неповних сімей у результаті рідше отримували диплом або шкільний атестат. Але, мабуть, найсумнішим результатом був зв'язок між розлученнями й стосунками між дітьми та батьками. З досліджень Зілла видно, що 65 % молодих людей, чиї батьки розлучилися, повідомили про погані стосунки з батьками (у сім'ях, де батьки залишилися в шлюбі, про погані стосунки з батьками повідомили лише 9 % опитаних). Зілл пише, що цей результат «навряд чи дивний», враховуючи, що більшість розлучених батьків або тих, що живуть окремо, не давали фінансової підтримки й не мали регулярних контактів із дітьми. Через розлучення постраждали і зв'язки дітей із матерями. Про погані стосунки з матерями повідомили близько 30 % дітей із розлучених сімей порівняно з 16 % з групи нерозлучених.

«Той факт, що більшість дітей, які виросли в розлучених сім'ях, відчужені принаймні від одного з батьків, і значно менше від обох, на наш погляд, є серйозною причиною для занепокоєння, — пише Зілл. — Це означає, що багато молодих людей потрапляють під значний вплив поза сім'єю, наприклад, друзів, однолітків, авторитетних фігур серед дорослих і ЗМІ. І хоча цей вплив не обов'язково негативний, він навряд чи може бути адекватною заміною стабільним і позитивним стосункам із батьками».

Розлучення батьків впливає на людей протягом усього життя. У різноманітних дослідженнях дорослі, батьки яких розійшлися, повідомляють, що мають більше стресу, менше задоволення від сім'ї та друзів, більше тривоги та гірше вміють справлятися із життєвими проблемами в цілому.

1921 року психолог Льюїс Терман установив, що розлучення батьків може навіть скоротити життя людини. Спочатку Терман хотів перевірити свою теорію успадкування інтелекту. У межах дослідження він і його послідовники спостерігали за психосоціальним та інтелектуальним розвитком 1500 обдарованих каліфорнійських дітей. Спостереження проводили кожні п'ятдесят років. Щоб дізнатися, як соціальні стреси впливають на тривалість життя, Говард Фрідман із Каліфорнійського університету в Ріверсайді вивчив свідоцтва про смерть учасників дослідження Термана — на той час половина з них уже померли. 1995 року Фрідман повідомив, що ті учасники, чиї батьки розлучилися до досягнення ними 21-річчя, померли на чотири роки раніше, ніж учасники, чиї батьки залишилися разом. (На відміну від розлучення, смерть одного з батьків, коли учасник був дитиною, не мала впливу на тривалість життя. Це підтверджено результатами інших досліджень: розлучення і роздільне проживання батьків більше впливають на психологічні проблеми в подальшому житті, ніж смерть одного з батьків.) Фрідман також виявив, що діти розлучених батьків самі частіше розлучаються. У результаті Фрідман дійшов висновку, що розлучення батьків і є тією основною подією в соціальному житті молодих людей, яка зумовлює їхню передчасну смерть.

З такою кількістю доказів, що вказують на негативні наслідки розлучення для дітей, нещасливі в шлюбі батьки можуть міркувати, чи не краще зберегти свій безнадійний шлюб заради благополуччя дітей. На це запитання я відповідаю впевненим «ні». Деякі види подружніх конфліктів можуть мати на дитину не менш негативний вплив, ніж розлучення. На дітей більше впливає не розлучення, а ворожість у стосунках між матір'ю та батьком, яка розвивається під час шлюбу й триває після розлучення. Деякі сімейні проблеми, зокрема емоційне відчуження подружжя, супроводжуються тим, що психологи називають інтерналізацією, — діти стають тривожними, пригніченими, інтровертними й віддаляються. До того ж ворожість і презирство між батьками провокують агресивну поведінку дітей щодо однолітків.

I життя в неблагополучному шлюбі, і розлучення однаково шкодять дітям. Що можуть зробити нещасні подружні пари, щоб їх захистити? Як буфер вони можуть використовувати емоційне виховання.

Захист дитини від негативних наслідків сімейних конфліктів

Дізнавшись, що їхні сварки завдають дітям величезної шкоди, деякі батьки можуть замислитися про необхідність повністю припинити подружні конфлікти або принаймні приховувати їх від дітей. Це не просто погана ідея, — її неможливо реалізувати. Конфлікти й гнів є нормальними складовими сімейного життя. Пари, які можуть відкрито висловлювати свої розбіжності й домовлятися, мають кращі стосунки в довгостроковій перспективі. Батьки, які визнають свої негативні емоції, мають більше можливостей допомогти дітям упоратися з гнівом, сумом і страхом. Спостерігаючи певні види сімейних конфліктів, діти можуть мати користь, особливо якщо батьки ввічливо висловлюють незгоду й конструктивно розв'язують проблеми. Якщо діти не бачать, як дорослі сперечаються, сердяться одне на одного, а потім долають свої розбіжності, вони не отримують важливих уроків, які можуть розвинути їхній емоційний інтелект.

Залагоджувати конфлікти слід так, щоб вони стали для дитини позитивним прикладом, а не негативним досвідом.

Звісно, це легше сказати, ніж зробити, особливо з огляду на те, як чоловік і жінка можуть запалюватися від емоцій одне одного. Проте батьки можуть ставитися одне до одного так, щоб приносити користь своїм дітям.

Використовуйте емоційне виховання в подружніх стосунках

Дослідження емоційних потреб дітей показало, що діти найбільш щасливі й успішні тоді, коли батьки їх слухають, розуміють і сприймають серйозно. Але як емоційне виховання впливає на батьків та їхній шлюб?

Щоб знайти відповідь на це запитання, ми з колегами вивчили подружнє життя тих батьків, кого називаємо емоційними вихователями. (Це чоловіки й жінки, які усвідомлюють емоції як свої, так і своїх дітей, використовують негативні емоційні моменти дітей як можливість для того, щоб прислухатися до них, співчувають дітям і пропонують способи впоратися з негативними емоціями й розв'язати проблеми.)

Ми зібрали докладну інформацію про сімейне життя емоційних вихователів. Під час тривалих інтерв'ю дізналися історію їхніх подружніх стосунків і вивчили філософію їхніх шлюбів. У лабораторних експериментах спостерігали, як вони опрацьовують конфліктні ситуації. Ми вивчали ці пари протягом одинадцяти років і знаємо, хто з них розлучився, хто думав про розлучення і хто досі в щасливому шлюбі.

Ми з'ясували, що емоційне виховання захищає не тільки дітей, а й шлюб. Емоційні вихователі більше задоволені своїм шлюбом, ніж інші пари, які брали участь у нашому дослідженні, а їхнє спільне життя стабільніше. Вони сильніше прив'язані одне до одного, більше люблять і щиро захоплюються одне одним. Розповідаючи про філософію своїх шлюбів, вони частіше підкреслювали цінність товариських стосунків, частіше говорили з позиції «ми» і розглядали своє життя у вигляді спільного проєкту. Вони більше покладалися одне на одного, не виявляли войовничість і рідше висловлювали зневагу. Чоловіки були менш схильні чинити опір і замикатися в собі під час палких суперечок. Радше, вони висловлювали переконання, що пари повинні відкрито обговорювати свої негативні почуття, вивчати проблеми й не уникати конфліктів. Вони не вважали своє спільне життя невпорядкованим і частіше говорили, що всі тривоги й труднощі варті того, щоб шлюб був щасливим.

Отримавши ці результати, ми стали міркувати: що важливіше для того, щоб стати хорошим емоційним вихователем, — щасливий шлюб чи соціальні навички? На цьому етапі ми не можемо відповісти на це запитання. З одного боку, якщо шлюб батьків щасливий і стабільний, їм простіше віддавати свою увагу, час та емоційну енергію дітям. З іншого, — дорослі, які вміють слухати, співчувати та розв'язувати проблеми, можуть використовувати ці навички однаково добре з партнерами та дітьми — і з хорошим результатом. Поки ми не можемо впевнено сказати, який із факторів є первинним, але я схильний вважати, що це емоційне виховання. Ті, хто уважний до емоцій своїх дітей, так само поводяться з партнерами, сприятливо впливаючи на шлюб.

Ця гіпотеза спирається на результати дослідження, під час якого з'ясувалося, що насамперед подружжя є вирішальним фактором стабільного шлюбу. Про це я докладно розповідаю в книжці «Чому шлюби бувають вдалими й невдалими». Тут згадаю лише про те, що коли взяти елементи емоційного виховання, які ми розібрали в розділі 3 (емоційна усвідомленість, співчутливе вислуховування, розв'язання проблем тощо) і використовувати їх у стосунках із партнером, то, найімовірніше, ви отримаєте гарні результати.

Позитивний ефект прийомів емоційного виховання продемонстрували батьки, які брали участь у нашій роботі. Енн, наприклад, розповіла, що необхідність допомогти дворічному синові усвідомити емоції дозволила їй краще розібратися у власних почуттях і послужила приводом для неї та її чоловіка проявляти більше співчуття і частіше поділяти емоції одне одного.

«Мене бісить, коли не розуміють мої емоції, — ділиться художниця Енн. — Якщо я кажу: "Сьогодні я отримала лист із відмовою і дуже засмучена", — то не хочу почути у відповідь: "А чого ти чекала? Вони всі занадто зайняті, щоб розглядати твою роботу просто зараз". Краще, якби мені сказали: "Я бачу, що ти засмучена через негативну відповідь"». Зрозумівши, що їхній син не єдиний член сім'ї, який потребує розуміння й емоційного виховання, Енн із чоловіком стали емоційними вихователями й одне для одного.

Уникайте чотирьох вершників Апокаліпсису

Стосунки пар, які нещасливі в шлюбі або наближаються до розлучення, як правило, розвиваються за однаковою висхідною спіраллю. Зазвичай це чотири передбачувані етапи, які я назвав чотирма вершниками Апокаліпсису. Кожен із вершників — провісників катастрофи — прокладає шлях для наступного, зменшуючи взаємний зв'язок і змушуючи подружжя приділяти більше уваги вадам одне одного й шлюбу в цілому. Ці вершники в порядку їхньої небезпеки для стосунків — критика, презирство, оборонна поведінка й стіна.

Не дивно, що ті самі чотири елементи шкідливі для дітей. Якщо навколишнє середовище дитини забруднене критикою і презирством, а батьки побудували між собою стіну й тримають оборону, дитина страждатиме.

Хороша новина в тому, що, спираючись на ці знання, ми можемо рекомендувати батькам поліпшити взаємини й захистити своїх дітей від згубних наслідків у майбутньому. Нижче ви знайдете поради, які допоможуть уникнути вершників, навіть коли ви й ваш партнер намагаєтеся розв'язати спірні питання. Ці поради призначені для подружжів, але будуть корисні й тим парам, які живуть окремо або розлучені, та об'єднуються, щоб розв'язати питання щодо дітей.

Вершник № 1 — критика. Під критикою я розумію негативні зауваження про вашого партнера, що звучать на його адресу, як правило, тоді, коли ви його звинувачуєте. На перший погляд критика може бути схожою на скарги, а скарги відіграють корисну роль у стосунках, особливо коли один із партнерів відчуває, що його потреби не задоволені. Але між скаргою та критикою є принципова різниця. Скарги спрямовані на конкретну поведінку, а критика — на характер або особистість людини. Ось кілька прикладів.

СКАРГА: «Коли ти витрачаєш стільки грошей на одяг, я починаю турбуватися про наші фінанси».

КРИТИКА: «Як ти могла витратити стільки грошей на одяг, коли знаєш, що в нас є неоплачені рахунки? Ти поводишся необдумано й егоїстично».

СКАРГА: «Мені буває дуже самотньо, коли в п'ятницю ввечері ти не йдеш додому, а зустрічаєшся з друзями».

КРИТИКА: «Сім'я тебе не хвилює. Ти такий безвідповідальний, кидаєш мене саму з дітьми кожні вихідні».

СКАРГА: «Мені б хотілося, щоб ти не кидав одяг на підлогу. Це створює в спальні такий безлад».

КРИТИКА: «Я втомилася за тобою прибирати. Ти неуважний і неохайний».

Скарги просто констатують факти, критика ж зазвичай містить осуд і передбачає, що хтось щось «повинен», тобто що ваш партнер безнадійно зіпсований. Наприклад, замість «Я хочу, щоб ти іноді купувала полуничне морозиво» чоловік може сказати: «Чому ти завжди купуєш шоколадне з м'ятою? Ти повинна знати, що я ненавиджу цей запах».

Ще однією частою темою є «Ти завжди мене підводиш». Замість «Дуже шкода, що ви з дітьми запізнилися на вечірку до моєї матері, вона була розчарована» дружина може сказати: «Я попросила тебе вчасно привезти дітей до моєї матері, а ви спізнилися. Я повинна була знати, що ти знову зіпсуєш сімейне торжество».

Критика часто виражається в глобальних термінах: «Ти *ніколи* не допомагаєш удома» або «Через твої балачки телефонний рахунок *завжди* величезний».

Зазвичай критика — це накопичені розчарування і гнів. Один із партнерів «мовчки страждає», а другий не помічає роздратування. Коли той, хто мовчить, уже не може придушити негативні почуття, то вихлюпує потік образ. У результаті виникає конфлікт, який я називаю кухонним потопом. Критик пов'язує разом купу різних скарг, наприклад: «Ти завжди пізно забираєш мене з роботи. Ти ніколи не проводиш досить часу з дітьми. Ти навіть не дбаєш про свою зовнішність.

І... коли ми востаннє кудись разом ходили?» Цей шквал буває настільки сильним і всебічним, що одержувач може інтерпретувати його тільки як особисту образу. Він або вона можуть почуватися приголомшеними, немов на них напали із засідки, відчути біль і почуватися жертвами — усе це відчиняє двері для другого, більш небезпечного вершника — презирства.

Як уникнути шкідливої критики? Долайте конфлікти й проблеми мірою виникнення. Не чекайте, поки розлютитеся настільки, що більше не зможете терпіти. Знайдіть способи висловити гнів або невдоволення, але направляйте їх на дії партнера, а не на його особистість або характер. Намагайтеся не звинувачувати. Зосередьтеся на сьогоденні й утримайтеся від глобальних претензій. Уникайте слів «Ти повинен...», «Ти завжди...», «Ти ніколи...».

Наші дослідження показують, що жінки критикують чоловіків частіше. Частково тому, що жінки, здається, бачать у цьому своє призначення — висвітлювати подружні проблеми. І навпаки, чоловіки конфліктують, тільки коли в них не залишається іншого виходу. Це невдале поєднання, бо критика дружини часто є результатом відсутності реакції чоловіка на її гнів і роздратування. Якщо дружина скаржиться, а чоловік не реагує, її гнів неминуче переростає в критику. Чоловіки можуть запобігти цьому, розглядаючи гнів своїх дружин як ресурс для поліпшення шлюбу. Якщо жінка злиться, вона просто викладає свою скаргу «курсивом»; чоловікам важливо прийняти й відповісти на гнів своїх дружин, перш ніж він перероте в критику.

Вершник № 2 — презирство. Презирство дуже схоже на критику, але це наступний етап погіршення стосунків. Той, хто зневажає партнера, насправді *має намір* його образити або психологічно поранити. Презирство часто виростає з огиди або того, що ви ситі по горло поведінкою партнера, не схвалюєте його й бажаєте зрівняти рахунок. Відчуваючи презирство, ви заповнюєте свій розум принизливими думками: мій партнер неосвічений, неадекватний, ідіот. Що довше ви так думаєте, то важче згадати, які риси партнера приваблювали вас раніше. Згодом компліменти, думки про любов і ніжні жести вилітають у вікно. Доброта й позитивні почуття змінюються на негативні емоції та злісний обмін репліками.

Серед ознак того, що ваш шлюб заражений презирством, — образи, лайка, знущання і насмішки. Один партнер може реагувати на прояв гніву другого в зневажливий, принизливий спосіб, наприклад, виправляючи помилки в словах партнера. Неповага й відсутність довіри виражаються і мовою тіла. Дружина може закотити очі, коли говорить чоловік, а чоловік — презирливо посміхнутися.

Щоб прогнати вершника презирства, коли він комфортно влаштувався у вашому сімейному гнізді, треба бути дуже пильними. На такому етапі це можливо, тільки якщо партнери захочуть змінити свої думки, слова й дії щодо одне одного. Почніть із прослуховування внутрішнього сценарію, який прокручується в голові. Зверніть увагу на образливі або мстиві думки про партнера, уявіть, що ви стираєте їх або видаляєте, замінюючи спокійнішими: «Це неприємний момент, але так буває не завжди» або «Я засмучений (розчарований, сердитий, відчуваю біль), але в мого партнера є хороші якості, про які не слід забувати».

Майте на увазі, що саме ви обираєте, вважати мотиви поведінки партнера позитивними чи негативними. Наприклад, якщо дружина не виносить сміття, ви можете думати про це: «Вона вважає, що викидати сміття нижче від її гідності. Вона така примадонна, що чекає, що весь безлад за неї прибиратиме хтось інший» або «Вона не винесла сміття просто тому, що не помітила, що відро вже повне. Імовірно, вона була чимось зайнята. Вона б точно викинула його за певний час». Зауважте, що позитивна відповідь зосереджена на поточному, конкретному питанні поведінки дружини. Вона не використовує інцидент як доказ, за допомогою якого закріплюють ярлики.

Відкинути думку, що ви повинні вигравати суперечки з партнером і доводити свою моральну перевагу, досить складно. Але подумайте про те, що час від часу припиняти боротьбу значно корисніше.

Презирство отруює захоплення і вбиває ніжні почуття; протиотрута — генерувати позитивні й добрі думки про партнера. Деякі пари вважають корисним згадувати, чому вони одне одного полюбили. Можливо, ви вважали свою дружину веселою, розумною і сексуальною. Можливо, чоловік здавався вам сильним, добрим і веселим. Витратьте час на спогади, подивіться старі фотографії, де ви разом, проведіть час наодинці, щоб підтримати й відновити стосунки. Це може допомогти переламати ситуацію і не чекати, коли прибуде наступний вершник.

Вершник № 3 — оборонна поведінка. Якщо один із партнерів відчуває, що на його адресу летять зневажливі образи, цілком природно посісти оборонну позицію. Але в шлюбі ця позиція загрожує ще більшими неприємностями, тому що, коли партнери в стані облоги, вони перестають чути одне одного. Понад те, часто вони знімають із себе відповідальність або знаходять виправдання своїм провинам. («Це не моя провина, що в Джейсона неприємності в школі. Це ти робиш із нього немовля» або «Я прийшов би на репетицію Кеті, якби не мусив допізна працювати».)

Ще однією поширеною формою оборонної позиції є перехресні скарги. (Він протестує проти її витрат, а вона у відповідь скаржиться, що він мало заробляє.) Те саме можна сказати й про відповідь «Так, але...», що перетворює згоду на опір. («Так, ми потребуємо консультації, але вона не принесе користі».) Іноді люди намагаються захистити себе, постійно повторюючи те саме. Для них не має значення, які пояснення або додаткову інформацію дає партнер; вони просто б'ють в одну точку.

Оборонну позицію можна висловити голосом або мовою тіла. Класичним прикладом є ниття, яке має на увазі, що партнер почувається невинною жертвою і не відповідає за розв'язання проблеми. Мова тіла такої оборони виражається в схрещуванні рук на грудях. Жінки можуть також торкатися шиї, немов там намисто.

Після того як презирство вразило подружжя, оборонна позиція стає цілком зрозумілою. Зберегти шлюб у цій ситуації складніше, бо оборона закриває канали зв'язку.

Щоб зняти оборону, потрібно чути в словах партнера не напад, а корисну інформацію. Очевидно, що це легше сказати, ніж зробити, але уявіть собі, як ви почнете роззброюватися і зможете знайти в словах партнера зерно істини. Замість обсипати його обра́зами, ви зможете відповісти: «Мені ніколи не спадало на думку, що на тебе це справляє таке враження. Поговорімо про це». Імовірно, спочатку партнер буде в шоці й не повірить, що ви здатні так щиро відреагувати, що ще більше загострить напруження. Але із часом, коли ви складете зброю і знімете обладунки, партнер, найімовірніше, побачить, що ви справді прагнете змінити ситуацію. Він зрозуміє, що ви дбаєте про стосунки й хочете зробити ваше спільне життя більш мирним.

Вершник № 4 — стіна. Якщо партнери не можуть домовитися про перемир'я, а продовжують дозволяти критиці, презирству й обороні керувати своїми стосунками, то, найімовірніше, вони зустрінуться із четвертим вершником — стіною. У якийсь момент один із партнерів просто закриється, тому що розмови для нього стануть занадто болючими. По суті, один із партнерів і перетворюється на кам'яну стіну: він не дає сигналів, що чує і розуміє, про що говорить другий.

У наших дослідженнях у 85 % випадків до цієї тактики вдавалися чоловіки. Це цілком зрозуміло: у чоловіків сильніша фізіологічна реакція на сімейні стреси й вони більш схильні від них тікати. Такий ефект може бути пов'язаний із тим, що чоловіки частіше, ніж жінки, схильні зациклюватися на думках про нещастя. Під час інтерв'ю багато чоловіків, що будували стіну в стосунках, вважали своє мовчання нейтральним і не підозрювали, що завдають шкоди шлюбу. Чоловікам здавалося, що краще мовчати, тому що розмови тільки посилюють напруження.

Вони не розуміли, що їхні спокій і відсутність реакції засмучують дружин, які сприймають поведінку чоловіків як самовпевненість, відсутність інтересу або несхвалення. Понад те, їм і на думку не спадало, що за поганих стосунків із дружиною постійне мовчання саме по собі створює проблеми, оскільки невирішені питання лише посилюють ізоляцію. Коли емоції розпалюються, чоловіки схильні відступати. Жінки ж частіше, ніж чоловіки, зберігають невдалий шлюб, навіть якщо він шкодить їхньому здоров'ю.

Тим, хто усвідомлює, що між ними стіна, і хоче змінити ситуацію, я рекомендую докласти зусиль і давати партнеру більше зворотного зв'язку. Навіть простий кивок або невизначене «гм-гм» дозволяє зрозуміти, що людину чують. Таке підтвердження допомагає поліпшити стосунки. Понад те, так вам буде простіше почати вислуховувати партнера.

Ключову роль у стосунках можуть відігравати фізіологічні реакції на стрес, тому подружжя, які прагнуть зруйнувати стіну й почати спілкування, можуть постаратися знайти нові способи залишатися спокійними під час обговорювання гарячих тем. Працюючи з деякими парами, ми стежили за їхнім пульсом під час суперечок. Коли частота пульсу підвищувалася більш ніж на двадцять ударів, ми робили перерву й поверталися до обговорення пізніше, коли партнери почувалися спокійнішими. Парам, які хочуть спробувати цей метод, я рекомендую повертатися до обговорення не раніше ніж через пів години. Зазвичай цього часу достатньо, щоб емоції вщухли. Не менш важливим є те, що ви робите під час перерви. Найкраще, якщо ви заспокоїтеся за допомогою глибокого дихання, методик розслаблення або аеробних вправ. Постарайтеся відключитися від мстивих і гірких думок про партнера. Зосередьтеся на позитивних, спокійних та оптимістичних повідомленнях.

Більш докладну інформацію про те, як запобігти приходу чотирьох вершників і поліпшити свої подружні стосунки, ви можете знайти в моїй книзі «Чому шлюби бувають вдалими й невдалими». А зараз найважливішим висновком є те, що діти страждають із тих самих причин, які руйнують шлюб їхніх батьків. Але якщо батьки — навіть розлучені — зможуть спільно працювати над покращенням спілкування, діти матимуть користь.

Залагодження сімейного конфлікту

Крім занять емоційним вихованням із партнером, є й інші практичні способи, що допомагають захистити дітей від негативного впливу подружніх суперечок. Подружніми конфліктами слід керувати так, щоб діти не заплуталися у ваших проблемах і не подумали, що мають відповідати за них. Захист дітей — це також необхідність відкрито говорити з ними. Крім того, дітям важливо мати надійні джерела соціальної підтримки за межами сім'ї.

Не використовуйте дітей як зброю в сімейних конфліктах. Розгнівані партнери іноді відчувають спокусу використовувати ставлення до дітей, щоб поранити одне одного. У разі розлучення вони можуть намагатися обмежити можливості одне одного бачитися з дітьми. Особливо часто так роблять матері, які почуваються обдуреними й безсилими, а доступ до дітей здається їм єдиним козирем. Проблема посилюється тим, що чоловіки не допомагають їм утримувати дітей, і це ще більше виправдовує дії матерів.

Розгнівані батьки також намагатимуться заподіяти біль своїм партнерам або колишнім партнерам, направляючи проти них почуття дітей. Для цього вони дискредитують (правдою або неправдою) другого з батьків або просять дитину вибрати одну зі сторін у сімейній суперечці.

Подібні спроби навмисно відштовхнути дитину від когось із батьків — одна з найшкідливіших речей для пари. Такі дії створюють хронічне джерело болісного конфлікту для дитини, яка любить обох батьків, хоче бути вірною їм обом і вважає за свій обов'язок захищати кожного від нападів протилежної сторони.

Постійне залучення дітей у суперечки може породити відчуття, що діти відповідальні за сімейний розкол, а отже, і за відновлення сім'ї. Очевидно, що дитина мало може вплинути на збереження шлюбу батьків. У результаті вона відчуває безсилля, сум'яття і розчарування.

Більшості дітей потрібні любов і підтримка обох батьків, особливо коли вони намагаються впоратися із сум'яттям, викликаним батьківськими конфліктами. Якщо один із батьків використовує дитину як м'яч для політичного футболу, прагнучи зробити боляче іншому, то в програші дитина.

Моя порада батькам, які потопають у довгострокових боях за «ектомію шлюбу»: виокремте у своїй свідомості дві ролі — батьківську щодо дітей та військову щодо партнера. Як батьки ви повинні робити все можливе, щоб діти почувались у безпеці, мали любов як матері, так і батька, навіть якщо для цього необхідно чимось поступитися.

Батьки повинні утримуватися від критичних і звинувачувальних висловлювань на адресу одне одного, оскільки це може зашкодити стосункам із дитиною, змусити її почуватися нелояльною, винною і ще більше посилити стрес. Коли можливо, говоріть дитині, що суперечки допомагають мамі й татові подолати розбіжності та виробити спільні рішення.

Не дозволяйте дітям ставати посередниками. Діти з висококонфліктних сімей часто намагаються бути посередниками між мамою і татом. Деякі дослідники припускають, що це складова спроби дитини врегулювати свої емоції. Потрясіння в родині лякають дітей, і вони відчайдушно намагаються якось із ними впоратися, тому й беруть на себе роль шлюбного консультанта чи судді. Але для того, щоб утримати сім'ю від розлучення, потрібно забагато зусиль, і ці спроби призводять лише до додаткових проблем.

Якщо ви відчуваєте, що дитина намагається стати посередником між вами й партнером, прийміть це як знак, що рівень конфлікту в домі зависокий. Для благополуччя дитини ви повинні розрядити ситуацію. Використовуйте методи емоційного виховання, щоб з'ясувати, що відчуває дитина. Якщо дитина маленька, дайте їй зрозуміти, що розв'язання цих питань не входить в її обов'язки, що дорослі повинні самі в усьому розібратися і що все буде гаразд. Зі старшою дитиною розмова може бути складнішою, але спробуйте донести те саме повідомлення: що мама й тато повинні самі розв'язати свої конфлікти. Скажіть дитині, що ви розумієте, що сварки її засмучують, але іноді вони необхідні, тому що дозволяють подолати розбіжності. І обов'язково запевніть, що мама й тато намагаються знайти спосіб поліпшити ситуацію.

Дослідження показують, що коли в аргументах батьків присутня дитина, то досить дорослі діти, які розуміють зміст суперечок, переживають великий стрес. Їм соромно, вони звинувачують себе й бояться бути втягнутими в суперечку. Тому дайте дитині знати, що вона не є джерелом суперечок. Ви можете сказати: «Мама й тато по-різному дивляться на цю ситуацію, але наші розбіжності — це не твоя провина».

Щоб і далі не вплутувати дітей у подружні конфлікти, не просіть їх бути посередниками щодо спірних питань. Уявіть, який стрес має відчувати дитина, коли її просять донести настільки вибухонебезпечне повідомлення, що дорослі не хочуть його висловити самі. («Скажи батькові, що я не хочу, щоб він забрав тебе зі школи, не спитавши мене спочатку».)

Не слід також просити дитину зберігати конфіденційну інформацію. Така практика є моделлю обману й доводить дитині, що вона не може довіряти ні вам, ні іншим членам сім'ї. Крім того, діти повинні відчувати, що можуть поговорити з одним із батьків про те, що їх хвилює, не побоюючись зрадити іншого. І нарешті, діти мають відчувати, що, попри розбіжності, мама й тато роблять для них усе можливе. Своїми проханнями зберігати секрети ви підриваєте світогляд дитини.

Дайте дітям знати, коли ваш конфлікт залагодиться. Діти переживають, коли бачать, що батьки сперечаються, і заспокоюються, коли дізнаються, що мама й тато дійшли згоди. Дослідження, які провів професор Марк Каммінґс із Західновірджинського університету, показали, що діти, бачачи, як сперечаються дорослі, часто страждають і проявляють агресію, але щойно розуміють, що дорослі подолали розбіжності, заспокоюються. Каммінґс також виявив, що для дітей багато важить ступінь розв'язання конфлікту. Наприклад, вони реагують позитивно, коли бачать, що дорослі вибачаються одне перед одним або знаходять компроміси. Якщо конфлікт не залагоджено повністю — наприклад, дорослі просто поміняли тему або один поступився іншому, — діти видають негативну реакцію. Але найсильнішу негативну реакцію викликає мовчання або безперервне продовження сварки.

Крім того, Каммінґс з'ясував, що для дітей важливий емоційний зміст розв'язання конфлікту: вони розуміють, коли дорослий просить вибачення сердитим голосом або без ентузіазму погоджується на компроміс. Дуже маленьким дітям буває важко зрозуміти абстрактні ідеї про ухвалення остаточного рішення і прощення, тому батькам корисно дати фізичні сигнали, що конфлікт розв'язався. Наприклад, теплі обійми мами й тата дозволяють дітям зрозуміти, що їхні стосунки знову стали хорошими.

Створюйте мережі емоційної підтримки для дітей. Коли батьки часто сваряться, нерідко діти старшого віку, особливо підлітки, віддаляються від сімей і шукають емоційну підтримку в інших місцях. Вони приділяють більше часу одноліткам або хобі, приєднуються до сімей друзів чи родичів, у яких менше проблем. Віддалення дитини від сім'ї, як правило, завдає їй шкоди, але така ситуація може стати позитивним механізмом розв'язання проблем за умови, що люди й заняття, які вона вибирає, позитивно впливають на її життя.

На жаль, у житті деяких дітей немає відповідальних дорослих, до яких можна звернутися. Діяльність — така як спорт, навчання або мистецтво, — часто теж їм недоступна. Діти з нестабільних сімей часто підпадають під нездоровий вплив, приєднуючись до груп однолітків з асоціальною і протиправною поведінкою.

У періоди сімейних чвар дуже важливо приділяти більше уваги друзям і справам дитини. Дізнайтеся, як і з ким вона проводить вільний час. Підтримуйте зв'язок із батьками її друзів і зробіть усе можливе, щоб контролювати й направляти її активність. Поговоріть з учителями про те, що ваша сім'я переживає кризу й ви будете раді, якщо вони підтримають дитину та спостерігатимуть за нею. Зробіть усе можливе, щоб забезпечити дитині надійних дорослих помічників: тренерів, учителів, сусідів, бабусь і дідусів або батьків друзів, до яких вона може звернутися по допомогу й підтримку.

Маленькі діти ще не настільки незалежні, щоб під час сімейної кризи знайти емоційну підтримку поза домом, але це не означає, що вони не потребують такого притулку. Поговоріть з їхніми вчителями або вихователями, щоб вони знали, що сім'я переживає особливо важкі моменти, і попросіть проявити до вашої дитини трохи більше терпіння та уваги. Постарайтеся частіше ходити з дітьми в гості, можливо, до членів вашої великої родини, щоб діти могли відчути приналежність та емоційну підтримку.

Використовуйте емоційне виховання, щоб розмовляти про сімейні конфлікти. Час, коли вдома вибухає сімейний конфлікт, якнайкраще підходить для розмови з дітьми про те, що вони відчувають. Звісно, батькам, які засмучені або зляться, важко знайти достатньо сил, щоб поговорити з дітьми, але діти теж відчувають дискомфорт, і їм потрібне наставництво, щоб розібратися зі своїми емоціями.

У ті моменти, коли ви спокійні, виділіть час для розмови з дитиною про її реакцію на кризу в сім'ї. Ви можете почати зі слів: «Я помітила, що, коли ми з татом сперечалися, ти принишкнув і пішов до своєї кімнати. Тому я подумала, що наша суперечка тебе засмутила». Заохочуйте дитину говорити про сум, страх або гнів, які вона може відчувати. Співчутливо вислухайте все, що вона говорить, і допомагайте їй називати свої емоції. Ви можете дізнатися про такі страхи, про які навіть не підозрювали. Наприклад, дитина може боятися, що, коли ви роз'їдетеся, одного з вас вона більше ніколи не побачить. Або міркувати, де й на що вона житиме, чи зможе її забезпечити тільки один із батьків. Вона може думати, що є джерелом проблеми, засмучуватися через це й почуватися винною. Іноді дитина навіть не впевнена, що боїться; вона просто відчуває, що відбувається щось погане, і хвилюється, не знаючи, чим усе закінчиться. Дайте їй зрозуміти, що, навіть коли мама й тато сваряться, вони все одно люблять і піклуються про неї. Якщо, попри розбіжності, ви не збираєтеся жити окремо чи розлучатися, скажіть дитині про це, щоб заспокоїти. Але якщо ви дійсно плануєте розлучитися, то зараз саме час розкрити свої плани. І в будь-якому разі переконайте дитину, що ці проблеми не її провина й виправляти їх не її обов'язок. Скажіть їй, що мама й тато працюють над пошуком найкращого рішення і що ви будете говорити з нею про те, що відбувається.

Після того як ви пояснили ситуацію і допомогли дитині розібратися у своїх почуттях, подумайте про те, як допомогти їй подолати сум і гнів. Серед варіантів може бути відвідування дитячого психолога або приєднання до групи підтримки дітей, чиї батьки в процесі розлучення. Діти можуть знайти розраду у веденні щоденника, малюванні або інших формах творчості. Запитайте дитину, що могло б її заспокоїти, але не чекайте дива. Діти, навіть якщо з ними займалися емоційним вихованням, під час розлучень батьків засмучені не менше, ніж усі інші. За таких обставин найкраще, що можуть зробити батьки, — це пояснити дитині, що її почуття нормальні, виправдані й зрозумілі.

Емоційне виховання допоможе родині не тільки пройти конфлікти й розлучення, якщо воно все-таки відбудеться, а й принесе користь у майбутньому. Розлучена мати, яка підозрює, що дочка хвилюється з приводу її повторного шлюбу, може вдатися до методу емоційного виховання для обговорення цього делікатного питання. Наприклад: «Здається, останнім часом ти стала трохи неуважною. Ти хвилюєшся про те, як ми житимемо після весілля?» або «Діти часто почуваються ніяково, коли в будинок переїжджає вітчим. Вони бояться, що вітчим їм не сподобається. Або що, коли вони робитимуть те, що говорить вітчим, це може не сподобатися їхньому батькові. Ти іноді теж про це думаєш?».

Розмова з дітьми про почуття під час сімейних конфліктів рідко буває легкою. Ви можете не знати, як почати розмову, або хвилюватися щодо того, що відповість дитина. Можливо, вам буде легше почати, якщо ви пам'ятатимете, що, зачіпаючи цю тему, демонструєте бажання і готовність зберегти близькість. Не забувайте про висновки Ніколаса Зілла про довгострокові наслідки розлучення: дорослі діти, які спостерігали, як розпадається шлюб батьків, віддаляються від них значно частіше, ніж від батьків, які залишилися в шлюбі. У нас іще немає підтверджених результатів щодо того, як у розлучених сім'ях, котрі практикують емоційне виховання, переживають період дорослішання дітей. Але, сподіваюся, ми виявимо, що цей стиль спілкування змінює взаємини в родині в довгостроковій перспективі, що емоційне виховання дозволяє батькам і дітям створювати та підтримувати тривалий зв'язок, який, попри всі потрясіння і зміни, викликані сімейним конфліктом і розлученням, збережеться в зрілому віці.

Залишайтеся в курсі повсякдення своїх дітей. Щоб захистити дітей від сімейних конфліктів, потрібно залишатися для них емоційно доступними. Це потребує уваги до повсякденних подій, що викликають у дітях емоційний відгук. Не всі із цих подій — сімейні проблеми. Життя дітей триває навіть тоді, коли батьки відволікаються на дорослі запитання. Маленькі діти можуть тривожитися через нову няню або боятися вперше спати в «ліжку для великого хлопчика». Для старшої дитини питання можуть варіюватися від розчарування на уроках математики до занепокоєння через проблеми в класі. Якщо, попри стрес і сімейну кризу, батьки можуть зосередитися на практиці емоційного виховання, то роблять дітям велику послугу. Діти потребують емоційної близькості з батьками, особливо коли сім'я переживає потрясіння.

Розділ 6

КЛЮЧОВА РОЛЬ ТАТА

Уявіть собі трьох різних чоловіків, які ввечері повертаються додому. Усім їм під сорок, і в кожного по двоє дітей — восьмирічний хлопчик і десятирічна дівчинка. Кожен бере вечірню газету й вставляє ключ у замок. Але щойно двері відчиняються, схожість зникає.

Перший входить у темну квартиру, прослуховує повідомлення на автовідповідачі й чує голос колишньої дружини, яка нагадує, що в його дочки день народження.

— Я знаю, — бурмоче він, набирає міжміський номер і з полегшенням зітхає, коли слухавку бере дочка, а не дружина.

— З днем народження, люба!

— Привіт, тату, — говорить вона спокійно.

— Як там мій подарунок? — питає він після незручної паузи.

— А, дякую.

— Він тобі сподобався? У магазині мені сказали, що це найновіша.

— Так. Це здорово, тільки...

— Тільки що?

— Ну, я вже не граю в ляльки Барбі.

— Ох, ну добре. Тоді ми можемо здати її назад і купити щось інше, коли ти приїдеш до мене на Різдво, добре?

— Добре.

— Ну, як у тебе справи?

— Добре.

— Як у школі?

— Добре.

— Як твій маленький брат?

— Усе гаразд.

І розмова триває далі: батько запитує, а дочка неохоче відповідає. Виголосивши монолог про прекрасний час, який вони проведуть, коли діти приїдуть до нього в гості в грудні, чоловік кладе слухавку з відчуттям порожнечі й поразки.

Чоловік номер два відчиняє двері в яскраво освітлений будинок, наповнений запахом вечері. «Щось італійське», — думає він.

— Привіт, — каже він дітям, які зайняті відеогрою.

Він жартома плескає кожного газетою і йде на кухню, щоб допомогти дружині з вечерею.

— Як справи в школі? — запитує він, коли діти сідають за стіл.

— Добре, — відповідають вони в унісон.

— Дізналися щось нове?

— Не зовсім, — бурмоче дочка.

— Ми вивчаємо таблицю множення, — каже син.

— Добре, — відповідає тато й звертається до дружини: — Скажи, цей хлопець так і не подзвонив із приводу іпотеки?

— Ти хочеш почути таблицю множення на чотири? — перериває хлопчик.

— Не зараз, сину, — стомлено відповідає тато. — Я намагаюся поговорити з твоєю матір'ю.

Хлопчик замовкає, а батьки обговорюють плюси й мінуси рефінансування. Але щойно розмова переривається, він робить нову спробу:

— Гей, тату, ти хочеш почути, як я множу на чотири?

— Не говори з повним ротом часникового хліба, — відповідає тато саркастично.

Хлопчик безстрашно робить великий ковток молока й починає:

— Чотири на один — чотири, чотири на два — вісім, чотири на три...

Коли хлопчик доходить до сорока, тато байдуже говорить:

— Дуже добре.

— А хочеш почути таблицю множення на п'ять? — запитує син.

— Пізніше, — відповідає чоловік. — А тепер чому б тобі не піти й не пограти із сестрою, щоб ми з мамою змогли поговорити?

Третій чоловік відчиняє двері й потрапляє в такий самий будинок, як другий. Дружина готує вечерю, діти зайняті відеогрою. Але розмова відбувається зовсім по-іншому.

— Отже, що сталося сьогодні в школі? — запитує він.

— Нічого, — в унісон відповідають діти.

— Ти грав своєю новою бейсбольною рукавичкою на перервах? — запитує він сина.

— Так.

— І ти грав на першій базі, як хотів?

— Так.

— І Пітер тебе не критикував?

— Ні. Йому було все одно. Він грав на другій. Ми зробили дабл-плей.

— Чудово! А як ти відбивав?

— Жахливо! Я вдарив два рази.

— Ах, це ж облом. Можливо, тобі просто треба трохи потренуватися?

— Так, напевно.

— Як щодо того, щоб я покидав тобі м'яч після вечері?

— Добре!

— А що в тебе, доню?

— Що? — Вона злегка обороняється.

— У тебе був хороший день?

— Усе було гаразд. — Дівчинка явно чимось засмучена.

— Що місіс Браун сказала про ваш дует?

— Ми його не показували. Кессі захворіла.

— Що, знову напад астми?

— Думаю, так.

— Дуже погано. Але принаймні це дасть вам більше часу попрацювати над уривком.

— Я сита цим по горло, тату.

— Так, постійні репетиції того самого твору жахливо набридають.

— Я більше не хочу грати на флейті, — оголошує дочка.

І розмова триває далі: тато слухає дочччині скарги й допомагає вирішити, як упоратися з розчаруванням.

Коли ми паралельно розглядаємо цих батьків, зрозуміло, що рівень їхньої участі в житті дітей варіює в широких межах. Останній тато в курсі незліченних деталей життя своїх дітей, зокрема імен їхніх друзів, щоденних справ і проблем на дитячому майданчику. Така обізнаність дозволяє йому емоційно підтримувати дітей і керувати ними. Батько, якого ми описали другим, здається незацікавленим, стурбованим і майже зневажає синові спроби привернути його увагу. Батько з іншого міста так мало знає про життя дочки, що їм майже немає про що говорити.

Психологи давно впевнені, що участь батька відіграє велику роль у вихованні дітей. Накопичується дедалі більше наукових даних, які свідчать, що зацікавлені батьки — особливо ті, хто емоційно доступний для своїх дітей, — роблять унікальний внесок у їхнє благополуччя. Батьки впливають на дітей не так, як матері, зокрема у взаєминах з однолітками й шкільних досягненнях. Дослідження показали, що хлопчики без батьків із великими труднощами знаходять баланс між чоловічою наполегливістю і самообмеженням. Їм складно навчитися контролювати себе й чекати задоволення від зробленого, тобто набути навичок, які мірою дорослішання стають дедалі важливішими для дружби, успіхів у навчанні та кар'єрі. Хоч ми й не маємо однозначних доказів, позитивна присутність батька може бути не менш значущою для навчальних і кар'єрних досягнень дівчаток. Проте можна бути впевненими, що дівчатка, батьки яких присутні й беруть участь у їхньому житті, навряд чи стануть сексуально розбещеними в молодому віці, а коли виростуть, найімовірніше, налагодять здорові стосунки із чоловіками.

Вплив батька робить дітей сильнішими. Наприклад, довгострокове дослідження, розпочате в 1950-х, виявило, що діти, чиї батьки були поруч із п'ятирічного віку й брали участь у вихованні, стали більш чуйними та співчутливими дорослими, ніж ті, хто виріс без батьків. В учасників дослідження, які в дитинстві отримували більше тепла від батьків, у віці сорока одного року були кращі соціальні стосунки. Про це свідчать більш тривалі й щасливі шлюби та наявність власних дітей.

Висновки про значущість батьків вельми доречні саме сьогодні. Вам треба лише ввімкнути вечірні новини, щоб почути хор голосів, що висловлюють занепокоєння з приводу зміни ролі батьків у нашому суспільстві. Усі, від зухвалих послідовників поетів-спіритуалістів до християн-фундаменталістів, згадують про неперехідне значення зв'язку «батько — дитина». У політиків, урядовців, релігійних лідерів, громадських діячів є спільна тема: багато чоловіків занадто довго не опікувалися своїми сім'ями. Представники громадськості пов'язують збільшення кількості розлучень і народжень позашлюбних дітей із хвилею насильства серед молоді та іншими соціальними проблемами, тому закликають чоловіків брати на себе більшу відповідальність за виховання дітей. Вони кажуть, що настав час татам повернутися додому.

Наше дослідження дало ті самі результати: дітям справді потрібні батьки. Але ми виявили й важливу відмінність: *підходить не будь-який тато*. Допомагають батьки, які проявляють емоції, підтримують і можуть заспокоїти дитину в тяжкі моменти. І навпаки, батьки, які ображають, критикують, принижують або проявляють емоційну холодність, завдають дітям глибоких травм.

Батьківство в перехідній стадії

Щоб краще зрозуміти значущість участі емоційно залученого батька, розгляньмо, як останні кілька поколінь змінили інститут сім'ї. Батьки перестали бути основним джерелом добробуту дітей і в багатьох випадках виявилися зайвими. Сьогодні за високого рівня розлучень і кількості дітей, народжених поза шлюбом, без батьків живе чимало малечі. У їхньому уявленні батько — хлопець, який тут жив, але поїхав, або людина, яка повинна платити аліменти, але не платить.

Історики простежили, що цей зсув почався двісті років тому, з початком промислової революції, коли чоловіки стали працювати далеко від дружин і дітей. Однак він не був таким явним до 1960 року, коли економічні сили й хвиля фемінізму об'єдналися, завдавши нищівного удару по домінантній ролі батька в сім'ї. Відтоді жінки з рекордною швидкістю почали виходити на роботу. Якщо в 1960-му поза домом працювали тільки 19 % заміжніх жінок, які мали дітей віком до шести років, то до 1990-го ця цифра зросла до 59 %. Одночасно середня купівельна спроможність знизилася настільки, що багато сімей уже не могли прожити на одну зарплату. Наприклад, у 1960 році 42 % американських сімей мали одного годувальника — чоловіка; до 1988 року ця цифра знизилася до 15 %.

Історик Роберт Ґрісволд, автор книги «Fatherhood in America» («Батьківство в Америці») пише: «Ці зміни призвели до того, що традиційна роль батька як годувальника сім'ї застаріла. Вихід жінок на роботу знищив старі уявлення про батьківство й вимагає переосмислення гендерних функцій».

Було серйозно підірвано й інститут шлюбу. З 1960 до 1987 року кількість розлучень зросла більш ніж удвічі. Сьогодні понад половину перших шлюбів закінчується розлученням. Дослідження, проведене університетом Мічигану, пророкує, що серед осіб, які вперше беруть шлюб, рівень розлучень може перевищити 67 %. Надзвичайно частими стали випадки народження дітей самотніми матерями; це, до прикладу, майже третина дітей, що народилися в Сполучених Штатах.

Без шлюбних зв'язків багато сучасних батьків узагалі відмовляються від відповідальності за дітей. Батько часто не підтримує дітей ні емоційно, ні фінансово.

За іронією долі, такий відхід батьків від відповідальності стався в той момент, коли в чоловіків з'явилася безліч нових можливостей для участі в житті своїх дітей. І деякі чоловіки їх використовують. За результатами досліджень, тати —

особливо в тих сім'ях, де працюють обоє батьків, — більше опікуються дітьми, ніж чоловіки минулих поколінь. Сучасні батьки частіше, ніж їхні попередники, доглядають немовлят, беруть відпустку з догляду за дитиною, переходять на гнучкий робочий графік, урізають робочі години й відмовляються від просування по службі, щоб проводити більше часу з дітьми.

Тенденція обнадіює, але статистика свідчить, що зростання участі батьків у житті дітей відбувається вкрай повільно. Деякі звинувачують роботодавців, стверджуючи, що сьогоднішні працівники-чоловіки, як і раніше, не мають гнучкого графіка, який потрібен для успішного виконання ролі батька. Опитування в середніх і великих американських компаніях показало, що 18 % штатних співробітників-чоловіків було запропоновано неоплачувані відпустки з догляду за дитиною, і лише 1 % отримали оплачувану відпустку. Батькам досить важко знайти роботу на неповний робочий день із гідною зарплатою, і їхнє кар'єрне зростання часто зупиняється, якщо вони відмовляються працювати понаднормово або зривати свої сім'ї з місця, щоб перевестися на роботу в іншу частину країни.

Багато хто звинувачує суди, стверджуючи, що кількість дітей, позбавлених батьків, так і зростатиме, поки до розлучених батьків не почнуть ставитися більш справедливо: сьогодні за розлучень приблизно в дев'яти випадках із десяти опіка над дитиною присуджується матерям.

І нарешті, багато хто говорить, що проблема в батьках, які не виявляють великої ініціативи до участі в повсякденні своїх дітей. Так, один із дослідників підрахував, що в сім'ях, де обоє роблять кар'єру, чоловіки займаються з дітьми приблизно на дві третини менше, ніж жінки, і присвячують дітям приблизно 10 % часу. Крім того, коли чоловіки беруть на себе обов'язки з догляду за дітьми, вони, як правило, виконують функцію няні, тобто отримують завдання від дружин, а не беруть ініціативу на себе.

Як наслідок, багато чоловіків відділені від життя своїх дітей. Я згадую боротьбу за опікунство між режисером Вуді Алленом і його колишньою партнеркою Мією Ферроу. Щоб мати уявлення про ступінь зв'язку Аллена з дітьми, суддя попросив його назвати імена їхніх друзів і лікарів, і Аллен не зміг. Як і перші двоє батьків, описаних на початку цього розділу, Аллен жив у власному світі, відірваному від дітей. Такі батьки наче сторонні люди, вони лише заглядають додому й втрачають незліченні можливості створити близькі стосунки й допомогти своїм дітям.

У чому різниця, коли батько поруч

Чого бракує дітям, коли батько відсутній, далеко або зайнятий? Дослідження розвитку дітей показало, що вони втрачають значно більше, ніж просто «помічника мами». Батьки ставляться до дітей інакше, ніж матері, а це означає, що їхня участь у вихованні дозволяє розвивати інші навички, особливо у сфері соціальних взаємин.

Вплив батька починається в дуже ранньому віці. Наприклад, за результатами одного з досліджень, п'ятимісячні хлопчики, які багато спілкуються з батьками, почуваються впевненіше серед незнайомих дорослих людей. Вони більше гуляють при сторонніх і проявляють більшу готовність піти до них на руки, ніж ті, хто рідко спілкується з батьками. Однорічні немовлята, які частіше контактують із татами, рідше плачуть, коли залишаються самі з незнайомими людьми.

Багато науковців вважають, що батьки впливають на дітей насамперед через гру. Їхня гра з дитиною зазвичай більш динамічна й цікава, ніж ігри з мамою. Спостерігаючи за батьками немовлят, Майкл Йогман і Беррі Бразелтон виявили, що батьки воліли б мати тілесний контакт із немовлям, ніж вербальний. Щоб привернути увагу немовлят, батьки здійснювали ритмічні постукування. Граючи з батьками, діти частіше опинялися в умовах емоційних «американських гірок», переходячи від занять, що викликають мінімальний інтерес, до надзвичайно збудливих. Граючи з матерями, немовлята відчувають рівніші емоції.

Відмінності в іграх зберігаються, і коли немовля підростає. Батьки починають бавитись із дітьми, часто їх підкидають, підстрибують із ними й лоскочуть. Тата часто вигадують особливі або незвичайні ігри, натомість мами дотримуються відомих і перевірених занять: хованки, «Ладушки, ладусі», читання книжок, спільні ігри.

Багато психологів вважають, що несамовитий стиль татових ігор і «грубі жарти» допомагають дітям досліджувати свої емоції. Уявіть тата в ролі «страшного ведмедя», який переслідує захопленого малюка через весь двір, або гру в «літачок», під час якої він піднімає і крутить дитину над головою. Такі ігри дозволяють дитині випробувати гострі відчуття, вона може навіть трохи злякатися, але дістати задоволення. Навчаючись спостерігати й реагувати на татові сигнали, дитина отримує позитивний досвід. Вона дізнається, наприклад, що вереск і хихикання змушують тата сміятися і подовжують гру. Стежачи за батьком, вона вчиться визначати ознаки того, що гру закінчено («Добре, на сьогодні достатньо»), справлятися із захватом і заспокоюватися.

Набуті навички добре служать дитині, коли вона наважується вийти у великий світ приятелів. Після ігор із татом вона знає, як створювати власну захопливу гру й реагувати на людей не надто стримано, але й не втрачаючи самоконтроль, як зчитувати сигнали людей і підтримувати свої емоції на рівні, оптимальному для веселої гри.

Дослідження три- і чотирирічних дітей, які провели Росс Парк і Кевін Мак-Дональд, показали, що існує зв'язок між фізичною грою батьків і стосунками дітей з однолітками. Спостерігаючи за грою дітей із батьками під час двадцятихвилинних сесій, науковці виявили, що діти, чиї батьки надавали перевагу фізичним іграм, найпопулярніші серед однолітків. Вони виявили й ще один цікавий нюанс: популярні ті діти, чиї батьки дотримувалися в іграх не дуже *директивного* або, тим більше, *примусового* стилю. Діти, чиї батьки фізично активні, але надто владні, — найменш популярні.

Ці висновки підтверджено й іншими дослідженнями: діти розвивають кращі соціальні навички, якщо батьки підтримують позитивний тон взаємодії і дозволяють їм брати участь у визначенні перебігу гри.

Ці відкриття повністю відповідають моїм висновкам про те, наскільки важлива гра з батьками, коли вони уникають критики й приниження, не применшують переваг дитини й не нав'язують їй свою точку зору. У нашому дослідженні діти, чиї батьки цінували їхні почуття і хвалили за досягнення, мали кращі взаємини з однолітками й вищу успішність. Це були діти емоційних вихователів, що не відштовхували й не засуджували негативні емоції своїх дітей, а співчували й давали вказівки, щоб допомогти їм упоратися зі своїми почуттями.

Наприклад, в експерименті з відеогрою батьки, що практикували методи емоційного виховання, підбадьорювали дітей і ненав'язливо давали необхідні рекомендації. Вони часто вдавалися до методики «будівельного риштування», тобто використовували кожен успіх дитини як додатковий доказ її здібностей. За допомогою простих слів «Молодець!» або «Я знав, що ти впораєшся» батьки перетворювали кожну маленьку перемогу на основу для зростання самооцінки. Їхня похвала надавала дітям упевненість, стимулювала продовжувати грати й учитися.

І навпаки, найбільші проблеми з оцінками й соціальними взаєминами спостерігали в дітей холодних, авторитарних, нав'язливих батьків. Під час експерименту такі батьки дозволяли собі робити принизливі зауваження на адресу дітей, висміювати їх і критикувати за помилки. Якщо дитина не справлялася, вони могли грати за неї, даючи дитині зрозуміти, що вона не здатна впоратися.

Ми також з'ясували, що, попри важливість взаємодії «мати — дитина», якість контактів із матір'ю не була настільки сильним прогностичним показником подальшого успіху або невдачі дитини в школі й у спілкуванні з друзями. Це відкриття може здивувати, особливо тому, що матері проводять із дітьми більше часу. Але ми вважаємо, що причина настільки сильного впливу батьків на дітей у тому, що вони викликають у своїх малят сильні емоції.

Бути з дітьми фізично й емоційно

Чоловікам не складно підтримувати близькість із дітьми, але, як пояснює психолог Рональд Левант у книзі «Masculinity Reconstructed» («Анатомія мужності»), багато з них не зовсім розуміють роль батька в сучасних умовах. Левант пише: «Мірою того як чоловіки покоління бейбі-буму самі стають батьками, вони стикаються з тим, що всі їхні знання про батьківство — батько багато працює, рідко буває вдома, більше критикує, ніж хвалить, і не демонструє любов і будь-які інші емоції — уже не актуальні. Натомість потрібно бути чутливими, турботливими, освіченими, глибоко зануреними в життя своїх дітей... Проблема в тому, що багато чоловіків не знають, як бути такими батьками, оскільки їхні власні батьки поводились інакше».

Колись чоловік піклувався про потомство як воїн і мисливець. Потім, протягом століть, його роль поступово змінювалася. Єдиний годувальник у родині, завдяки наполегливій роботі й самопожертві він заробляв гроші, щоб забезпечувати дітей, оплачувати будинок, рахунки від бакалійника й навчання в коледжі. Сьогодні батьки повинні забезпечити ще один рівень захисту для дітей — стати буфером від таких деструктивних сил, як злочинність, наркоманія і сексуальна розбещеність. Звичайні психологічні методи не захищають від таких небезпек. Сьогодні безпека дітей виростає із сердець їхніх батьків, вона ґрунтується на взаємодії чоловіка й дитини — не тільки фізичній, а й емоційній.

Як ми вже обговорювали в розділі 3, чоловіки здатні розпізнавати й конструктивно реагувати на емоції дітей. Наприклад, це продемонстрував «Levant's Fatherhood Project» («Проєкт батьківства Леванта»), спрямований на поліпшення емоційного спілкування батьків із дітьми. Через вісім тижнів тренування сприйнятливості й вміння слухати батьки покращили зв'язок із дітьми й навчилися добре розпізнавати їхні емоції.

Але чоловікам не обов'язково вчитися на курсах, щоб стати більш сприйнятливими до дітей; вони самі можуть виробити навички виховання, які ґрунтуються на усвідомленні емоцій. Чоловіки повинні дозволити собі бути в курсі власних почуттів, що дасть їм змогу співчувати дітям, здійснювати необхідні кроки, щоб стати доступними для дітей, та організовувати своє життя так, щоб приділяти дітям більше часу й уваги. Звучить просто, але зробити це дуже нелегко. І особливо складно тим батькам, які живуть окремо від дітей або багато працюють. Але якщо цього не зробити, можна втратити зв'язок з дітьми, і згодом буде значно важче побудувати з ними повноцінні стосунки.

Я згадую, які зміни в мій робочий графік внесла поява Морії. Коли вона була маленькою, я повинен був завозити її в садок, а потім мчати в університет, тож наші спільні ранкові години часто бували досить сумбурними. Я спіймав себе на думці, що моя поведінка стала різкішою і я з меншою охотою грав із дочкою, що нам обом не подобалося. Тоді я вирішив, що не призначатиму заняття і зустрічі раніше від десятої ранку. Це все змінило. І хоча я, як і раніше, брався до роботи о дев'ятій годині, моє ранкове спілкування з Морією стало кращим, тому що я знав, що, коли їй буде потрібен додатковий час, я не порушу ніяких домовленостей. Якщо на шляху до машини вона хотіла зупинитися, щоб подивитися на павутиння, у мене був на це час. Якщо їй раптом спадало на думку, що вона хоче поміняти червоні туфлі на сині, ми могли легко це зробити.

Звичайно, деякі професії дозволяють батькам бути гнучкішими. Проте кожен день вони роблять свідомий вибір, який визначає якість і кількість уваги, яку вони приділяють дітям. Хто з батьків купатиме дитину щодня? Хто читатиме казку на ніч? Хто допоможе знайти шкарпетки? Ці питання можуть здатися дріб'язковими, але вони важливі, тому що емоційні зв'язки між батьком і дитиною формуються в повсякденні. Далі я розгляну ідеї, які допоможуть батькам зміцнити цей зв'язок.

Беріть участь у догляді за дитиною починаючи з вагітності

Період вагітності партнерки допомагає закласти основу для цілої низки позитивних сімейних зв'язків, які підуть на користь шлюбу, дитині та зміцнять зв'язок батька й дитини.

Якщо батько ходить на заняття з підготовки до народження дитини, учиться бути ефективним помічником і підтримувати дружину протягом пологів, це позитивно впливає і на матір, і на дитину. Жінки, чиї чоловіки брали участь у пологах, повідомляли про зниження болю, отримували менші дози ліків і почувалися краще, ніж ті, чиї чоловіки цього не робили. Аналогічні кореляції між присутністю батька й ставленням до пологів спостерігалися, коли діти народжувалися за допомогою кесаревого розтину. Батьки, які проявляли більший інтерес до вагітності партнерки, частіше беруть новонародженого на руки й реагують на його плач.

Надбання досвіду під час перших днів після появи немовляти є дуже важливим. Так, батьки, які починають міняти підгузки, купати, качати дитину й доглядати її незабаром після народження, з більшою імовірністю будуть опікуватися нею і в підлітковому, і в старшому віці, що дозволить дітям і татам більше спілкуватися, вивчати сигнали одне одного й почати свої стосунки з позитивної ноти.

Окрім того, звички, які формуються в батька, коли дитина маленька, часто залишаються надовго.

Отже, батьки, які бажають створити міцні стосунки зі своїми дітьми, повинні закласти для цього основу під час вагітності й перших місяців життя немовляти. Принадність залученості з першого дня полягає в тому, що батько й мати можуть разом пізнавати унікальність своєї дитини. Немовля теж має можливість одразу ж учитися в батька. Коли дочка знайомиться з батьком, його голосом, ритмом ходи, запахом і тим, як він її тримає, вона вчиться пов'язувати його присутність, як і присутність матері, з комфортом і безпекою. Його чуйність дає їй важливі уроки соціального контролю; вона дізнається, що своєю поведінкою може впливати на те, як батько з нею поводитиметься, тобто вчиться впливати на інших людей.

Найчастіше батьки почуваються трохи виключеними з процесу, коли мати годує дитину грудьми, але є десятки інших способів долучитися до процесу годування: напоїти водою, приготувати додаткову суміш або дати зціджене грудне молоко. Крім того, тати можуть купати дітей, гойдати й носити на руках. І звичайно, батьки ніколи не повинні забувати про гру. Психолог Ендрю Мельцофф спостерігав ознаки того, що діти наслідують міміку тих, хто їх доглядає, навіть немовлята. Це означає, що час, який батько проводить віч-на-віч із крихітним немовлям, може стати початком плідних стосунків.

Звісно, усе вищесказане передбачає, що в батьків є час, який вони можуть проводити з малятами, саме тому я є переконаним прихильником відпустки з догляду за дитиною. Якщо ситуація на роботі робить таку відпустку неможливою, закликаю взяти хоча б невелику відпустку на ці важливі, незамінні перші тижні життя своєї дитини.

Решта членів родини повинні сприяти тому, щоб після народження дитини батьки навмисно не відходили б на другий план. Наприклад, стурбовані бабусі можуть, поки мати відпочиває, доручити догляд за немовлям батькові. Батько, який стане на цей час основним вихователем, дістане хорошу можливість вивчити основні сигнали дитини.

Але найбільшу роль у залученості батьків до догляду за дітьми відіграють матері. Вивчаючи ставлення матерів до участі батьків у догляді за немовлятами, дослідники Росс Парк та Ешлі Бейтель з'ясували, що батьки не схильні брати велику участь, якщо мати критично ставиться до їхніх дій або впевнена, що жінки мають кращу вроджену здатність доглядати немовлят.

Та багато жінок вважають, що залученість батьків дуже цінна, і хочуть дізнатися, як її підсилити. Моя порада жінкам: дозвольте партнерові використовувати власний стиль догляду за дитиною. Поділіться з ним своїм досвідом, але не надто критикуйте за те, як він надягає на дитину підгузок, струшує пляшечку, сповиває малюка й робить усе інше. Майте на увазі, що дітям корисні різні стилі догляду, зокрема й типово чоловічий, що ґрунтується на грі, фізично активніший і фривольніший. Якщо партнери виявляють, що дотримуються різних точок зору щодо догляду, вони можуть поділити обов'язки. Мама піклується про годування дитини, а батько щоранку купає маля. Крім того, якщо батькові важко заспокоїти дитину, то, може, потрібно проводити більше часу без втручання мами. Відішліть маму декілька разів пообідати з друзями, залишивши дитину під опікою тата, і це може допомогти.

Деяким молодим мамам важко відмовитися від контролю, але якщо ви зможете відступити й дозволити татові й дитині проводити час разом, то побачите, яку користь має дитина від здорового й ефективного татового виховання.

Зберігайте настрій на повсякденні потреби своєї дитини

В ідеалі батьки, у яких виробляється звичка щодня доглядати дітей і виховувати їх, поки ті зовсім маленькі, будуть робити це й далі. Головне — робити це постійно протягом тривалого часу, попри зміну графіка й пріоритетів у розподілі часу між робото та домом. Якщо батьки не докладуть свідомих зусиль, щоб стати частиною повсякдення своїх дітей, то незабаром вони можуть віддалитися і втратити внутрішній зв'язок — ті дрібні деталі, які були точками дотику.

За останні роки було багато написано, що матері повинні «якісно» використовувати час, який проводять із дітьми. Оскільки багато мам виходять на роботу, ця ідея стає дедалі популярнішою. «Якісно» означає, що не так важливо, скільки годин ви проведете разом, значення має якість стосунків. Те саме й для батьків. Не має значення, скільки часу тато поруч із дитиною вечорами й у вихідні, якщо в цей час він уникає взаємодії, занурений у роботу або дивиться телевізор.

Наскільки доступність батьків важлива для дітей, з'ясували Роберт Бланчард і Генрі Біллер, порівнявши три групи хлопчиків-третьокласників. В одній групі батьки були відсутні, у другій вони були присутні й були доступними для дітей, а в третій були присутні, але були недоступними. Не стало сюрпризом, що найнижчу успішність відзначено в групі хлопчиків, де батьки були відсутні, а найвищу — у тій, де батьки були присутні й доступні. Хлопчики, чиї батьки були присутні, але не були доступними, показували середні результати. Біллер пише: «Наявність компетентного батька не сприяє інтелектуальному розвитку хлопчика, якщо батько постійно недоступний або якщо стосунки «батько — син» мають негативний характер». (З приводу стосунків дочок і батьків значно менше досліджень, але, найімовірніше, значна залученість батьків і в цьому разі позитивно впливає на кар'єру й успішність дівчаток.)

Нам важко визначити ступінь залученості та доступності батьків, якого потребують діти, але щоб вони зробили реальний внесок, потрібно явно більше, ніж випадкові походи на бейсбольний матч, у парк атракціонів або зоопарк. Для батька найкращим способом стати частиною життя своїх дітей є участь у тому, що психолог Рональд Левант називає роботою в сім'ї: годувати, одягати й виховувати дитину щодня. «Саме за допомогою цих традиційно жіночих занять чоловіки стають по-справжньому невід'ємними й необхідними членами своїх родин», — пише Левант. Сімейне життя складається «не тільки із забезпечення матеріальних потреб. Воно полягає в щоденній присутності, щоб забезпечити нескінченні й постійно мінливі фізичні та емоційні потреби дитини».

Матері дітей старшого віку повинні заохочувати своїх партнерів брати більшу участь у щоденному догляді за дітьми й не втручатися, коли чоловік виконує завдання самостійно. Існує явно більше від одного способу витерти ніс або зробити бутерброд з арахісовим маслом.

Для багатьох чоловіків можливість присвячувати себе дітям вимагає реальних змін і переоцінки пріоритетів. Усе життя суспільство орієнтувало чоловіків на те, щоб ефективно працювати, виконувати завдання, не зволікати, не працювати абияк і не йти з роботи, поки вона не закінчена. Чоловіків менше турбують почуття, їх цікавить, як розв'язати проблему. Чоловіки, які залишаються вдома з дошкільнятами, часто вважають, що одночасно можуть робити й інші справи — скажімо, косити газон, дивитися гру або сплачувати податки. Коли це не виходить, оскільки догляд за дитиною потребує дуже багато часу, вони можуть розчаруватись і почуватися менш терплячими й співчутливими, ніж хотіли б.

Запорука успішного батьківства не в тому, щоб виконати свою роботу попри присутність дітей. Ідеться про прийняття своєї ролі в праці, яка триватиме як мінімум двадцять років і називається вихованням людської істоти. Буде потрібно зменшити оберти й побути з дітьми на тому рівні, якого вимагає їхній вік.

Багато що із цього я взяв із власного досвіду, марно намагаючись писати в ті дні, коли залишався вдома з Морією. Нарешті я вирішив, що поки вона не доросла до того, щоб самостійно задовольняти власні потреби (думка радісна й гнітюча одночасно) і що краще витратити наш спільний час на гру, читання вголос і господарські справи.

Це дозволило мені зрозуміти, наскільки цінно бути залученим до її світу й причетним до її занять, таких як розфарбовування, настільні та рольові ігри. Завдяки Морії та дітям із наших досліджень я дізнався, як малята відкривають свої серця дорослим в ігрових ситуаціях і наскільки охоче вони обговорюють питання, на які ніколи б не відповіли, якби їх запитали про це прямо. Деякі з моїх найкращих бесід із Морією у віці чотирьох-п'яти років відбувалися, коли ми разом розфарбовували малюнки або грали з Барбі. Ні сіло ні впало вона раптом питала: «Чому моя подруга Хелен повинна переїхати в Мічиган?» або «Мама на тебе злилася?». Таємні розмови про найглибші думки й почуття — турботи, страхи та мрії — зазвичай відбуваються під час відпочинку або спільних занять. (До речі, розфарбовування дуже розслабляє. І зараз мені вже вдається навіть не залазити за контур.)

Мірою того як діти ростуть і дедалі більше часу проводять поза домом, батькам може бути складніше побути наодинці з ними. Проте розмова з татом цінна в будь-якому віці. Тому я закликаю батьків скласти свої робочі графіки так, щоб вони могли регулярно проводити час із кожною дитиною. Це може бути тридцятихвилинна поїздка на машині на урок музики по суботах, або хобі, або спорт, яким захоплюються і тато, і дитина.

Іноді найкращі розмови відбуваються, коли сім'ї виконують домашні справи, готують обід, миють машину або обробляють сад.

Розмови легше вести, якщо ви в курсі життя вашої дитини, зокрема її повсякденних справ, імен друзів, учителів і тренерів. Постарайтеся знайти час для відвідування відкритих уроків та батьківських зборів, запропонуйте допомогти в класі або відвезти однокласників на екскурсію, станьте тренером (або помічником тренера) на спортивних заходах.

Цікавтеся друзями й громадським життям своєї дитини. Зустрічайтесь із батьками її друзів. Запросіть її друзів залишитися на ніч. Відвезіть своїх дітей у гості, у боулінг і на каток. Налаштуйтеся на їхні розмови. Дослухайтеся до їхніх проблем.

І нарешті, визнайте, що за весь час у колі сім'ї у вас є мільйон можливостей як приєднатися до дітей, так і віддалитися від них. Ви самі вирішуєте, піти назустріч дітям або відмахнутися від їхніх почуттів. Уявіть, що ви намагаєтеся читати, але вас відволікає музика, яка реве в кімнаті сина-підлітка. Ви можете почати прохання з фрази: «Я не можу повірити, що ти називаєш це музикою». Або сказати: «Я ніколи не чув цю групу раніше. Хто це?» Перше питання ображає, друге є запрошенням подолати розбіжності й продовжити спілкування.

Установіть баланс між роботою і сімейним життям

Багатьом чоловікам не вистачає часу й сил на дітей, тому що більшу їх частину вони витрачають на роботу. Досить важко, якщо взагалі можливо, фізично й емоційно бути присутнім у житті своїх дітей, якщо ви працюєте шістдесят годин на тиждень або якщо робота викликає у вас настільки сильний стрес, що ви не можете зосередитися на їхніх проблемах.

Розв'язати цей конфлікт людині, яка ідентифікує себе як годувальника сім'ї, непросто, адже її виховували в суспільстві, де свідченням прихильності вважали самопожертву й важку працю. Але тепер багато чоловіків побоюються, що коли вони не зміняться, то ризикують втратити контакт із дружинами та дітьми — з тими людьми, які насамперед надають сенс їхній роботі.

Суспільство дедалі більше усвідомлює іронічність цієї ситуації, і я сподіваюся, що скоро ми побачимо зрушення в бік сприятливих для сім'ї умов праці. Протягом багатьох років жінки, які працюють, мали переваги в отриманні робочих місць із гнучким графіком, роботи на неповний день, дошкільних установ за рахунок роботодавця і зручного часу відпустки. Але таких самих переваг потребують співробітники-чоловіки, особливо ті, хто хоче більше опікуватися своїми дітьми. Британське дослідження показало, що впровадження гнучкого графіка роботи змінює кількість часу, який батько витрачає на догляд за дітьми, у сім'ї, де працює й мати. Ще одне дослідження свідчить, що чоловіки на дозвіллі не обов'язково проводять більше часу з дітьми, але мають менше конфліктів між домашніми та робочими обов'язками.

Для того щоб краще збалансувати роботу й сімейне життя, часто потрібно пожертвувати доходами та кар'єрою. Соціологиня Пеппер Шварц, яка досліджувала егалітарний шлюб, виявила, що чоловіки, які нарівні беруть участь у домашніх справах і доглядають дітей, мають менше кар'єрних досягнень, ніж ті, хто виконує більш традиційну роль основного годувальника. Якщо корпоративний менеджер відмовляється заради підвищення зірвати сім'ю з місця і переїхати в іншу частину країни, він навряд чи отримає ще одну пропозицію. І навряд чи просування по службі чекає на продавця, який пропускає виїзний семінар заради того, щоб виїхати на ночівлю під відкритим небом зі своїм бойскаутом.

Але навіть якщо чоловік не готовий вибрати «шлях батька» і працювати менше за нижчу зарплату, він може постаратися знизити рівень стресу на робочому місці. Щоденна напружена робота в офісі здатна зашкодити стосункам батька з дітьми. Саме такі результати дослідження батьків, що працюють авіадиспетчерами: повернувшись додому після важкого робочого дня, вони схильні сердитися на дітей. Натомість висока задоволеність роботою може підвищити якість виховання навіть за умови, що ці батьки проводять із дітьми менше часу.

Іще одним важливим фактором є автономність роботи батька. Одна з груп науковців виявила, що, коли батьки більш незалежні на роботі, вони з більшою імовірністю надають «автономію» дітям. Але якщо вони працюють під постійним наглядом, то очікують від дітей більшої слухняності й частіше використовують фізичні методи підтримання дисципліни.

З огляду на все вищесказане зміна роботи або принаймні зниження її стресової складової — велике досягнення.

Беріть участь у житті дитини, попри сімейний статус

Незалежно від того, живуть батьки разом або окремо, дітям краще, коли в їхньому житті беруть участь і тато, і мама. Коли пари розходяться, спільне виховання може бути пов'язане зі складнощами, але якщо матері та батьки дивляться на виховання дітей як на спільне підприємство, то діти зазвичай тільки виграють.

Як ми дізналися з розділу 5, розпад сім'ї і розлучення несприятливо впливають на дітей. Але деяких проблем можна уникнути, якщо діти мають можливість підтримувати регулярні контакти з обома батьками. Діти неблагополучних пар зазвичай почуваються краще, якщо батьки залишаються емоційно доступними й застосовують методи емоційного виховання. Безсумнівно, щоб емоційне виховання було ефективним, потрібні час, близькість і детальні знання про життя дитини. Саме тому я закликаю батьків (90 % яких після розлучення живуть окремо від дітей) підтримувати тісні контакти з дітьми, попри розлучення з їхніми матерями.

Розлученим і батькам, які живуть окремо, складно брати участь у житті дітей із різних причин: через географічну віддаленість, укладення повторного шлюбу, питання, пов'язані з аліментами, і конфлікти з їхньою матір'ю. За деякими даними, попри те, наскільки якісними були стосунки з дитиною під час розлучення, із часом кількість контактів розлучених батьків із дітьми зменшується. А отже, знижується і вплив. Без емоційного зв'язку, який формується під час щоденної взаємодії з безлічі питань — як дріб'язкових, так і суттєвих, — батьки не можуть надати велику допомогу в серйозних питаннях, що, як правило, постають перед дітьми в підлітковому віці.

Що можуть зробити розлучені батьки, щоб запобігти поступовому зникненню дітей зі свого життя? З одного боку, поліпшити стосунки з їхніми матерями й домовитися про партнерство. Батьки не повинні дозволяти конфліктам ставати на шляху рішень, які служать інтересам дітей. І, як я згадував у розділі 5, батьки не повинні використовувати свої стосунки з дітьми одне проти одного. Експартнерам слід намагатися підтримувати одне одного й дотримуватися спільних угод із багатьох питань, зокрема й дисципліни.

Важливо, щоб батьки укладали справедливі угоди про виплату аліментів і виконували їх. Так, у процесі вивчення взаємин батьків і дітей з'ясувалося, що батьки, які платять аліменти, регулярно проводять час зі своїми дітьми. І навпаки, часто тати не в змозі бачити дітей через фінансові проблеми або грошові конфлікти. Матері використовують питання про аліменти, щоб не дозволити дітям зустрічатися з батьками. Та й батьки, які почуваються винними через нездатність платити, також уникають спілкування з дітьми. Час минає, а діти вважають, що татам вони байдужі.

Проводячи час із дітьми — чи то простий візит, чи в межах спільної опіки, — батькам краще дотримуватися звичайної домашньої рутини. Діти краще зносять розлучення, якщо займаються з батьком, який живе окремо, повсякденними справами: роблять уроки або виконують хатню роботу. Батьки всіма силами повинні уникати синдрому «недільного тата», який постійно влаштовує дітям свято. Зустрічі з батьком принесуть дітям значно більше користі, якщо вони разом приготують вечерю і помиють посуд, ніж якщо він сплатить чек.

У батька не завжди може бути можливість проводити з дитиною стільки часу, скільки б йому хотілося, але він може частіше дзвонити, наприклад, два або три рази на тиждень. Згодом розмовляти стане легше, особливо якщо батьки докладуть зусиль і будуть знати всі подробиці життя своїх дітей.

Спілкування з дітьми стає ще складнішим завданням, якщо один із партнерів бере повторний шлюб. За статистикою, 75 % жінок і 80 % чоловіків після розлучення одружуються знову. Повторний шлюб одного з батьків може стати приводом для занепокоєння дитини (особливо якщо це підліток), бо їй належить звикати до вітчима або мачухи й вона не знає, як присутність цієї людини вплине на стосунки з біологічними татом чи мамою.

Психологи з'ясували, що дорослі припускаються великої помилки, кажучи дітям, щоб вони вибирали між одним татом та іншим. Понад те, вітчиму краще утримуватися від дисциплінарних заходів. Значно краще, якщо він просто підтримуватиме матір у батьківських рішеннях. Крім того, діти легше сприймають повторний шлюб, якщо можуть, як і раніше, регулярно спілкуватися з обома біологічними батьками.

Можливо, найкраща порада батькам, які живуть окремо від дітей, — бути терплячими, поки ті не адаптуються до змін. Перші два роки після розлучення зазвичай найважчі для дорослих. На додачу до болю і гніву, якими сповнені їхні стосунки з колишнім партнером, вони можуть страждати й через негативне ставлення дітей. Маленькі діти, яким буває важко пристосуватися до нових обставин, можуть чинити опір татові, коли він приходить, щоб їх забрати. Діти старшого віку можуть злитися на своїх батьків за те, що вони не зуміли розв'язати проблеми й зберегти сім'ю. Залишаючи сім'ю, чоловік зазвичай відчуває сильні емоції, тому багато батьків піддаються спокусі просто не бачити дітей. Але для блага дітей у довгостроковій перспективі вони повинні подолати свої негативні почуття. У цьому їм допоможе метод емоційного виховання, який ми обговорювали в розділі 3. Пам'ятайте, що коли ви співчутливо вислухаєте свою дитину, допоможете їй назвати свої почуття, контролювати гнів і сум, то зблизитесь із нею, а отже, зможете допомогти в моменти емоційних криз.

Розділ 7

ЕМОЦІЙНЕ ВИХОВАННЯ ЗАЛЕЖНО ВІД ВІКУ ДИТИНИ

Ви колись чули скарги новоспечених батьків? «Тільки коли в мене з'явилася дитина і я дізнався, скільки її потрібно годувати, скільки їй треба спати і як часто доводиться її заспокоювати, — я зрозумів, наскільки вона змінила моє життя!»

Коментар цілком правдоподібний, тому що виховання дітей вносить незворотні зміни. Мірою того як діти ростуть, ми постійно пристосовуємо своє життя до їхніх потреб, страхів, інтересів та особистісних рис. Але, попри всі зміни, діти завжди хочуть мати емоційний зв'язок із люблячими й турботливими дорослими.

У цьому розділі ми розглянемо п'ять різних періодів дитинства: раннє дитинство, ясельний, дошкільний, молодший шкільний і підлітковий вік.

Я поясню, які етапи розвитку проходять діти і як їм допомогти, щоб вони могли підвищити свій емоційний інтелект. Розуміння того, що «нормально» і які питання важливі в різні вікові періоди, дозволить вам краще розібратися в почуттях своїх дітей і підвищити ефективність емоційного виховання.

Раннє дитинство

Приблизно перші три місяці

Хто може сказати, коли починаються емоційні стосунки дитини з батьками? Дехто вважає, що в утробі матері, коли дитина відчуває її хвилювання або, навпаки, спокій. Інші — що відразу після народження, коли батьки годують її, заколисують і заспокоюють. Треті — що цей чарівний момент настає через кілька тижнів після народження, коли дитина вперше по-справжньому всміхається матері або батькові, показуючи, що всі їхні зусилля і безсонні ночі недаремні.

Але більшість батьків погодяться, що найцікавіше починається у віці приблизно трьох місяців, коли в дітей з'являється інтерес до соціальної взаємодії. Психологи кажуть, що саме в цьому віці погляд немовляти стає осмисленим: діти вперше по-справжньому дивляться на батьків та утримують на них погляд. Тримісячна дитина, спостерігаючи й наслідуючи, отримує величезну кількість знань, як розуміти й виражати емоції. А отже, проявляючи чуйність та увагу, батьки можуть почати активний процес емоційного виховання.

Дослідження показують, що батьки йдуть на багато що, аби залучити й утримати увагу немовлят на ранніх етапах обміну емоційною інформацією. Наприклад, батьки часто використовують мовний патерн, описаний як «материнська мова». Він містить підвищення голосу й повільні багаторазові повтори, супроводжувані перебільшеною мімікою. Така розмова з дитиною може здаватися смішною і надмірною, але батьки використовують її недарма — вона працює! Коли з немовлятами спілкуються, вони пожвавлюються і звертають на дорослого пильнішу увагу.

Більшість батьків ведуть невербальні «розмови» з немовлятами. Наприклад, дитина висовує язик — і мати робить те саме. Дитина воркує або гукає — мати повторює звук, використовуючи ту саму висоту або ритм. Зазвичай такі імітаційні ігри привертають увагу немовлят, особливо якщо батьки використовують варіації. Наприклад, дитина тричі вдаряє брязкальцем по підлозі — мати повторює цей ритм голосом.

Наслідувальні розмови дуже важливі, оскільки повідомляють дитині, що батьки звертають на неї увагу та реагують на її почуття. У такі моменти немовля вперше відчуває, що інша людина розуміє його, і це закладає основи емоційного зв'язку.

Експерименти з тримісячними немовлятами та їхніми матерями показали, наскільки малята компетентні в емоційному спілкуванні. Так, Едвард Тронік в експерименті «Гра із застиглим виразом обличчя» просив матерів дивитися на дітей, намагаючись не змінювати вираз обличчя. Зіткнувшись із незвичайною відсутністю реакції своїх мам, діти неодноразово намагалися самі почати «розмову», змінюючи вираз власного обличчя. Перш ніж остаточно здатися, немовлята пробували в середньому чотири різні стратегії. Вивчаючи вплив депресії батьків на тримісячних малят, Тронік просив матерів прикидатися трохи сумними або пригніченими. Навіть ці невеликі зміни в настрої матерів чинили величезний вплив на дітей. Вони ставали більш замкнутими й менш чутливими. Отже, навіть у три місяці немовлята очікують, що батьки будуть чуйними.

Вони не є пасивними партнерами в стосунках з батьками — навпаки, беруть активну участь у соціальній грі, хочуть, щоб їх стимулювали. Їм подобається весело проводити час, підключаючись до емоцій батьків.

А що відбувається з немовлятами, коли батьки протягом тривалого часу не реагують на них або реагують негативно?

Дослідниця Тіффані Філд, яка вивчала немовлят депресивних матерів, отримала відповіді, які вселяють тривогу: діти депресивних матерів, як правило, відображають їхній смуток, низьку енергію, низький ступінь участі, гнів та роздратованість. Якщо ж депресія матері триватиме ще рік, дитина демонструватиме тривалі затримки росту та розвитку.

Згідно з дослідженнями Філд, період між трьома й шістьма місяцями є критичним із точки зору впливу депресії матері на розвиток нервової системи дитини. Порівнявши дві групи тримісячних немовлят (мами яких страждали й не страждали на депресію), науковці майже не виявили відмінностей, але, обстеживши тих самих немовлят у віці шести місяців, з'ясували, що діти депресивних матерів видають менше звуків і отримують низькі бали щодо роботи нервової системи.

Депресія матері впливає навіть на те, як мозок її дитини оброблятиме емоційні події: як негативний або як позитивний досвід. Такого висновку дозволяє дійти електроенцефалограма, оскільки негативні відповіді обробляються в одній частині мозку, а позитивні — в іншій. Саме так Джеральдін Доусон із Вашингтонського університету відстежувала реакцію немовлят, які спостерігали, як через штори піднімаються мильні бульбашки. Дивно, але діти депресивних матерів сприймали цю досить нейтральну подію як емоційно негативну.

Попри тривожні наслідки спілкування немовлят із нечутливими, депресивними матерями, тенденція оборотна. Під час подальшого дослідження Філд виявила, що стан цих дітей поліпшувався після спілкування з вихователями ясельних груп і з батьками, які не страждали на депресію. Отже, Філд виснувала, що дорослі вихователі можуть сильно впливати на емоційний розвиток дітей раннього віку.

Одночасно з тим, як діти вчаться розрізняти емоційні сигнали батьків і наслідувати їх, вони набувають і ще однієї важливої складової розвитку — здатності регулювати фізіологічне збудження, що виникає в результаті соціальних та емоційних контактів. Багато психологів вважають, що діти роблять це, чергуючи фази активного спілкування. Певний час вони приділяють увагу оточенню і відповідають на чужу гру, а потім відвертаються та ігнорують будь-які спроби дорослих розважити їх іграшками. Така мінливість дивує батьків, однак є низка доказів, що дитина відключається, тому що їй це необхідно. Наприклад, вона може відчути збільшення частоти серцевих скорочень, і цей фізіологічний стан її пригнічує. Вона, як покупець «Kmart», після третього синього сигналу відчуває надмірне збудження, і їй потрібен відпочинок. Тому дитина відводить очі, відвертає голову й робить усе можливе, щоб уникнути подальших контактів. Саме так вона вчиться заспокоюватися.

Люди, які не мають досвіду догляду за немовлятами, не розуміють, що ті потребують пауз. Вони можуть намагатися стимулювати дитину іграшками, лебедінням і метушнею. Немовля в їхній владі, воно не може попросити свого сильнішого приятеля зупинитися або піти в іншу кімнату. Воно навіть не може накрити голову ковдрою. Тому доводиться вдаватися до найефективнішого захисту, який у нього є, — до плачу.

Подібні випадки «непорозуміння» між немовлятами та батьками трапляються досить часто. Деякі дослідники вважають, що батьки не розуміють реакції своїх немовлят у 70 % випадків! Але не хвилюйтеся, дитинство — це час спроб і помилок як для батьків, так і для дітей. Якщо батьки виявляють увагу до дітей, емоційне спілкування буде поступово поліпшуватися, а неправильне розуміння — траплятися все рідше.

Моя порада тим, хто хоче виховувати дитину правильно: звертайте увагу й реагуйте на її настрій. Якщо дитина раптом перестає цікавитися грою, дайте їй час відпочити. Якщо вона вередує в ситуації, коли навколо багато говорять та часто беруть її на руки, віднесіть її в окрему кімнату, де вона може заспокоїтися.

Якщо дитина не може заспокоїтися самостійно, зробіть усе можливе, щоб допомогти їй. Вам належить пробувати й помилятися, допоки ви не знайдете стратегію, яка найкраще відповідатиме темпераменту дитини. Серед поширених методів — зменшення яскравості світла, заколисування і ніжна розмова. Ви можете походити, тримаючи дитину на руках, щоб вона відчула ритм спільного руху. Багато батьків говорять про те, що добре діють спокійна музика, колискова, легкий масаж або м'яке поплескування. Деяких дітей добре заспокоює «білий шум» посудомийної машини або неналаштованого радіо.

Ті батьки, які розуміють, що дітям необхідно перемикатися з активної стимуляції на спокійнішу діяльність, ефективніше підвищують емоційний інтелект своїх дітей. Емоційне виховання відкриває дітям більше можливостей для переходу від високого збудження до спокійнішого стану, немовлята вчаться заспокоюватися і регулювати свій фізіологічний стан.

Батьки, які допомагають дітям упоратися з дискомфортом, дають їм важливі уроки. По-перше, діти дізнаються, що їхні сильні негативні емоції впливають на навколишній світ (батьки реагують на плач), а по-друге, — що, переживши сильну емоцію, можна заспокоїтися. У віці до пів року заспокоюють в основному батьки, але із часом дитина вчиться робити це сама, що становить важливу частину її емоційного здоров'я.

Як ми дізналися в розділі 6, важливий досвід заспокоєння після сильного збудження діти отримують під час фізичних ігор із батьками. Я закликаю батьків вигадувати ігри, що дають можливість їхнім дітям практикуватися в розумінні й вираженні різних емоцій. Можна почати з простого наслідування того, що робить дитина: висунути язик, покректати, покашляти. Найімовірніше, дитина повторить свою дію, і от гра вже в розпалі.

Граючи з дитиною, будьте жвавими й емоційними, робіть м'які ритмічні рухи, повторюйте пустотливі фрази. У таких іграх дитина вчиться передбачати ваші подальші дії і ніби промовляє собі: «А, починається гра! Ухопилися за пальчики й водимо ніжками по колу!» або «Ага, а тепер починається гра! Я буду тебе лоскотати!». Дитина усмішкою, хихиканням, дриґанням ніг і вереском вчиться повідомляти про свою радість, коли гра їй подобається. Бачачи позитивну реакцію малюка, батьки грають іще активніше, формуючи висхідну спіраль ласкавої і веселої взаємодії, що зміцнює емоційний зв'язок.

Від шести до восьми місяців

Для немовлят це період величезної дослідницької діяльності, коли вони виявляють нескінченний світ предметів, людей і місць. Вони знаходять нові способи самовираження і діляться з навколишнім світом такими почуттями, як радість, цікавість, страх і розчарування. Це усвідомлення свого оточення відкриває перед ними нові можливості для емоційного виховання.

Серед важливих стрибків у розвитку, які зазвичай відбуваються до шести місяців, — здатність дитини перемикати увагу, зберігаючи у свідомості образ предмета або людини, на які вона більше не дивиться. Колись вона могла думати тільки про об'єкт або людину, на яких було сконцентровано її увагу. Тепер вона може із задоволенням дивитися на іграшкового клоуна, а потім поглянути на батьків: чи поділяють вони її задоволення. Це досягнення може здатися простим, але воно відкриває величезний світ нових можливостей для гри й емоційної взаємодії. Дитина може не тільки запросити вас пограти із цікавими предметами, а й поділитися почуттями, які вони викликають.

Щоб стимулювати розвиток емоційного інтелекту, відгукуйтеся на пропозиції дитини пограти з предметами й наслідуйте її емоційні реакції. Вона буде дедалі частіше ділитися з вами своїми почуттями та емоціями.

До восьми місяців діти зазвичай починають повзати й вивчати своє найближче оточення. Вони вже розрізняють людей, з якими стикаються, з'являються і перші страхи. Найімовірніше, саме в цей час ви відзначите перші випадки «тривоги через чужого». Ще вчора дитина всміхалася незнайомим людям на касі в магазині — і от ховає обличчя, уткнувшись у мамине плече; малюк охоче йшов на руки до нової няні, а тепер відчайдушно чіпляється за батьків, коли вони намагаються залишити його незнайомій людині.

Від шести до восьми місяців дитина починає значно краще розуміти слова, які ви вимовляєте. І хоча до того, як вона заговорить, залишається ще кілька місяців, вона багато розуміє і виконує прохання: «Іди візьми білого ведмедя і принеси мені». Я згадую, як приблизно в цьому віці сказав дочці: «Люба, ти здаєшся втомленою. Чому б тобі не покласти голову мені на плече й не відпочити?» Морія так і вчинила.

Усі ці нові можливості — фізична рухливість і здатність перемикати увагу, особлива прихильність дитини до батьків, розуміння усного мовлення і страх перед невідомим — з'являються разом із навичкою, яку психологи називають реакцією на соціальні сигнали: дитина, стикаючись із певним об'єктом або явищем, звертається по емоційну інформацію до батьків. Наприклад, підходячи до собаки, може почути, як мати каже: «Ні, не ходи туди!» Вона вже може розуміти комбінацію зі слів матері, голосу й виразу обличчя та висновує, що її дія є потенційно небезпечною. Або, прямуючи на гучні звуки робота, може озирнутися на матір і побачити, що та всміхається. Так дитина розуміє, що робот безпечний і з ним можна грати. Батьки посідають унікальне місце в емоційному житті дитини: вони стають «критерієм її безпеки», тому дитина активніше досліджує навколишній світ.

Вона знає, що може довіряти таким сигналам батьків, як вираз обличчя, голос і мова тіла. (Сьюзен Дікстейн і Росс Парк дійшли цікавого висновку про те, як батьківський конфлікт може вплинути на цей процес: у нещасливих шлюбах немовлята рідше використовували цю навичку в спілкуванні з батьком і охоче взаємодіяли з матір'ю. Найімовірніше, це відбувалося тому, що чоловіки, коли сімейне життя починає розвалюватися, емоційно віддаляються від дітей і дружин. При цьому жінки, які перебувають у нещасливому шлюбі, можуть віддалятися від чоловіків, але залишаються емоційно пов'язаними з дітьми.)

Для зміцнення емоційного зв'язку з немовлятами цього віку я закликаю батьків стати дзеркалом для своїх дітей, тобто повертати їм почуття, які ті показують. Не менш важливо допомагати дитині вивчати назви своїх почуттів. Пильно спостерігайте за дитиною і не забувайте говорити: «Тобі зараз сумно (весело, страшно тощо), чи не так?» або «Ти дуже втомився. Хочеш трохи посидіти в мене на колінах?». Якщо ви правильно розпізнали її почуття, вона зрозуміє вас і покаже це. Будьте готові до того, що не завжди розумітимете свою дитину, але не хвилюйтеся: це звичайне явище, і діти, на щастя, дуже терпимі. Пам'ятайте, що малюк дивиться на вас і чекає емоційних сигналів. Наприклад, ваші емоції можуть допомогти йому справитися зі страхом присутності незнайомих людей: якщо поруч із новою нянею мама буде розслабленою або обійматиме її, то й дитина отримає повідомлення, що новій людині можна довіряти.

Від дев'яти до дванадияти місяців

Це період, коли діти починають розуміти, що люди можуть ділитися своїми думками й почуттями. Наприклад, простягаючи зламану іграшку татові й чуючи від нього: «Ой, це зламалося. Це дуже погано. Тобі сумно, так?» — дитина усвідомлює, що батько знає, як вона почувається. Тепер вона розуміє, що в них із татом можуть бути *однакові думки й почуття* та що можна поділитися ними. А це, безсумнівно, зміцнює емоційний зв'язок між батьками й дитиною. У плані емоційного виховання це нове розуміння — надзвичайно важливий етап, оскільки він робить можливою двосторонню розмову про почуття.

Дитина починає усвідомлювати, що люди й об'єкти в її житті мають певну сталість. Наприклад, малюк розуміє: якщо м'яч закотився під стілець і його не видно, це не означає, що його не існує; якщо мама пішла з кімнати й не чує, вона залишається частиною його світу й скоро повернеться.

Вивчаючи концепцію «сталості об'єктів», дитина захоплено починає діставати з коробок дрібні предмети, ховає їх, а потім знову змушує їх з'являтися. Вона може раз по раз кидати ложку зі свого високого стільчика, щоб вона зникала з поля зору, а потім просити вас її дістати.

Таке розуміння сталості предметів і людей зачіпає важливий аспект розвитку вашої дитини — її прихильність до конкретних осіб, а саме до батьків. Тепер, коли вона впевнена, що батьки існують, навіть якщо їх немає поруч, вона може сумувати за ними й вимагати, щоб вони залишилися. Дитина може сильно плакати й кричати, якщо побачить, що ви, наприклад, надягаєте пальто й збираєтеся йти. Коли ви пішли, вона відчуває, що ви повинні *десь* бути, але не знає, де саме, і це може її засмучувати. Крім того, у дітей у цьому віці ще слабко розвинене відчуття часу, тому дитині важко зрозуміти, як довго вас не буде.

Психологи, що вивчають прихильність до немовлят, спостерігали, як однорічні діти реагують на догляд незнайомими дорослими, на вихід батьків та на їхнє повернення. Вони з'ясували, що діти емоційно доступних батьків могли бути засмученими, коли батьки поверталися, але дозволяли заспокоїти себе й притискалися до них, якщо ті брали їх на руки й розмовляли. Діти, котрі відчували невпевненість в емоційній доступності батьків, реагували на їх повернення інакше. Як правило, дитина або ігнорувала повернення батьків і поводилася так, ніби в неї все чудово, при цьому на спроби заспокоїти могла відштовхнути дорослого або чіплялася за батьків, які повернулися, але її було важко втішити. Якщо ваша дитина поводиться так, це означає, що їй потрібно, щоб на її емоції відповідали співчуттям, турботою і любов'ю.

Ви можете допомогти дитині цього віку впоратися з тривогою, яку вона відчуває з приводу розставання з вами: для цього, зібравшись іти, просто скажіть, що ви повернетеся. Пам'ятайте, однорічний малюк не вміє говорити, але вже багато розуміє, тож ваші запевняння можуть йому допомогти. Не забувайте й про те, що він спостерігає за вашими емоціями, і, якщо ви відчуваєте тривогу або боїтеся залишити його, він може вловити ваші почуття і відчути те саме. Найкраще, якщо ви запросите няню, у якій упевнені, дайте дитині час познайомитися із цією людиною, а вже потім ідіть. Так і ви, і дитина будете спокійні. Ви також можете привчати дитину перебувати далеко від себе. Для цього дозволяйте їй самостійно вивчати приміщення вашого будинку. Наприклад, якщо вона відповзає в іншу (безпечну з вашої точки зору) кімнату, не біжіть одразу дивитися, що там відбувається, дайте їй побути на самоті. Якщо ви перебуваєте в одній кімнаті й вам потрібно піти в іншу, скажіть дитині, куди ви йдете й що дуже скоро повернетеся. Поступово вона повинна зрозуміти, що батьки можуть піти, що нічого страшного не станеться і, коли вони говорять, що повернуться, їм можна довіряти.

Пам'ятайте, що необхідно постійно показувати дитині, що ви розумієте її почуття. Так ви даєте їй відчути себе в безпеці й зміцнюєте емоційний зв'язок. Продовжуйте придумувати ігри, у яких потрібно імітувати або висловлювати різні емоції. Коли моя дочка була в цьому віці, я придумав гру «Хлопці». Щовечора я брав ручку й малював різні вирази облич на пальцях однієї руки. Великий палець завжди виглядав сердитим, вказівний — сумним, на середньому був вираз страху, на безіменному — здивування, а на мізинці — радість. Морія забиралася до мене на коліна, і ми говорили з «хлопцями» про те, як минув їхній день. Великий палець міг сказати: «О, це був поганий день. Я був такий злий, що міг що-небудь штовхнути». Вказівний міг сказати: «У мене теж день минув погано, сьогодні мені було сумно й хотілося плакати». Потім «хлопці» поверталися до Морії і питали її: «А який день був у тебе?» Вона певний час думала, а потім хапала палець, схожий на її день. Так я допомагав їй назвати своє почуття:

«Сьогодні в тебе був сумний день». Коли вона вивчила більше слів, її жест став супроводжуватися словами. Вона могла сказати: «Скучила за мамою». Тоді я додавав: «О, сьогодні тобі було сумно, тому що ти сумувала за мамою, коли вона пішла на роботу». Потім я виявляв співчуття: «Я розумію, як ти почувалася». І додавав: «Іноді, коли мама йде на роботу, мені теж буває сумно».

Ясельний вік (від року до трьох)

Ясельний вік — веселий і цікавий час, коли ваша дитина розвиває почуття власного «я» і починає проявляти самостійність. Але цей період також називають кризою двох років: діти стають значно впевненішими в собі й починають вам суперечити. У цей час у них активно розвиваються мовні навички, але слова, які ви найчастіше будете чути, — це «Ні!», «Моє!», «Я сам!» або «Я зроблю!». Емоційне виховання стає важливим інструментом, за допомогою якого батьки можуть допомогти малюкові впоратися зі сформованими почуттями розчарування і гніву.

Як і на всіх етапах розвитку, батькам не завадить поглянути на конфлікти й проблеми з точки зору дитини. Основне завдання розвитку малюка в цьому віці — утвердитися в ролі незалежної істоти, тому постарайтеся уникати ситуацій, які дадуть йому відчути, що в нього немає ніякої влади й ніякого контролю. Одна з мам розповіла про те, як намагалася змусити свого дворічного сина прийняти ліки. З дитинства вона використовувала ту саму тактику: сповивала його в рушник і змушувала проковтнути ліки. «Але того дня він виривався, як божевільний. І раптом увійшла сестра, вона взяла піпетку й сказала моєму синові: "Ти хочеш зробити це сам?" Син

230 • Емоційний інтелект у дитини

кивнув, узяв піпетку, видавив ліки в рот і все проковтнув». Усе, чого він хотів, — це трохи контролювати ситуацію.

У цьому віці потрібно кілька разів на день давати малятам можливість зробити вибір. Замість говорити: «На вулиці холодно, ти повинен надягти пальто», — скажіть: «Що ти хочеш сьогодні надягнути? Кофту чи светр?» Установіть кордони так, щоб малюк був у безпеці, а ви — спокійні.

Одночасно із самоствердженням малята дедалі більше цікавляться іншими дітьми. Насправді з раннього віку вони, здається, гостро усвідомлюють відмінності й подібності з людьми, найбільше схожими на них. Дослідження, які провів психолог Том Бауер, показали, що хлопчики воліють дивитися кіно про хлопчиків, а дівчатка — про дівчаток.

Малят, старших від року, може сильно тягнути одне до одного, але в них іще немає необхідних соціальних навичок, щоб добре грати разом. Дійсно, спроби спільної гри часто бувають проблематичними, враховуючи «правила власності малюка», які свідчать: (1) якщо я це бачу, то воно моє; (2) якщо це твоє, а я хочу його, то воно моє; (3) якщо це моє, то воно моє назавжди. Батьки повинні розуміти, що це не жадібність, а відчуття власного «я». Діти цього віку можуть враховувати тільки власну точку зору й не розуміють, що інші можуть думати інакше. Тому ідея про необхідність ділитися просто не має для них сенсу.

Існує і позитивний бік конфліктів малят через іграшки й емоційних феєрверків, до яких вони зазвичай призводять. Подібні епізоди відкривають приголомшливі можливості для емоційного виховання. Батьки можуть допомогти малятам усвідомити й позначити словами гнів чи розчарування. («Ти сходиш із розуму, коли хтось бере твою ляльку» або «Ти розчарована, що не можеш отримати цей м'ячик просто зараз».)

Вони можуть вивчати способи розв'язання проблем, знайомлячи малечу з ідеєю гри по черзі. Якщо конфлікт переростає в бійку, забіяці можна сказати, що «ми не б'ємо й не робимо боляче своїм приятелям через те, що сердимося», а потім поспівчувати жертві й заспокоїти її.

Не забувайте хвалити й заохочувати малюка щоразу, коли він робить хоча б найменшу спробу обміну, але особливо не сподівайтеся на те, що він буде робити це часто. У цьому віці, як правило, більш успішні паралельні ігри, коли в кожної дитини є свій простір і вона може грати окремо від інших.

Вам ніколи не вдасться повністю уникнути конфліктів малят через іграшки. Але заради збереження душевного спокою ви можете звести ці епізоди до мінімуму. Пояснюйте дітям, що вони можуть узяти іграшки до будинку друга або в дитячий садок, тільки якщо будуть ними ділитися. Якщо ваш малюк чекає приятелів у себе вдома, доберіть разом кілька особливо дорогих йому іграшок, які він не хоче давати іншим. Потім, перед приїздом гостя, урочисто їх сховайте. Це дасть дитині відчуття влади й контролю, якого вона прагне.

На додачу до усвідомлення себе як окремої особистості дитина досягає ще однієї важливої віхи розвитку: вона опановує символічні або рольові ігри. У віці двох-трьох років діти починають розігрувати поведінку, яку раніше спостерігали в інших членів сім'ї. Дитина вже здатна зберігати в пам'яті спогади про дії та події, а потім витягувати їх для наслідування. Дуже забавно спостерігати, як дворічні малята готують, голяться, підмітають підлогу або розмовляють по телефону. Те, як дитина ніжно цілує на ніч свого ведмедика або сварить ляльок за погану поведінку, може бути живим нагадуванням, що діти, спостерігаючи, вчаться керувати своїми емоціями.

Дошкільний вік (від чотирьох до семи років)

До чотирьох років діти вже на «ти» з навколишнім світом. Вони знайомляться з новими друзями, активно освоюють навколишнє середовище й дізнаються багато нового та цікавого. Разом із досвідом приходять і нові проблеми: дитячий садок — це весело, але вихователі, як правило, очікують, що дитина буде спокійно сидіти в групі й зосереджено виконувати завдання. Дитина вже знає, як поводитись із друзями, але іноді вони все ще зводять її з розуму й ранять почуття. І тепер, коли вона стала досить дорослою, щоб зрозуміти жахи пожежі, війни, грабіжників і смерті, щосили намагається не виявитися розчавленою страхом перед цими подіями.

Щоб упоратися з новими проблемами, дитині потрібно вміти керувати своїми емоціями. Одна з найважливіших задач, з якими діти стикаються в ранньому дитинстві, — необхідність навчитися пригнічувати неадекватну поведінку, зосереджуватися і мотивувати себе на досягнення мети.

Ніде діти так не розвивають навички управління своїми емоціями, як у стосунках з однолітками. Саме тут вони вчаться точно формулювати свої думки, щоб обмінюватися інформацією, і роз'яснювати їх, якщо їх не зрозуміли. Вони вчаться говорити й грати по черзі, ділитися. Вони дізнаються, як знаходити спільну мову під час гри, вступати в конфлікти й розв'язувати їх, як розуміти почуття, бажання та прагнення інших людей.

Дружба — це благодатний ґрунт для емоційного розвитку маленьких дітей, тому я закликаю батьків надавати дітям більше можливостей для спілкування з друзями сам на сам. Навіть у дуже маленької дитини можуть формуватися міцні й довготривалі прихильності до інших дітей, і батькам слід приймати всерйоз і поважати ці стосунки.

Ігрові заняття для дітей цього віку найкраще проводити в парах. Це пов'язано з тим, що дітям у віці від чотирьох до семи років часто буває важко зрозуміти, як одночасно керувати стосунками більш ніж з однією людиною. Вас це може засмучувати, особливо якщо ви бачите, як двоє дітей відштовхують третього, який намагається приєднатися до гри. Але ви повинні розуміти, що відмова не обов'язково означає недоброзичливість. Просто діти хочуть захистити гру, яку зуміли створити в парі, а оскільки вони не можуть висловити своє ставлення такими словами, щоб третя дитина їх зрозуміла й прийняла («Пробач, Біллі, але пара є найбільшим соціальним осередком, з яким ми можемо впоратися на цьому етапі свого розвитку»), то, як правило, вдаються до більш грубої та жорсткої тактики: «Іди, Біллі. Ми з тобою не граємо!» Деякі діти можуть робити так само з батьками, кажучи: «Іди, тату! Я тебе більше не люблю. Я люблю тільки маму!» Фактично це означає, що вона насолоджується близькістю, яка склалася в неї з мамою. Тато не повинен брати цю грубість близько до серця. Насправді маленькі діти можуть бути дуже непостійними. Нерідко буває так, що двоє дітей відштовхують третього, а кілька хвилин по тому перегруповуються і запрошують щойно відкинуту дитину взяти участь у своїй новій грі.

Як найкраще реагувати, якщо ви бачите, що дитина виключає іншу з гри? Якщо хочете прищепити їй доброту й сприйнятливість до почуттів інших людей, то слід розповісти їй, як можна ввічливіше керувати своїми соціальними взаєминами. Навчіть дитину простих слів, які вона може використовувати, щоб пояснити ситуацію. Наприклад: «Зараз я хочу грати тільки з тим-то. Але потім я зможу пограти з тобою».

Якщо ваша дитина — це той, кого в цей момент виключили, то важливо, щоб ви визнали її почуття, особливо коли вона злиться. Потім допоможіть їй придумати способи розв'язання проблеми, наприклад, запросити грати іншу дитину або знайти що-небудь цікаве, що можна робити самому. Прикладом використання методів емоційного виховання для ефективного виходу з такої ситуації може бути розмова між Меґан та її матір'ю.

Крім навчання важливих соціальних навичок, дружба між маленькими дітьми дає їм можливість фантазувати: створювати персонажів і розіграти життєві ситуації. Юні друзі часто вдаються до фантазій, щоб допомогти одне одному пропрацювати заплутані проблеми й упоратися з переживаннями з повсякденного життя. Це сприяє їхньому емоційному розвитку, допомагаючи подібно до дорослих, які із цією метою використовують візуалізацію або гіпноз, отримати доступ до прихованих почуттів. Моя колишня студентка Лорі Крамер, наприклад, виявила, що гра, у якій діти фантазують, найкраще допомагає їм пристосуватися до народження брата або сестри. Коли приятелі беруть на себе роль новонародженого, нові «старші брати» і «старші сестри» можуть вивчити широкий спектр почуттів — від ворожості до ніжності. У ролі батьків вони дістають можливість учити, сварити, виховувати й годувати немовля.

Я спостерігав, як подібні ігри розкривали дивовижну глибину почуттів. Так, одна маленька дівчинка, граючи «в сім'ю», повернулася до подруги й сказала: «Нам не потрібно весь час спати, як мамі й Джиммі (новий приятель її матері). Ми не так сильно втомилися, як вони». Трохи пізніше її подруга запитала: «Що говорить твоя мама, коли зачиняє двері?» Дівчинка відповіла: «Вона каже: "Не заходь сюди"». Не розуміючи, чому мати її виключає, вона додала: «Вона не хоче, щоб я була поруч. Вона мене не любить».

Знаючи, що фантазія може відчинити двері в думки й турботи маленької дитини, батьки дітей цього віку, що займаються емоційним вихованням, можуть використовувати гру як спосіб зблизитися зі своїми дітьми. Зазвичай діти проєктують свої ідеї, побажання, розчарування і страхи на ляльок або інші іграшки. Батьки можуть заохочувати дитину вивчати свої почуття і переконувати їх у чомусь, просто відповідаючи на слова іграшки. Ось приклад такої розмови. Зверніть увагу, наскільки легко батько використовує уяву дитини для обміну репліками.

Дитина: Цей ведмідь — сирота, тому що він більше не потрібен своїм батькам.
Батько: Мама й тато ведмедя пішли?
Дитина: Так, вони пішли.
Батько: А вони повернуться?
Дитина: Ніколи.
Батько: А чому вони пішли?
Дитина: Ведмідь був поганим.
Батько: Що він зробив?
Дитина: Він розсердився на маму-ведмедицю.
Батько: Я думаю, іноді сердитися — це нормально. Вона повернеться.
Дитина: Так. Вона вже йде.
Батько (бере іншого ведмедя і каже голосом мами-ведмедиці): Я ходила виносити сміття. Я вже повернулася.
Дитина: Привіт, мамочко!
Батько: Ти був злий, і це нормально. Іноді я теж буваю злою.
Дитина: Я це знаю.

Заохочення дітей використовувати ігри — реальна майстерність, але якщо ви її опануєте, то зможете ефективно застосовувати ці ігри. Наприклад, ваш малюк хоче бути більшим і сильнішим, тому говорить: «Раніше я був маленький, а тепер можу підняти ліжечко з одного боку. А ти знаєш, що Супермен може навіть літати?» Це означає, що дитина практично попросила дозволу стати Суперменом, щоб вивчити такі почуття, як сила й упевненість у собі. Ви можете зробити свій внесок і заохотити її фантазію, просто сказавши: «Радий із тобою познайомитися, Супермене. Ти збираєшся політати прямо зараз?»

Діти можуть вводити у свої ігри розмови про реальні життєві ситуації. Не дивуйтеся, якщо в розпал гри з лялькою Барбі або наслідуючи супергероїв, дитина раптом скаже: «Я боюся знову залишатися із цією нянею» або «Скільки років мені буде, коли я помру?».

Походження дитячих ідей, найімовірніше, залишиться для вас загадкою, але очевидне одне — у сценарії гри щось сколихнуло емоції дитини, і вона хоче ними поділитися. Інтимність і безпосередність гри дозволяють їй відчути себе поряд із вами в безпеці й підняти на поверхню те чи інше делікатне питання. Якщо дитина призупинить розігрувати спектакль, щоб досліджувати емоцію, то вам теж краще призупинити гру й поговорити з нею про страх, який вона переживає.

Одна з причин, із якої такі ігри такі популярні серед дітей чотирьох-семи років, імовірно, у тому, що вони допомагають малюкам упоратися з безліччю страхів, які вони відчувають у ранньому дитинстві. І хоча кількість тривожних переживань дітей молодшого віку може здатися нескінченною, по суті всі вони зводяться до невеликого набору базових страхів.

Страх безсилля. Я чув, як двоє п'ятирічних дітей обговорювали «усе, що в цьому світі може нас убити». Вони говорили про «розбійників, злих людей, монстрів» і про найстрашнішого монстра — «акулу». Вони обговорювали способи, якими могли б знищити ці страшні речі. Потім поговорили про те, як боялися таких «дурних речей, як темрява», коли були «дітьми». Але тепер, «коли вони стали великими», хвалилися хлопчики, «ці дурниці їх більше не лякають».

Ця розмова наштовхнула мене на думку: навіть якби ми якось могли захистити дітей від усвідомлення всіх реальних небезпек, які є у світі, вони все одно придумали б своїх монстрів. Річ у тому, що подібні фантазії допомагають дітям упоратися з природними почуттями безсилля і вразливості. Безсумнівно, сила монстрів лякає та відштовхує дітей, але їм подобається уявляти, що вони перемагають те, чого бояться. Так вони можуть почуватися більш сильними й менш уразливими.

Батьки за допомогою емоційного виховання можуть дати дітям можливість почуватися сильнішими. Як і в малят, самооцінка дітей цього віку підвищується, якщо їм надають вибір: що надягнути, що їсти, як грати й так далі. Ще одна важлива стратегія — надання дітям самостійності в тому, що вони вже вміють. Не важливо, чого вони вчаться — мити голову або грати в нову комп'ютерну гру, — дітям потрібно, щоб батьки допомагали й направляли, але не були нав'язливими. Якщо дитина засмутилася, що не вийшло зав'язати шнурки на черевиках, не робіть це замість неї, тому що так ви покажете, що не вірите в її сили. Скажіть слова, які свідчать, що ви її розумієте, наприклад: «Іноді дуже складно зав'язати довгі шнурки». Тоді, навіть якщо дитина все ж попросить вас про допомогу, вона знатиме, що ви розумієте її почуття.

Страх бути покинутим. Існує природна причина, через яку діти цього віку зачаровано слухають такі казки, як «Білосніжка», у якій батько помирає і залишає доньку зі злою мачухою, або «Пригоди Олівера Твіста», де хлопчик-сирота має дбати про себе, займаючись крадійством. У цих історіях проговорюється страх, спільний для більшості дітей дошкільного віку, що одного разу їх можуть залишити.

Цей страх здається дітям дуже реальним, і він поширений, тому батькам не слід використовувати його ні як погрозу, щоб підтримати дисципліну, ні як «жарт». Щоразу, коли дитина висловлює цей страх, використовуйте методи емоційного виховання, щоб визнати її почуття. Переконуйте дітей, що ви завжди будете любити їх і добре про них піклуватися.

Страх темряви. Для дітей темрява втілює велике невідоме, це те місце, де мешкають усі їхні страхи й монстри. Коли діти підростуть, вони розумітимуть, що темрява не завжди буває страшною, але в цьому віці їм потрібна ваша допомога, тому, якщо дитина боїться темряви, залишайте в її кімнаті невелике світло й говоріть, що ви поруч і в разі необхідності вона завжди може вас покликати.

Не думайте, що, заперечуючи страх темряви, ви зробите дитину сильнішою. Я знайомий із батьком, який не хотів виконувати прохання сина й залишати світло, бо турбувався, що хлопчик стане «слабаком». За кілька днів він відчув, що його син стає дедалі тривожнішим. З'ясувалося, що хлопчик боявся вже не тільки темряви, а й того, що через поганий сон він гірше вчитиметься наступного дня і втратить прихильність батька. Тоді батько змінив рішення і поставив у кімнаті хлопчика нічник, і вся сім'я спала значно спокійніше.

Страх нічних кошмарів. Кошмари лякають усіх дітей, але особливо страшними вони можуть бути для дітей молодшого віку, яким іще важко відрізнити сни від реальності. Якщо дитина прокидається в сльозах, спробуйте потримати її на руках і поговорити про кошмар, який наснився, пояснивши, що все, що відбувалося, було не насправді. Побудьте з нею, поки вона заспокоїться, і запевніть, що кошмар закінчився і вона в безпеці.

Добре, якщо ви поясните дітям, що таке сновидіння і сон. Стане в пригоді чудова історія про Енні з книги «Жила була дівчинка, схожа на тебе», яку Доріс Бретт написала, щоб допомогти дочці впоратися з кошмарами. У книзі маленька Енні розповідає мамі про злого тигра, який переслідував її уві сні. Тоді мати дає Енні невидиме чарівне кільце, яке вона повинна надягати перед сном. Коли тигр знову починає переслідувати Енні, дівчинка згадує про кільце й зустрічається з тигром. І виявляється, що тигр просто хотів стати її другом. Так в Енні з'явився друг, який допомагає їй боротися з іншими страхами.

Коли я розповів своїй дочці Морії історію про Енні, вона вирішила перейменувати головну героїню в Морію. Одного разу я зайшов у ванну й побачив, що дочка дивиться на себе в дзеркало й розповідає ці історії своєму відображенню. Незабаром Морія позбулася страху нічних кошмарів. Час від часу кошмари продовжували їй снитися, але вони вже не були настільки страшними.

Страх батьківських сварок. Сварки батьків можуть сильно засмучувати дітей — вони відчувають, що це загроза їхній безпеці. Дорослішаючи, діти дізнаються, до чого можуть призвести батьківські скандали, і побоюються, що конфлікт батьків закінчиться розлученням. Крім того, діти часто перебирають на себе відповідальність за конфлікт, вважаючи, що стали причиною сварки батьків. Найчастіше діти вважають, що вони відповідальні за збереження сім'ї та в силах розв'язати конфлікт.

Батьки повинні намагатися не дозволяти дітям брати активну участь у своїх конфліктах (див. розділ 5). Крім того, якщо ваші діти стали свідками суперечки між вами й партнером, слід показати їм, як розв'язати конфлікт. Психолог Марк Каммінґс писав про те, що маленькі діти не дуже добре розуміють вербальні сигнали, зате швидко заспокоюються, якщо бачать, як мама й тато обнімаються та миряться.

Страх смерті. Діти цього віку знають про існування смерті й можуть ставити вам про неї прямі запитання. Важливо, щоб ви були чесними: нехай дитина знає, що ви розумієте її занепокоєння і не вважаєте її запитання дурними або незначними. Якщо помер ваш друг, родич або домашній улюбленець вашої дитини, потрібно визнати сум, викликаний втратою, обійняти й утішити. Якщо ви спробуєте не звертати уваги або применшити почуття горя і страху, які дитина переживає, вони не зникнуть. Навпаки, дитина вважатиме, що вам незручно говорити про смерть і що не варто обговорювати з вами важливі почуття.

Хоч чого боїться дитина, ви повинні пам'ятати, що страх — це природна емоція, яка виконує корисну функцію в житті молодих людей. Звичайно, діти не повинні бути настільки полохливими, щоб боятися досліджувати й вивчати світ, але вони повинні знати, що іноді він буває дуже небезпечним. І саме страх є адекватним попередженням.

Розмовляючи з дітьми про їхні страхи, не забувайте використовувати основні прийоми емоційного виховання: допомагайте їм розпізнати й позначити свій страх, коли він з'являється, співчутливо та чуйно про нього поговоріть і разом придумайте способи боротьби з різними загрозами. Обговорюючи з дитиною стратегії боротьби з такими реальними небезпеками, як пожежа, хвороба або незнайомі люди, ви даєте їй до рук усі інструменти для попередження. Наприклад, якщо дитина боїться пожежі, скажіть: «Пожежа в будинку — це дійсно страшно. Саме тому в нас є детектор диму, який попередить нас, коли щось загориться».

Майте також на увазі, що діти можуть говорити про свої страхи алегорично. Так, хлопчик, який запитує, чи існують іще дитячі будинки, найімовірніше, не хоче почути лекцію про політику соціального забезпечення дітей, а думає про страх, що його покинуть. Ви повинні почути емоції, які стоять за цим запитанням, особливо якщо запитання дитини стосується смерті або того, що її покинуть.

Молодший шкільний вік (вісім-дванадцять років)

У цей час діти входять у великі соціальні групи й зазнають їхнього впливу. Тепер вони помічають, хто з однолітків входить, а хто не входить у групу. У цьому віці в дітей активно розвиваються пізнавальні здібності й вони дізнаються про владу інтелекту над емоціями.

Ваша дитина відчуває дедалі більший вплив із боку однолітків, і ви можете помітити, що однією з основних мотивацій її життя стає прагнення за всяку ціну уникнути незручностей. Дітей цього віку починають хвилювати стиль одягу, тип рюкзака і як їхні однолітки ставляться до того, що вони роблять. Дитина піде на все, щоб не привертати до себе уваги, особливо якщо друзі дражнять її або критикують її дії. Конформізм у цьому віці є цілком здоровим, хоча нерідко й викликає роздратування батьків, які хочуть, щоб їхні діти були лідерами, а не виконавцями. Це означає, що ваша дитина дедалі краще розпізнає соціальні сигнали й набуває навичок, які служитимуть їй протягом усього життя. У період від восьми до дванадцяти років це особливо важливо, тому що діти цієї вікової групи можуть дражнити й принижувати нещадно.

242 • Емоційний інтелект у дитини

Насправді дражнилки є кузнею, яка формує багатовікові стандарти поведінки. Дівчаток дражнять не менше, ніж хлопчиків, хоча в хлопчиків надмірне передражнювання нерідко призводить до фізичних зіткнень.

Діти досить швидко розуміють, що коли їх дражнять, то краще за все взагалі емоційно не реагувати. Протест, крик, скарги вчителю або гнів, коли крадуть шапку чи обзивають, можуть спричинити подальші приниження або вигнання з групи. Тому, щоб зберегти гідність, краще підставити іншу щоку. Розуміючи ситуацію, діти виробляють «ектомію емоцій», прибираючи почуття зі сфери стосунків з однолітками. Більшість дітей майстерно опановують цей прийом, але найбільших успіхів досягають ті, хто в молодшому віці навчився керувати емоціями.

«Холоднокровне» ставлення до стосунків з однолітками може ввести в оману батьків, які були хорошими емоційними вихователями. Наша робота з батьківськими групами показала, що матері й батьки часто помилково вважають, що все, що потрібно зробити дітям у разі конфлікту з однолітками, — це поділитися своїми почуттями з іншою дитиною і порозумітися. Така стратегія добре працює в дошкільних установах, але в школі, коли прояв емоцій вважається соціальною перешкодою, може закінчитися катастрофою. Мені здається, що діти, з якими займалися емоційним вихованням, стають досить проникливими, щоб це зрозуміти. Вони вміють розпізнавати сигнали своїх однолітків і діяти відповідно.

Ближче до десяти років багато дітей стають значно більш здатними до логічних міркувань. Мені подобається порівнювати їх із містером Споком із «Зоряного шляху», який уникає почуттів і покладається на логіку та розум. Діти часто реагують так, ніби в них не голови, а комп'ютери. Скажіть дев'ятирічній дитині «Підніми шкарпетки!» — і вона може їх підняти, а потім покладе на місце, пояснивши це тим, що їй «не говорили *їх прибрати*».

Зухвалість і знущання зі світу дорослих характерне для дітей, які бачать життя в чорно-білих тонах або все ділять на правильне й неправильне. Задумайтеся: десятирічна дитина раптово дізнається про всі довільні й нелогічні життєві стандарти, і життя починає їй здаватися одним великим журналом «Mad». Дорослих вона вважає лицемірами, тож улюбленою «емоцією» дитини закономірно стають знущання і неповага до дорослих.

З усіх цих суджень і оцінок народжується її власна система цінностей. У цьому віці дитину хвилюють мораль і справедливість, тому вона може придумати собі «чисті світи», де всі люди рівні, немає місця нацизму чи війні й де не може бути тиранії. Дитина може зневажати світ дорослих із його звірствами, такими як работоргівля або інквізиція. Вона сумнівається, вона кидає виклик, вона починає думати самостійно.

Іронія в тому, що разом із цим дитина дотримується нічим не обгрунтованих і тиранічних стандартів групи своїх однолітків. Наприклад, ваша дочка може обстоювати право людини на свободу вираження поглядів та одночасно обмежувати свій гардероб одним стилем светрів. Вона може бути глибоко стурбована жорстоким поводженням із тваринами в косметичній промисловості й одночасно брати участь у змові, щоб не дати однокласникам брати участь у баскетбольному матчі.

Як батькам реагувати на таку непослідовність? Я раджу не звертати уваги й вважати цей час періодом досліджень. Знайте, що суворе дотримання найчастіше деспотичних правил, що диктуються однолітками, — це частина нормального й здорового розвитку. Поведінка вашої дитини означає, що вона здатна розпізнавати стандарти й цінності, прийняті в групі однолітків, і це дозволяє їй стати її частиною.

Якщо дізнаєтеся, що ваша дитина бере участь у цькуванні іншої дитини, скажіть їй про те, що ви відчуваєте. Використовуйте цей прецедент, щоб донести до неї свої цінності — доброту й чесність. Якщо ваша дитина не проявила жорстокості, не слід бути особливо різкими або суворо її карати. Для дітей цього віку, які хочуть входити в обране коло й при цьому відчувають сильний тиск із боку однолітків, така поведінка нормальна.

Коли дитина скаржиться, що її виключили з групи або однолітки ставляться до неї несправедливо, ви можете скористатися методами емоційного виховання, щоб допомогти їй упоратися з почуттями смутку й гніву. Подолавши негативні емоції, спробуйте разом пошукати розв'язання проблеми. Наприклад, можна досліджувати способи, за допомогою яких людина створює і підтримує дружні стосунки. Не намагайтеся довести дитині, що її прагнення одягатися і поводитись, як інші діти, нерозумне. Визнайте її бажання бути прийнятою однолітками й допоможіть цього домогтися.

Якщо ваша дитина висміює правила світу дорослих, не беріть це близько до серця. Зухвалість, сарказм і презирство до цінностей дорослих — нормальна поведінка в цьому віці. Якщо ваша дитина дійсно грубо з вами розмовляє, скажіть їй про це, але в особливий спосіб («Коли ти смієшся з моєї зачіски, я відчуваю, що ти мене не поважаєш»). Так ви зможете прищепити дитині такі цінності, як доброта й взаємна повага в сім'ї. Попри фрондерство, діти в цьому віці, як і всі інші, мають потребу почуватись емоційно пов'язаними з батьками й потребують їхнього люблячого керівництва.

Підлітковий вік

У підлітковому віці діти стурбовані питанням самоідентифікації: «Хто я? Ким я стаю? Ким я повинен бути?» Тому не дивуйтеся, якщо в якийсь момент у дитини ослабне інтерес до сімейних справ, а на передній план вийдуть стосунки з друзями. Зрештою, саме через дружбу поза звичними кордонами будинку вона дізнається, хто вона така. Однак навіть у стосунках з однолітками підліток зосереджений переважно на собі.

Проводячи дослідження дитячої дружби, ми записали на плівку розмову двох дівчат, яка чудово характеризує заклопотаність підлітків виключно собою. Дівчата щойно познайомилися, і одна з них сказала, що провела літо, працюючи вихователем у таборі для емоційно нестійких дітей. Замість розпитати нову знайому про подробиці, друга дівчинка просто використала її розповідь як стартовий майданчик для самодослідження. «Нічого собі, це дійсно цікаво, — сказала вона, — я б ніколи не змогла цього зробити. У мене немає терпіння. Сестра дає мені потримати свою дитину, і вона здається мені цілком симпатичною, але щойно вона починає плакати, я просто віддаю її назад. Не думаю, що я коли-небудь зможу стати мамою. Ні-ні, та ні. Не уявляю, звідки в тебе стільки терпіння, щоб бути вихователем. Напевно, мені треба стати більш схожою на тебе, але я не впевнена, що зможу. Як ти думаєш, у мене вийде?»

Вона продовжила монолог: порівняла себе з новою подругою, уголос розмірковуючи про свою здатність змінитися, розповіла, якими рисами свого характеру захоплюється, а які ненавидить. Якщо вона й дозволяла центру уваги зміщуватися, то не тому, що хотіла краще пізнати нову подругу, а тому, що й далі думала використовувати її для порівняння.

Як це й відбувається в більшості підлітків, її дружба служила засобом для вивчення власної особистості.

Подібна поведінка — радше крайність, але цей приклад яскраво демонструє самопоглинання підлітків, які вивчають свою особистість, її справжню сутність, риси свого характеру й у спробі знайти правильний шлях постійно повертають то в один, то в інший бік. Таке дослідження є для них нормальним.

Шлях самодослідження не завжди буває легким. Гормональні коливання можуть викликати неконтрольовані й різкі зміни настрою. У цьому віці діти дуже вразливі й схильні до багатьох небезпек; наркотики, насильство й незахищений секс — лише деякі з них. Але оскільки це природна й неминуча частина людського розвитку, вивчення триває.

Однією з важливих задач, з якими підлітки стикаються в дослідженнях, є інтеграція розуму й емоцій. Якщо символом дітей молодшого шкільного віку може служити раціональний герой «Зоряного шляху» містер Спок, то символом підлітків буде капітан Кірк у ролі командувача зорельота «Ентерпрайз». Кірк постійно потрапляє в ситуації, де його дуже чутлива людська натура протистоїть логіці й досвіду. Звичайно, хороший капітан завжди знаходить правильне співвідношення, щоб забезпечити бездоганні дії своєї команди. Він ухвалює рішення так, як ми хочемо, щоб їх ухвалювали наші підлітки, коли опиняться в ситуаціях, де серце чує одне, а розум каже інше.

Найчастіше підлітки зіштовхуються з подібною ситуацією в питаннях сексуальності й самооцінки. Дівчина відчуває сексуальний потяг до хлопчика, якого не поважає. («Він *такий* милий. На жаль, щойно він відкриває рот, то все псує».) А хлопчик ловить себе на тому, що висловлює думку, проти якої протестував, коли чув це від батька. («Не можу в це повірити! Я говорю так само, як мій тато!») Раптово підліток розуміє, що світ не тільки чорний і білий, що він складається з багатьох відтінків сірого і, подобається йому це чи ні, у нього теж є ці відтінки.

Підлітковий вік — це складний період як для дитини, яка шукає свій шлях, так і для батьків. Зараз більшу частину досліджень дитина змушена здійснювати без вас. Соціальний педагог Майкл Рієра пише: «Досі ви грали в житті дитини роль менеджера: домовлялися про поїздки та візити до лікарів, планували позашкільні заняття та вихідні, допомагали виконувати й перевіряли домашні завдання. Вона розповідала вам про шкільне життя, і ви, як правило, були першою людиною, до кого вона зверталась із "важливими" запитаннями. І раптом, без попереджень і пояснень, вас звільнили з посади. Тепер, якщо ви й далі хочете чинити значущий вплив, вам доводиться боротися, розробляти нові стратегії і докладати чимало зусиль, щоб вас знову найняли, але вже як консультанта».

Природно, це повинен бути дуже тонкий перехід. Покупець не найме консультанта, який змушує його почуватися некомпетентним або загрожує відібрати бізнес. Клієнту потрібен консультант, якому він зможе довіряти, який розуміє свою місію і дає правильні поради, що допомагають йому досягти своїх цілей.

Для підлітка головне завдання полягає в досягненні незалежності. І як вам слід зіграти роль консультанта? Як ви можете залишатися настільки близько, щоб бути емоційним вихователем і при цьому дозволяти дитині розвиватися незалежно, як це варто робити повноцінному дорослому? Ось кілька порад, що значною мірою ґрунтуються на роботі психолога Хаїма Гінотта.

Визнайте, що підлітковий вік — це час, коли діти віддаляються від батьків. Батьки повинні зрозуміти, що підлітки потребують особистого життя. Підслуховування розмов, читання щоденника або завелика кількість конкретних запитань служать для дитини повідомленням, що ви їй не довіряєте, і створюють бар'єр для спілкування. Ваша дитина може бачити вас як свого ворога, а не союзника у важкі моменти.

Поряд із повагою до особистого життя дитини ви повинні поважати її право час від часу відчувати занепокоєння і бути незадоволеною. Як написав про свою юність поет і фотограф Ґордон Паркс: «Я відчував біль і був захоплено-нещасним». Надайте дитині простір для переживання глибоких почуттів, дозвольте їй відчувати сум, гнів, тривогу або зневіру й не питайте: «Що з тобою?» Тому що це свідчить про те, що ви не схвалюєте її емоції.

Є ще одна небезпека: якщо ваш підліток раптом відкриває вам серце, постарайтеся не показувати, що ви миттєво все зрозуміли. Ваша дитина зіткнулася з проблемою вперше, їй здається, що її досвід унікальний, і, якщо дорослі показують, що їм добре відомі мотиви її поведінки, дитина почувається ображеною. Тому витратьте час на те, щоб вислухати й почути свого підлітка. Не показуйте, що ви заздалегідь знаєте й розумієте все, що він хоче сказати.

Підлітковий вік — це ще й час, коли розвивається індивідуальність. Ваша дитина може вибрати стиль одягу, зачіску, музику, мистецтво й мову спілкування, які вам не до смаку, тому завжди пам'ятайте, що вам не потрібно схвалювати її вибір, потрібно лише його прийняти.

І не намагайтеся наслідувати свою дитину, дозвольте її одягу, музиці, жестам і мові привселюдно заявляти: «Я відрізняюся від батьків, і я цим пишаюся».

Проявляйте повагу до своїх підлітків. Уявіть на мить, що найкращий друг почав ставитися до вас так, як багато батьків ставляться до своїх дітей. Що ви відчуваєте, коли вас постійно поправляють, нагадують про недоліки або зачіпають найгостріші теми? Як поводитись, якщо друг читає вам багатослівні лекції і з осудом пояснює, що і як вам робити зі своїм життям? Найімовірніше, ви вирішите, що ця людина не дуже вас поважає і її не хвилюють ваші почуття. Згодом ви перестанете їй довіряти і, найімовірніше, ваші шляхи розійдуться.

Я не збираюся стверджувати, що батьки повинні ставитися до своїх підлітків як до друзів (дитячо-батьківські стосунки набагато складніші), але ваші діти, безумовно, заслуговують на не меншу повагу, ніж ваші приятелі. Тому я закликаю батьків не дражнити, не критикувати й не ображати дітей. Донесіть свої цінності коротко й без осуду. Ніхто не любить вислуховувати проповіді, і найменше — ваш підліток.

Якщо у вас виникають конфлікти через поведінку дитини, не наклеюйте на неї поширені ярлики (ледача, жадібна, недбала, егоїстична). Говоріть із точки зору конкретних дій. Наприклад, розкажіть їй, як на вас вплинули її дії. («Ти мене дуже ображаєш, коли йдеш, не помивши посуд, тому що мені доводиться робити твою роботу».) І, звичайно, не намагайтеся говорити підліткові, щоб він зробив протилежне тому, що ви дійсно хочете, чекаючи, що він учинить навпаки, і, отже, ви отримаєте бажаний результат. Ці нечесні спроби маніпулювати дитиною збивають її з пантелику й рідко спрацьовують.

Забезпечте дитині відповідне оточення. Є популярна приказка: щоб виховати дитину, потрібне ціле село. Вона найбільш справедлива в підлітковому віці. Тому я раджу вам познайомитися з людьми, які беруть участь у щоденному житті вашого підлітка, зокрема з його друзями й батьками друзів.

Я чув, як жінка в синагозі розповідала, що її дочка, студентка коледжу, допомагає з переселенням ефіопських біженців. Мати вважала роботу цієї дівчини великим актом милосердя і доброти та раділа, що її дочка така чудова людина. «Хоч як ми із чоловіком хотіли вважати це своєю заслугою, — говорила жінка, — я думаю, що насправді заслуга належить усьому співтовариству». Потім вона пояснила, що, коли дівчина була підлітком, вони часом так сварилися, що дочка не розмовляла ні з мамою, ні з татом. Але в цей складний, кризовий час жінка знала, що дівчинка проводить час у будинках друзів, і говорила з їхніми батьками. А оскільки всі вони були частиною тієї самої громади, вона знала, що ці сім'ї поділяють її систему цінностей. «Я довірилася спільноті, і в результаті наша дочка виросла людиною, якою ми всі пишаємося. Але не тільки ми її виховували, її виховувало все співтовариство».

Ми не можемо бути для наших дітей такими собі «всіма без винятку», особливо в підлітковому віці, тому я раджу батькам забезпечити своїм дітям підтримку й турботу спільноти. У цій ролі може виступати синагога, церква, школа, родичі або група друзів. Але ви повинні бути впевнені в тому, що ваші діти контактують із дорослими, які поділяють ваші ідеали й етичні принципи. Це повинні бути люди, на яких ваша дитина зможе покластися, уже природно й неминуче віддалившись від вас, але все ще потребуючи керівництва й підтримки.

Заохочуйте самостійне ухвалювання рішень і продовжуйте бути емоційним вихователем своєї дитини. Вибрати правильний ступінь участі в житті підлітка — одне з найскладніших завдань, з яким стикаються батьки. Якщо раніше заохочення самостійності полягало в тому, щоб дозволяти дітям зробити те, що вони вже готові виконати, то тепер настав час, коли вони повинні ухвалювати рішення з приводу дійсно важливих речей. Підлітку слід частіше говорити: «Вибір за тобою», висловлювати впевненість у правильності його суджень і намагатися не чинити прихованого опору під виглядом попередження можливого несприятливого результату справи.

Зараз заохочення самостійності означає, що час від часу ви дозволяєте підлітку ухвалювати нерозумні (але не небезпечні) рішення. Пам'ятайте, що підліток може вчитися не тільки на своїх успіхах, а й на помилках. І навчання буде ефективнішим, якщо поруч турботливий дорослий — той, хто допоможе впоратися з негативними емоціями в разі невдачі й пояснить, як знаходити рішення в майбутньому.

Тому я закликаю вас бути в курсі того, що відбувається в житті дитини. Приймайте й підтверджуйте її емоції. Якщо в неї виникають проблеми, співчутливо вислухайте її, але не засуджуйте. Будьте її союзником, коли вона приходить до вас по допомогу. Ці кроки прості, і тепер ми знаємо, що саме вони є основою для формування глибокого емоційного зв'язку між батьками й дитиною.

ДОДАТОК

Рекомендовані дитячі книги

ЧИТАННЯ ВГОЛОС — чудове заняття, яке підходить дітям із дитинства до підліткового віку. Воно створює відчуття близькості й дарує можливість відчути турботу. Крім того, книги служать хорошим приводом, щоб поговорити про емоції.

Нижче я наводжу список популярних дитячих книг, у яких ідеться про такі складні емоції, як гнів, печаль і страх. Коли ви будете читати їх разом із дитиною, відведіть час на те, щоб обговорити емоції, які вони викликають.

Книги для немовлят і дітей ясельного віку

1. *Feelings* by Aliki (Greenwillow, 1984)
   Це каталог емоцій із прекрасними ілюстраціями, які допоможуть маленьким дітям сформувати словник таких почуттів, як смуток, радість, любов, ненависть, гордість, страх і розчарування.
2. *Going to the Potty* by Fred Rogers, illustrated by Jim Judkis (Putnam, 1986)
   Довіртеся містеру Роджерсу, він допоможе малюкам розібратися у своїх почуттях на важливому перехідному етапі свого життя. Інші книги із серії "First Experience" («Перший досвід»): Going to Day Care (*«Ідемо в дитячий садок»*), Going to the Doctor (*«Ідемо до лікаря»*) і The New Baby (*«Новий малюк»*).

3. *Holes and Peeks* by Ann Jonas (Greenwillow, 1984)
Якщо дивитися на щось страшне через дірочку в ґудзику або інший маленький отвір, то воно перестає здаватися таким страшним.

4. *The Runaway Bunny* by Margaret Wise Brown, illustrated by Clement Hurd (Harper & Row, 1972)
Маленьке зайченя вигадує історії, як воно тікає від мами, і щоразу мама запевняє його, що завжди зможе знайти його й захистити.

Книги для дітей дошкільного віку

1. *Alexander and the Terrible, Horrible, No Good, Very Bad Day* by Judith Viorst, illustrated by Ray Cruz (Atheneum, 1972)
Проблеми починаються з коробки кукурудзяних пластівців, у якій не надається призу, ну а далі стає тільки гірше.

2. *The Berenstain Bears* series by Stan and Jan Berenstain (Random House)
У кожній книзі сім'я ведмедів придумує розумні рішення для звичайних сімейних проблем. Серед тем кошмари, брехня, обмеження на перегляд телевізора, взаємини з друзями, питання грошей, поїздки в табір і багато іншого.

3. *Gila Monsters Meet You at the Airport* by Marjorie Weinman Sharmat, illustrated by Byron Barton (Macmillan, 1990)
Фантазії маленького хлопчика про переїзд в інше місто дають родині можливість поговорити про його реальні й уявні страхи.

4. *Harry and the Terrible Whatzit* by Dick Gackenbach (Clarion, 1978)
Підбадьорлива розповідь про маленького хлопчика, який іде в підвал за своєю мамою, щоб захистити її від монстрів.

5. *The Hating Book* by Charlotte Zolotow, illustrated by Ben Schecter (Harper, 1969)
   Коротка розповідь про хороші й погані моменти в грі з близьким другом.

6. *Ira Sleeps Over* by Bernard Waber (Houghton Mifflin, 1972)
   Айра повинна вирішити, чи варто їй брати із собою плюшевого ведмедика, коли її запрошують переночувати в будинку одного друга.

7. *Julius, the Baby of the World* by Kevin Henkes (Greenwillow, 1990)
   Як мишка Лілі справляється зі своїм гнівом і ревнощами після появи брата.

8. *Little Rabbit's Loose Tooth* by Lucy Bate, illustrated by Diane deGroat (Crown, 1975)
   Як чарівна дівчинка-кролик пережила цю важливу подію у своєму житті.

9. *My Mama Needs Me* by Mildred Pits Walter, illustrated by Pat Cummings (Lothrop, Lee & Shepard, 1983)
   Перед народженням сестри Джейсон турбується, чи зможе він бути хорошим старшим братом. Коли вона народжується, малюк із полегшенням дізнається, що більшу частину часу його сестра спить.

10. *My Mom Travels a Lot* by Caroline Feller Bauer, illustrated by Nancy Winslow Parker (Puffin, 1981)
    Практичний погляд на плюси й мінуси того, що мама багато подорожує.

11. *No Nap* by Eve Bunting, illustrated by Susan Meddaugh (Clarion, 1990)
    Смішна книга про маленьку дівчинку з величезною енергією, яка жахливо втомлюється, але все одно не лягає спати.

12. *Outside Over There* by Maurice Sendak (Harper, 1981)
    У цій добре ілюстрованій книзі Іда відправляється у фантастичний світ, щоб урятувати свою молодшу сестру.

13. *Owen* by Kevin Henkes (Greenwillow, 1993)
Оуен уперше йде в школу. Він і його мати турбуються про те, як учинити з його ковдрою, з якою він почувається в безпеці.

14. *Shy Charles* by Rosemary Wells (Dial, 1988)
У боязкого мишеняти були не тільки проблеми з уроками танців, йому важко говорити «спасибі» незнайомим людям. Але, потрапивши в справжню біду, він зумів покликати на допомогу. Однак після того, як усе благополучно закінчилося, став таким же, як раніше.

15. *The Something* by Natalie Babbitt (Farrar, Straus, 1970)
Боячись, що вночі *Щось* може забратися через вікно, Майло робить із глини фігурку істоти зі своєї страшної фантазії. Тепер, коли ця істота трапляється йому уві сні, вона його більше не лякає.

16. *Uncle Elephant* by Arnold Lobel (Harper, 1981)
Ця книга про маленьке слоненя, яке боїться, що його родичі загубилися в морі.

17. *Where the Wild Things Are* by Maurice Sendak (Harper & Row, 1963)
Популярна книга про Макса, якого відправили спати без вечері і якому сняться дикі, страшні, але чарівні монстри.

18. *William's Doll* by Charlotte Zolotow, illustrated by William Pene du Bois (Harper, 1972)
Батько, брат і друзі переконують Вільяма, що йому не потрібна лялька в якості іграшки. Але його бабуся інакше дивиться на це питання і змінює точку зору всієї родини.

Книги для молодшого шкільного віку

1. *Afternoon of the Elves* by Janet Taylor Lisle (Scholastic, 1991)
Це історія про відданість. Дівчинка, яку ніхто не любить, відкриває свій чарівний світ ельфів.

2. *Anne of Green Gables* by Lucy M. Montgomery (Bantam, 1908; reissued, 1983)

Пригоди одинадцятирічної сироти Енн Ширлі, чиї запальність і буйний характер стають проблемою для її прийомної сім'ї на острові Принца Едуарда.

3. *The Bear's House* by Marilyn Sachs (Dutton, 1987)

Неохайна десятирічна дівчинка, у якої хворіє мати і яку покинув батько, потерпає від насмішок однокласників. Щоб уникнути болю, вона ховається у фантастичному світі — у ляльковому будиночку, який стоїть у її класі.

4. Best *Enemies* by Kathleen Leverich, illustrated by Susan Condie Lamb (Greenwillow, 1989)

Прісцилла Робін учиться захищатися від своєї грізної однокласниці.

5. *Call It Courage* by Armstrong Sperry (Macmillan, 1940)

Казка з південної частини Тихого океану про хлопчика, якого дражнять однолітки і якому доводиться подолати свою боязнь моря.

6. A *Gift for Tia Rosa* by Karen T Taha, illustrated by Dee deRosa (Bantam, 1991)

Кармела обожнює свою літню сусідку-іспанку — тітку Розу, яка вчить її в'язати. Коли старенька раптово помирає, Кармела шукає спосіб показати, як сильно вона її любила.

7. *The Hundred Dresses* by Eleanor Estes, illustrated by Louis Slobodkin (Harcourt Brace, 1944)

Чутлива дівчинка-емігрантка з Польщі намагається стати своєю в колі нових однокласників.

8. *Matilda* by Roald Dahl, illustrated by Quentin Blake (Viking, 1988)

Розумна й спритна Матильда повинна впоратися з неймовірно жорстокими батьками й злісною директоркою школи. Улюблена вчителька допомагає їй знайти притулок.

9. *Sleep Out* by Carol Carrick, illustrated by David Carrick (Clarion, 1973)
Крістофер і його собака подолали свої страхи й провели ніч у лісі одні.

Книги для старших дітей і підлітків

1. *Are You There God? It's Me, Margaret* by Judy Blume (Bradbury, Dell, 1970)
Марґарет майже дванадцять, і вона часто розмовляє з Богом, коли стикається зі своїми страхами й похмурими передчуттями.
2. *Maniac Magee* by Jerry Spinelli (Little, Brown, 1990)
Захоплива історія про мудрого й доброго дванадцятирічного сироту, який утік із дому, зачіпає тему расизму, безпритульності та насильства.
3. *The Moonlight Man* by Paula Fox (Bradbury, 1986)
Кетрін дізнається про себе багато нового під час канікул, які проводить зі своїм батьком-алкоголіком незабаром після розлучення батьків.
4. *My Brother Is Stealing Second* by Jim Naughton (Harper & Row, 1989)
Емоційна розповідь про те, як підліток пережив випадкову загибель свого брата.
5. *One-Eyed Cat* by Paula Fox (Bradbury, 1984)
Нед, відокремлений від друзів і сім'ї, повинен змиритися з почуттям провини за те, що він вибив око дикому коту.
6. *Scorpions* by Walter Dean Myers (Harper & Row, 1988)
Дванадцятирічний хлопчик із Гарлема протистоїть тиску, який на нього чинять удома і в школі. У результаті він стає ватажком вуличної банди.

ПРИМІТКИ

1. Емоційне виховання:
ключ до виховання емоційно розвиненої дитини

Сім'я є тим місцем, де ми вперше починаємо вивчати емоції: Daniel Goleman, *Emotional Intelligence* (New York: Bantam, 1995), pp. 189—90.

...працюючи з дослідницькими групами: John Gottman, Lynn Katz, and Carol Hooven, *Meta-emotion: How Families Communicate Emotionally, Links to Child Peer Relations and Other Developmental Outcome* (Mahwah, N.J.: Lawrence Erlbaum, 1996).

...спостерігаючи й детально аналізуючи слова, дії та емоційні реакції: там само.

З огляду на той факт, що понад половину сучасних шлюбів закінчується розлученнями: U.S. Bureau of the Census, «Live Births, Deaths, Marriages, and Divorces: 1950 to 1992», *Statistical Abstract of the United States: 1994* (114th Edition) (Washington, D.C., 1994).

Аналогічні проблеми виникають у дітей: John Gottman and Lynn Katz, «Effects of Marital Discord on Young Children's Peer Interaction and Health», *Developmental Psychology,* Vol. 57 (1989), pp. 47—52.

Коли подібні ситуації (конфлікти, роздільне проживання або розлучення) виникають у сім'ях: Gottman, Katz, and Hooven, *Meta-emotion.*

...28 % американських дітей живуть лише з матерями: B. A. Chadwick and T. Heson, *Statistical Handbook on the American Family* (New York: Oryx Press, 1992).

Від 1985 до 1990 року кількість убивств: F. Landis Mackellar and Machiko Yanagishita, *Homicide in the United States: Who's at Risk* (Washington, D.C.: Population Reference Bureau, February 1995).

Від 1965 до 1991 року кількість арештів неповнолітніх: Elena de Lisser, «For Inner-City Youth, a Hard Life May Lead to a Hard Sentence», *Wall Street Journal,* November 30, 1993.

...сьогодні їх близько 30 %: National Center for Health Statistics, «Advance Report of Final Natality Statistics», *Monthly Vital Statistics Report,* Vol. 42, No. 3, Suppl. (Hyattsville, MD: Public Health Service, 1993).

...розпадається понад половину всіх нових шлюбів: U.S. Bureau of the Census, Live Births, Deaths, Marriages, and Divorces: 1950 to 1992.

Зараз подібних сімей близько 28 %: Chadwick and Heson, Statistical Handbook on the American Family.

...половина з них мають дохід нижчий від межі бідності: Census of Population and Housing, 1990: Guide (New York: Diane Publishing).

Дані перепису населення США в 1989 році: U.S. Bureau of the Census, «Child Support-Award and Recipiency Status of Women: 1981 to 1989». *Statistical Abstract of the United States: 1994* (114th edition) (Washington, D.C., 1994).

Одне з досліджень показало: F. F. Furstenberg et al., «The Life Course of Children of Divorce: Marital Disruption and Parental Contact», *American Sociological Review,* Vol. 48 (1983), pp. 656—68.

За даними дослідження, яке провели канадські фахівці: Martin Daly and Margo Wilson, «Child Abuse and Other Risks of Not Living with Both Parents», *Ethology and Sociobiology,* Vol. 6 (1985), pp. 197—210.

...середня американська сім'я працює на тисячу годин на рік більше: Juliet B. Schor, «Stolen Moments», *Sesame Street Parents,* July/August 1994, p. 24.

Порівняно з 1970-ми дозвілля американців скоротилося на третину: Juliet B. Schor, *The Overworked American: The Unexpected Decline of Leisure* (New York: Basic Books, 1991), p. 5.

...дошкільнята, як правило, вимагають, щоб вихователі реагували на їхні потреби: Gerald R. Patterson, *Coercive Family Process* (Eugene, OR: Castalia, 1982).

Психіатр Ллойд Демоз: Lloyd de Mause, The Evolution of Childhood, *The History of Childhood* (New York: Harper & Row 1974).

Соціальний психолог Лоїс Мерфі: G. Murphy, L. Murphy, and T. M. Newcomb, *Experimental Social Psychology* (New York: Harper and Brothers, 1931).

...авторитетним стилем виховання: Diana Baumrind, «Child Care Practices Anteceding Three Patterns of Preschool Behavior», *Genetic Psychology Monographs,* Vol. 75 (1975), pp. 43—88; and Diana Baumrind, «Current Patterns of Parental Authority», *Developmental Psychology Monograph,* Vol. 4 (1971).

...впливовий психолог і педагог Хаїм Ґінотт: Haim G. Ginott, *Between Parent and Child* (New York: Macmillan, 1965).

Адель Фабер і Елейн Мазліш написали низку практичних посібників для батьків: Adele Faber and Elaine Mazlish, *Liberated Parents/Liberated Children* (New York: Avon, 1975); *How to Talk so Kids Will Listen and Listen so Kids Will Talk* (New York, Avon, 1980); *Siblings Without Rivalry* (New York: Norton, 1987); *How to Talk so Kids Can Learn — At Home and in School* (New York: Rawson, 1995).

3. П'ять основних кроків емоційного виховання

Щоб дізнатися, чи є одна стать більш чутливою: Gottman, Katz, and Hooven, *Meta-emotion.*

...прийняттям дитячості дітей: Haim G. Ginott, *Between Parent and Child* (New York: Macmillan, 1965), p. 110.

Я закликаю батьків, які використовують тайм-аути: для отримання додаткової інформації про ефективне використання тайм-аутів я рекомендую чудову книгу Керолін Вебстер-Страттон, *The Incredible Years: A Trouble-Shooting Guide for Parents of Children Aged 3—8* (Toronto: Umbrella Press, 1993). Ця книга містить покрокові інструкції щодо розв'язання проблем дисципліни та контролю, які показали свою ефективність. Для дітей передпідліткового віку та дітей підліткового віку я рекомендую дві книги на основі досліджень Джеральда Паттерсона та Маріон Форгач: *Parents and Adolescents Living Together: The Basics* (Eugene, Oregon: Castalia Press, 1987) та *Parents and Adolescents Living Together: Part 2* (Eugene, OR: Castalia Press, 1989).

...результати опитування серед американських студентів у 1990 році: A. M. Graziano and K. A. Namaste, «Parental Use of Physical Force in Child Discipline», *Journal of Interpersonal Violence*, Vol. 5 (4) (1990), pp. 449—63.

Натомість у Швеції тільки 11 % батьків повідомили: W. W. Deley, «Physical Punishment of Children: Sweden and the U.S.A., *«Journal of Comparative Family Studies*, Vol. 19 (3) (1988); R. J. Gelles and A. W. Edfeldt, «Violence Toward Children in the United States and Sweden», *Child Abuse and Neglect*, Vol. 10 (4) (1986), pp. 501—510.

4. Стратегії емоційного виховання

«Якщо ти не можеш зробити його квадратним»: Christopher Hallowell, *Father to the Man*: A Journal (New York: Morrow, 1987), p. 64.

...уявіть, що ваш чоловік приводить додому коханку: Faber and Mazlish, *Siblings Without Rivalry*, p. 36.

Після кожного випадку наведена «неправильна» реакція батьків: перші два пункти запропонувала Еліс Гінотт-Коен.

5. Шлюб, розлучення й емоційне здоров'я дитини

Емоційне виховання може мати буферну дію: Gottman, Katz and Hooven, *Meta-emotion*.

...рівень клінічно значущих психічних проблем: E. Mavis Hetherington, «Long-term Outcomes of Divorce and Remarriage: The Early Adolescent

Years», in A. S. Masten (chair), «Family Processes and Youth Functioning During the Early Adolescent Years», symposium conducted at the biennial meeting of the Society for Research in Child Development, New Orleans, LA (1993), cited by E. Mark Cummings and Patrick Davies in *Children and Marital Conflict: The Impact of Family Dispute and Resolution* (London: Guilford, 1994), pp. 131—132.

...зайняті та/або емоційно виснажені: E. Mavis Hetherington, «Coping with Marital Transitions: A Family Systems Perspective», *Monographs of the Society for Research in Child Development*, Vol. 57 (1992), p. 6.

Психолог-дослідник E. Марк Каммінгс: E. M. Cummings, «Coping with Background Anger in Early Childhood», *Child Development*, Vol. 58 (1987), pp. 976—84; E. M. Cummings, R. J. Iannotti, and C. Zahn-Waxier, «The Influence of Conflict Between Adults on the Emotions and Aggression of Young Children», *Developmental Psychology*, Vol. 21 (1985), pp. 495—507.

...дослідники відзначали невербальні стресові реакції на гнів: R. Shred, R. M. McDonnell, G. Church, and J. Rowan, «Infants' Cognitive and Emotional Responses to Adults' Angry Behavior», paper presented at the biennial meeting of the Society for Research in Child Development, Seattle, WA (1991), cited by Cummings and Davies in *Children and Marital Conflict*, pp. 131—132.

Найбільша трагедія освіти нашого часу полягає в тому: Barbara Dafoe Whitehead, «Dan Quayle Was Right», *The Atlantic Monthly*, April 1993.

...люди переносять проблеми дитячого віку в доросле життя: Nicholas Zill, Donna Ruane Morrison, and Mary Jo Coiro, «Long-Term Effects of Parental Divorce on Parent-Child Relationships, Adjustment, and Achievement in Young Adulthood», *Journal of Family Psychology*, Vol. 7 (1993), pp. 91—103.

Щоб дізнатися, як соціальні стреси впливають на тривалість життя: Howard S. Friedman et al., «Psychosocial and Behavioral Predictors of Longevity», *American Psychologist*, Vol. 50 (1995), pp. 69—78.

...з'ясували, що емоційне виховання захищає не тільки дітей, а й шлюб: J. M. Gottman, *What Predicts Divorce?* (Hillsdale, N. J.: Lawrence Erlbaum, 1994).

...насамперед подружжя є вирішальним фактором: John Gottman, *Why Marriages Succeed or Fail* (New York: Simon & Schuster, 1994).

...стежили за їхнім пульсом під час суперечок: щоб дізнатися свій серцевий ритм, обережно притисніть правий вказівний та середній пальці до правої сонної артерії, яка розташована на два-три сантиметри нижче від мочки вуха та під нижньощелепною кісткою. Ви повинні мати можливість відчути свій пульс. Щоб обчислити частоту пульсу на хвилину, підрахуйте кількість ударів пульсу, які ви відчуваєте за п'ятнадцять секунд, і помножте це значення на чотири. Щоб визначити свій середній, базовий показник, спробуйте виконати цю процедуру тричі. Хоча частота пульсу є індивідуальною, у середньому в жінок це значення — 82—86 ударів на хвилину, а в чоловіків — 72—76 ударів на хвилину.

...часто страждають і проявляють агресію: E. M. Cummings and J. L. Cummings, «A Process-Oriented Approach to Children's Coping with Adults' Angry Behavior», *Developmental Review*, Vol. 8 (1988), pp. 296—321.

Каммінґс також виявив, що для дітей багато важить ступінь розв'язання конфлікту: Cummings, «Coping with Background Anger in Early Childhood».

6. Ключова роль тата

...довгострокове дослідження, розпочате в 1950-х, виявило: R. Koestner, C. E. Franz, and J. Weinberger, «The Family Origins of Empathic Concern: A 26 Year Longitudinal Study», *Journal of Personality and Social Psychology,* Vol. 58 (1990), pp. 709—17.

...у віці сорока одного року були кращі соціальні стосунки: C. E. Franz, D. McClelland, and J. Weinberger, «Childhood Antecedents of Conventional

Social Accomplishment in Midlife Adults: A 26 Year Prospective Study», *Journal of Personality and Social Psychology,* Vol. 60 (1991), pp. 586—95.

...в 1960-му поза домом працювали тільки 19% заміжніх жінок: David Popenoe, «American Family Decline, 1960—1990: A Review and Appraisal», *Journal of Marriage and the Family,* Vol. 55 (August 1993), pp. 527—55.

...традиційна роль батька як годувальника сім'ї застаріла: Robert L. Griswold, *Fatherhood in America: A History* (New York: Basic Books, 1993).

З 1960 до 1987 року кількість розлучень зросла більш ніж удвічі: Popenoe, «American Family Decline, 1960—1990».

...серед осіб, які вперше беруть шлюб, рівень розлучень може перевищити 67%: A. Cherlin, *Marriage, Divorce, Remarriage* (Cambridge: Harvard University Press, 1981).

...частими стали випадки народження дітей самотніми матерями: U.S. Bureau of the Census, «Births to Unmarried Women, by Race of Child and Age of Mother: 1970 to 1991», *Statistical Abstract of the United States:* 1994 (114th Edition) (Washington, D.C., 1994).

Опитування в середніх і великих американських компаніях: S. L. Hyland, «Helping Employees with Family Care», *Monthly Labor Review,* Vol. 113 (1990), pp. 22—26; K. Christensen, *Flexible Staffing and Scheduling in U.S. Corporations* (New York: Conference Board, 1989).

...приблизно в дев'яти випадках із десяти опіка над дитиною присуджується матерям: Griswold, *Fatherhood in America,* p. 263.

...один із дослідників підрахував: Michael E. Lamb, «Introduction: The Emergent American Father», in Michael E. Lamb, ed., *The Father's Role: Cross-Cultural Perspectives* (Hillsdale, N.J.: Lawrence Erlbaum, 1987), pp. 3—25.

...п'ятимісячні хлопчики, які багато спілкуються з батьками: E. A. Pedersen, J. Rubinstein, and L. J. Yarrow, «Infant Development in Father-Absent Families», *Journal of Genetic Psychology,* Vol. 135 (1979), pp. 51—61.

Однорічні немовлята, які частіше контактують із татами, рідше плачуть: M. Kotelchuck, «The Infant's Relationship to the Father», experimental evidence, in M. E. Lamb and S. K. Bronson, «The Role of the Father in Child Development: Past Presumptions, Present Realities, and Future Potential», paper presented to a conference on Fatherhood and the Male Single Parent, Omaha, November 1978.

Спостерігаючи за батьками немовлят, Майкл Йоґман і Беррі Бразелтон виявили: M. Yogman, S. Dixon, E. Tronick, H. Als, and T. B. Brazelton, «The Goals and Structure of Face-to-Face Interaction Between Infants and Fathers», paper presented at the biennial meeting of the Society for Research in Child Development, New Orleans, LA, March, 1977.

Дослідження три- і чотирирічних дітей, які провели Росс Парк і Кевін Мак-Дональд: K. MacDonald and R. D. Parke, «Parent-Child Physical Play: The Effects of Sex and Age of Children and Parents», *Sex Roles*, Vol. 7—8 (1986), pp. 367—79.

Мірою того як чоловіки покоління бейбі-буму самі стають батьками: Ronald E Levant, with Gini Kopecky, *Masculinity Reconstructed: Changing the Rules of Manhood At Work in Relationships, and in Family life* (New York: Dutton, 1995), p. 107.

...це продемонстрував "Levant's Fatherhood Project": Levant's work with the Fatherhood Project is summarized in Ross D. Parke, *Fatherhood* (Cambridge: Harvard University Press, 1996).

Жінки, чиї чоловіки брали участь у пологах: W. J. Hennenborn and R. Cogan, «The Effect of Husband Participation on Reported Pain and the Probability of Medication During Labor and Birth», *Journal of Psychosomatic Research,* Vol. 19 (1975), pp. 215—22.

Батьки, які проявляли більший інтерес до вагітності: D. R. Entwisle and S. G. Doering, *The First Birth* (Baltimore: Johns Hopkins University Press, 1981).

...батьки, які починають міняти підгузки: R. Lind, «Observations After Delivery of Communications Between Mother-Infant-Father», paper

presented at the International Congress of Pediatrics, Buenos Aires, October 1974.

...діти наслідують міміку тих, хто їх доглядає, навіть немовлята: A. N. Meltzoff, and M. K. Moore, «Newborn Infants Imitate Adult Facial Gestures», *Child Development* (1983), pp. 54, 722—29.

...мати критично ставиться до їхніх дій: A. Beitel and R. D. Parke, «Maternal Attitudes as a Determinant of Father Involvement», unpublished manuscript, University of Illinois (1993).

Наскільки доступність батьків важлива для дітей, з'ясували Роберт Бланчард і Генрі Біллер: R. W. Blanchard and H. B. Biller, «Father Availability and Academic Performance Among Third Grade Boys», *Developmental Psychology,* Vol. 4 (1971), pp. 301—5.

Наявність компетентного батька не сприяє інтелектуальному розвитку: H. B. Biller, *Father, Child and Sex Role* (Lexington, MA: D.C. Heath, 1971), p. 59.

Саме за допомогою цих традиційно жіночих занять: Ronald F. Levant, with Gini Kopecky, *Masculinity Reconstructed,* p. 197.

Британське дослідження показало: R. A. Lee, «Flextime and Conjugal Roles», *Journal of Occupational Behavior,* Vol. 4 (1983), pp. 297—315.

...чоловіки на дозвіллі не обов'язково проводять більше часу з дітьми: H. Bohen and A. Viveros-Long, *Balancing Jobs and Family Life: Do Flexible Work Schedules Help?* (Philadelphia: Temple University Press, 1981).

Соціологиня Пеппер Шварц, яка досліджувала егалітарний шлюб: Pepper Schwartz, *Peer Marriage: How Love Between Equals Really Works* (New York: Free Press, 1994), p. 14.

... дослідження батьків, що працюють авіадиспетчерами: R. L. Repetti, «Short-Term and Long-Term Processes Linking Perceived Job Stressors to Father-Child Interaction», *Social Development,* Vol. 3 (1994), pp. 1—15.

...коли батьки більш незалежні на роботі: M. L. Kohn and C. Schooler, *Work and Personality: An Inquiry into the Impact of Social Stratification*

(Norwood, NJ.: Ablex, 1983); D. R. Miller and G. E. Swanson, *The Changing American Parent* (New York: Wiley, 1954).

...90% яких після розлучення живуть окремо: Robert L. Griswold, *Fatherhood in America* (New York: Basic Books, 1993), p. 263.

...75% жінок і 80% чоловіків після розлучення одружуються знову: R. C. Glick, «Remarried Families, Stepfamilies and Stepchildren: A Brief Demographic Profile», *Family Relations,* Vol. 38 (1989), pp. 24—47.

7. Емоційне виховання залежно від віку дитини

«Гра із застиглим виразом обличчя»: M. K. Weinberg, E. Z. Tronick, «Beyond the Face: an Empirical Study of Infant Affective Configurations of Facial, Vocal, Gestural, and Regulatory Behaviors», *Child Development* (1994), pp. 65, 1503—15.

...діти депресивних матерів: T. Field, B. T. Healy, and W. G. LeBlanc, «Sharing and Synchrony of Behavior States and Heart Rate in Non-depressed versus Depressed Mother-Infant Interactions», *Infant Behavior and Development,* Vol. 12 (1989), pp. 357—76.

Якщо ж депресія матері триватиме ще рік: T. Field, J. Pickens, N. A. Fox, T. Nawrocki et al., «Vagal Tone in Infants of Depressed Mothers», *Development and Psychopathology,* Vol. 7 (1995), pp. 227—31.

...період між трьома й шістьма місяцями: там само.

Саме так Джеральдін Доусон із Вашингтонського університету відстежувала реакцію немовлят: G. Dawson and K. W. Fischer, *Human Behavior and the Developing Brain* (New York: Guilford, 1994).

Під час подальшого дослідження Філд виявила: N. M. Palaez, T. Field, M. Cigales and A. Gonzalez et al., «Infants of Depressed Mothers Show Less Depressed' Behavior with Their Nursery Teachers», *Infant Mental Health Journal,* Vol. 15 (1994), pp. 358—67; Z. Hossain, T. Field, J. Gonzalez, J. Malphurs et al., «Infants of 'Depressed' Mothers Interact

Better with Their Nondepressed Fathers», *Infant Mental Health Journal,* Vol. 15 (1994), pp. 348—57.

...батьки не розуміють реакції немовлят у 70% випадків: E. Z. Tronick, and J. E Cohn, «Infant-Mother Face-to-Face Interaction: Age and Gender Difference in Coordination and the Occurrence of Miscoordination», *Child Development,* Vol. 60 (1989), pp. 85—92.

... у нещасливих шлюбах немовлята рідше використовували цю навичку: S. Dickstein and R. D. Parke, «Social Referencing in Infancy: A Glance at Fathers and Marriage», *Child Development,* Vol. 59 (1988), pp. 506—11.

...хлопчики воліють дивитися кіно про хлопчиків: T. G. R. Bower, *The Rational Infant* (New York: W. H. Freeman & Co., 1989).

... гра, у якій діти фантазують, найкраще допомагає їм пристосуватися: Laurie Kramer and John Gottman, «Becoming a Sibling: With a Little Help from My Friends», *Developmental Psychology,* Vol. 28 (1992), pp. 685—99.

Стане в пригоді чудова історія про Енні: Doris Brett, *Annie Stories: A Special Kind of Storytelling* (New York: Workman, 1986).

...маленькі діти не дуже добре розуміють вербальні сигнали: E. M. Cummings, «Coping with Background Anger in Early Childhood».

«Досі ви грали в житті дитини роль менеджера...»: Michael Riera, *Uncommon Sense for Parents with Teenagers* (Berkeley: Celestial Arts, 1995).

«Я відчував біль і був захоплено-нещасним»: Gordon Parks, «Adolescence», *Whispers of Intimate Things* (New York: Viking Press, 1971).

Зміст

Популярне видання

Серія «Саморозвиток»

ҐОТТМАН Джон, ДЕКЛЕР Джоан

Емоційний інтелект у дитини

Провідний редактор *Т. М. Куксова*
Технічний редактор *Д. В. Заболотських*
Художній редактор *В. О. Трубчанінов*
Дизайнери й верстальники *І. О. Гнідая, В. М. Танько*

Підписано до друку 25.09.2023.
Формат 60х84/16. Ум. друк. арк. 15,86.
Наклад 3000 прим. Зам. № 0988.
Термін придатності необмежений

ТОВ «Видавництво "Віват"»,
61037, Україна, м. Харків, вул. Гомоненка, 10.
Свідоцтво ДК 4601 від 20.08.2013.
Видавництво «Віват» входить до складу ГК «Фактор».

Придбати книжки за видавничими цінами
та подивитися детальну інформацію про інші видання
можна на сайті vivat-book.com.ua
тел.: 0-800-201-102, e-mail: ishop@vivat.factor.ua

Щодо гуртових постачань і співробітництва звертатися:
тел.: +38 (057) 782-82-20, e-mail: info@vivat.factor.ua

Адреси фірмових магазинів «Книгарня Vivat»:
м. Івано-Франківськ, вул. Івана Труша, 4,
vivat.frankivsk@gmail.com
м. Київ, вул. Петра Сагайдачного, 8,
тел.: +38 (044) 338-31-38, e-mail: vivat.kyiv@gmail.com
м. Львів, пл. Галицька, 12,
тел.: +38 (032) 235-51-77, e-mail: bookvivatlviv@gmail.com
м. Харків, вул. Квітки-Основ'яненка, 2,
тел.: +38 (057) 341-61-90, e-mail: bookstorevivat@gmail.com
м. Харків, вул. Сумська, 67,
тел.: +38 (057) 782-82-20, e-mail: vivat.sumska@gmail.com

Видавництво «Віват» у соціальних мережах:
facebook.com/vivat.book.com.ua, instagram.com/vivat_book

Віддруковано згідно з наданим оригінал-макетом у друкарні «Фактор-Друк»,
61030, Україна, м. Харків, вул. Саратовська, 51,
тел.: +38 (057) 717-53-55

Factor Druk
PRINTING HOUSE

Дякуємо, що обираєте нас!

Вас вітає команда видавництва бестселерів «Vivat». Кожен виданий нами для вас нонфікшн — це переможець книжкових змагань. Він пройшов випробування на актуальність тематики, експертність автора/авторки вітчизняного чи світового рівня, відповідність до всіх сучасних вимог і тенденцій. Саморозвиток, бізнес, мотивація, self-help, біографії, мемуари, публіцистика — усі жанри нонфікшн від «Vivat» надихнуть вас на прекрасне, розширять горизонти можливого та підтримають на шляху до нової мети.

Поповнити книжкову нонфікшн-поличку ви можете у фірмових книгарнях «Vivat» за адресами:

м. Івано-Франківськ, вул. Івана Труша, 4,
м. Київ, вул. Петра Сагайдачного, 8,
м. Львів, пл. Галицька, 12,
м. Харків, вул. Квітки-Основ'яненка, 2,
м. Харків, вул. Сумська, 67,

а також на сторінці нашого онлайн-магазину
vivat-book.com.ua

З повагою
команда видавництва бестселерів «Vivat»

vivat-book.com.ua   @vivat.book.com.ua   @vivat_book   @vivat_publishing

Читай. Мрій. Дій.